리더의 각성

STRONG LEADERSHIP

STRONG

리더의 각성

LEADER

위기의 한국 기업,
스트롱 리더십이 답이다!
과감하게 행동하라

SHIP

김용섭 지음

퍼블리온
Publion

"크고 중요한 일은 이해관계를 떠나
'무엇이 올바른가?'라는 기준으로 결정을 내려야 한다."

_마스시타 고노스케 松下幸之助

"길이 없으면 길을 찾아라.
찾아도 없으면 길을 만들어라."

_정주영 鄭周永

"유능한 경영인은 결정이 아무리 힘들고
어렵더라도 결코 미루지 않는다."

_짐 콜런스 Jim Collins

"중요한 일이라면,
성공 확률이 낮더라도 해야 한다."

_일론 머스크 Elon Musk

"경영자는 적어도 4, 5년 후의 일에 대해서는
감각적으로 느낄 수 있어야 한다."

_이건희 李健熙

리더십에도
트렌드가 있다

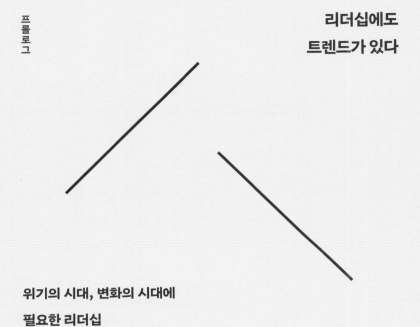

위기의 시대, 변화의 시대에
필요한 리더십

산업과 비즈니스에 트렌드가 있고 경영에도 트렌드가 있듯, 리더십에도 트렌드가 있다. 리더십은 사회 변화, 산업 변화, 기술 변화 등에 영향을 받는다. 그렇기에 리더십이 트렌드가 되는 건 지극히 당연하다. 우리가 관심 갖는 리더는 기업을 이끌며 성공을 만들어내는 경영자, 정치·사회적으로 영향력을 미치며 세상을 바꾸는 데 기여하는 리더다. 과거가 아니라 현재 시점에서 역량과 영향력을 드러내는 리더를 우리는 주목한다. 바로 현재에 적용 가능한 리더십을 원하기 때문이다. 기후위기가 산업 전반에 영향을 주고, 글로벌 불확실성이 고조되고, AI가 산업의 새로운 기회를 쏟아내는 시대에 적용할 리더십은 무엇일까? 호황의 시대, 안정의 시대에 필요한 리더십과 위기의 시대, 변화의 시대에 필요한 리더십은 다를 수밖에 없다.

부드러운 카리스마, 친구 같은 리더를 꿈꾸는가? 그럴듯해 보이지만 말장난이다. 그런 모호하고 추상적인 리더 이미지를 당장 지우고, 능력 있는 리더, 성과를 만들어내는 리더, 위기를 돌파해가는 리더 이미지를 머릿속에 새겨라. 그것이 지금 필요한 리더십의 핵심이다. 한동안 펀Fun 리더십, 서번트Servant 리더십, 소프트 리더십, 수평적 리더십 등 재미있고 섬기고 포용하고 부드러운 리더십이 강조되었다. 세계 경제가 계속 성장하고 한국도 승승장구하던 때 유행하던 리더십 주제들이다. 하지만 이제 달라져야 한다. 인기 관리하는 리더가 아니라, 욕먹더라도 바꿀 건 제대로 바꾸는 리더가 필요해졌다. 위기의 시대, 이제 강한 리더가 필요하다.

만약 '강한 리더'라는 말을 듣는 순간, 권력과 지위로 조직을 강력히 통제하고, 목소리 크거나 강인하고 거친 모습이 반사적으로 떠오른다면 당신은 '리더십'에 대해 심각하게 오해하고 있다. 당신이 떠올린 것은 리더Leader가 아니라 보스Boss다. 보스가 되긴 쉬워도, 리더가 되긴 어렵다. 낙하산으로 보스가 될 순 있어도, 리더가 되는 건 아주 어렵다. 권위적이고 명령적이긴 쉬워도, 유능하고 앞서가는 건 절대 쉽지 않다.

리더는 앞서가는 선도자이자 유능한 능력으로 조직을 성장시키는 사람이며, 조직구성원을 앞장서 이끄는 사람이다. 수직적 위계구조 중심이던 과거엔 보스로서도 통했다. 보스면서 리더인 척해도 되었다. 하지만 이젠 다르다. 리더로 거듭나는 것은 당연하고, 리더 중에서도 강한 리더로 진화해야 한다. 강한 리더의 반대말은 약한 리더, 부드러운 리더가 아니라 무능한 리더다. 인기 관리만 하는 비겁하고 나약한 리더다.

스트롱 리더십이 답이다

한국 기업, 한국 경제, 한국 정치 모두 위기다. 이는 고스란히 한국 국민의 위기로 이어진다. 이런 위기의 주범은 무능하면서 군림하기만 하는 보스들 때문이다. 책임은 지지 않고 권한만 누리려는, 과거 관성에 젖어 있는 가짜 리더들 때문이다. 리더로 거듭나지 못하고 보스 놀이만 한다. 진짜 리더라면 과거가 아니라 현재에 맞는 사고와 능력을 가져야 한다. 과거에 화려했던 영광 따위나 자신이 쌓은 권력과 지위를 강조할 게 아니라, 현재의 위기를 돌파하고 새로운 기회를 만들어갈 수 있는 능력을 강조해야 한다. 리더는 완벽한 사람일 필요는 없다. 그럴 수도 없다. 리더는 필요한 사람이어야 한다. 조직을 위해, 조직구성원을 위해 필요한 사람이어야 한다.

스트롱 리더십이라고 해서 깡패 리더십이 아니다. 힘만 쓰고 무식한 사람은 절대 강하지 않다. 자기 말에 책임지는 사람, 조직의 성장과 목표 달성을 위해선 얼마든지 욕먹는 것도 감수할 수 있는 사람, 더 나은 대안이 있다면 자신의 답을 언제든지 버리고 수정보

완할 수 있는 용기 있는 사람이 강하다. 물리적인 강함이 아니라 정신적으로 강하고, 능력 있는 리더가 필요하다. 보스가 아니라 진짜 리더, 조직을 잘 이끌어갈 사람이 필요한 것이다. 그런 점에서 이건희는 강하다. 일론 머스크는 강하다. 마크 저커버그는 강하다. 샘 올트먼, 사티아 나델라, 스티브 잡스, 팀 쿡도 강하다. 모두 결과를 만들었다. 기업을 성장시키고, 위기도 돌파해갔다.

강한 자가 살아남는 게 아니라, 살아남는 자가 강한 자다. 적자생존은 자연뿐 아니라 비즈니스에서도 아주 중요한 진리다. 어떤 변화에도 적응하며 계속 살아남는 것이야말로 가장 강력한 능력이자 존재감이다. 비즈니스에서 살아남으려면 빠르고 과감해야 한다.

항해와 전쟁은 공통점이 있다. 선장과 장군, 곧 리더가 강력한 힘을 가진다. 모든 구성원이 리더에게 상명하복하고, 이를 어기면 리더가 즉결심판할 수도 있다. 리더에게 강력한 권한을 주는 건, 목숨이 걸렸기 때문이다. 거친 파도와 싸우는 망망대해에서도, 치열한 전쟁터에서도 리더의 결정에 따라 모든 구성원이 살 수도 죽을 수도 있다. 카리스마 리더십이 대두될 수밖에 없다. 리더십의 시작은 카리스마, 강한 리더십이었다. 그러다 점점 리더십이 부드러워졌다. 이제 다시 강한 리더십이 요구된다. 2024년은 역대급 불확실성과 다중(복합) 위기의 시기다. 한국은 더하다. 한국 경제도, 한국 기업도 심각한 위기에 직면했다. 리더가 인기 관리하며 여유 부릴 때가 아니다. 방향도 방법도 이미 정해졌다. 미룬다고 외면한다고 누가 대신 해결해주지 않는다. 위기의 한국 기업, 스트롱 리더십이 답이다.

리더의 각성, 리더의 진화가
절실히 필요하다

　　　　　　트렌드 분석가이자 경영전략 컨설턴트로서 <TREND INSIGHT> 시리즈(2020~)와 <LIFE TREND> 시리즈(2013~)를 저술하고 있다. 깊이 보는 <TREND INSIGHT> 시리즈와 넓고 다양하게 보는 <LIFE TREND> 시리즈는 서로 보완 관계다.

　　<TREND INSIGHT> 시리즈는 한국 사회의 경제, 정치, 산업적 중요 어젠다를 흥미롭되 논쟁적으로 다루며 담론을 확장시키는 목적의 트렌드 분석서다. 전 세계가 맞은 유례 없는 대격변인 코로나19 팬데믹이 바꾸는 변화와 기회를 논쟁적으로 담은 《언컨택트Uncontact》를 필두로, 미래 인재상과 직업, 교육을 담은 《프로페셔널 스튜던트Professional Student》를 비롯해, Z세대, ESG 등의 주제를 비즈니스 트렌드 관점에서 다뤘고, 리더십을 트렌드 관점으로 다루는 이 책 《리더의 각성Strong Leadership》은 <TREND INSIGHT> 시리즈의 6번째 책이다.

　　한국인의 라이프스타일과 소비, 한국의 사회, 비즈니스 트렌드를 분석하고 예측하는 애뉴얼 리포트인 <LIFE TREND> 시리즈는 2013년 버전을 시작으로 2024년 버전까지 12번째까지 이어졌고, 앞으로도 계속된다. <LIFE TREND 2024 : OLD MONEY>에서 전체 13개 트렌드 이슈 중 1개 이슈로 '격투기 하는 리더, 강한 리더십과 노동생산성 : 한국에서도 생산성 혁신과 성과주의 바람이 분

다'를 다뤘는데, 그 트렌드 이슈를 더 심도 있게 분석하여, 좀 더 논쟁적으로 담론화한 것이 이번 책이다.

부디 독자들은 강한 리더십 담론에 동참하라. 책은 씨앗일 뿐이고, 독자들의 관심과 담론의 확장이 비로소 열매를 만들 것이다. 논쟁을 통해 한국 사회에서 리더의 질적 진화를 요구하는 목소리가 커지길 희망한다. 바뀐 시대, 위기와 변화가 커진 상황에서 한국 기업, 한국 경제 모두 리더십의 진화가 가장 요구된다. 지금 요구되는 리더십 트렌드가 바로 스트롱 리더십이다. 스트롱 리더십은 최상층 리더들에게만 요구되는 게 아니라, 조직 전반의 크고 작은 리더들 모두 가져야 할 리더십 태도이자, 조직구성원 모두에게 영향을 미칠 기업의 생존과 진화 방향이다.

트렌드를 알아야 하는 이유는 단순한 재미나 신기한 새로움 때문이 아니다. 트렌드 변화가 만드는 위기와 기회에 대한 직접적 대응 때문이다. 결국 트렌드 변화를 알게 되었다면, 당신에게 인식의 전환이자 행동의 전환으로 이어져야 한다. 트렌드 분석은 지적 탐닉이 아니라 변화에 대응하기 위해서 하는 것이다. 분명한 건 지금 한국 기업, 한국 경제, 한국 정치, 한국 사회에 전방위적이고 다양한 위기가 존재하고, 리더의 각성, 리더의 진화가 절실히 필요하다.

2024년 4월
트렌드 분석가 & 경영전략 컨설턴트
김용섭 날카로운상상력연구소장

강한 리더십이
필요한
결정적 이유

STRONG
LEADER
SHIP

리더십의 방향이 강한 리더십Strong Leadership을 지향할 수밖에 없는 가장 큰 이유는 '다중 위기Poly-Crisis'와 '레짐 시프트Regime Shift(체제 변환)' 때문이다. 각종 위기가 동시다발적이고 중복되어 일어나는 것을 일컫는 다중 위기(혹은 복합 위기)라는 말은 1990년대에 처음 등장했는데, 본격적으로 사용된 건 코로나19 팬데믹과 러시아-우크라니아 전쟁, 글로벌 공급망 위기, 경기침체, 고유가, 인플레이션 위기 등이 동시에 닥친 2022년 이후다. 금리 인상과 금융계의 위기, 세계화의 종말 혹은 자유무역의 위기, 지정학적 갈등 고조 등 기업 경영에 불확실성을 가중시킬 환경이 되었다. 2023년 이스라엘-하마스 전쟁까지 벌어지며 중동전쟁으로 확전될 것에 대한 우려도 계속되고, 기후위기와 엘리뇨가 결합되며 폭염과 홍수, 가뭄 등으로 식량 생산량 감소와 가격 급등, 그에 따른 인플레이션 심화도 위기 요소다. 이런 다중 위기 상황에서 2024년 전 세계적 선거 빅뱅이라 할 정도로 수많은 나라에서 정권이 교체되고, 정치 지형이 바뀐다.

이런 시기에 AI가 촉발한 산업적 패러다임의 가파른 변화, 기술 혁신에 의한 비즈니스 생태계 변화도 대두되고, 여기에 탄소감축과 ESG 공시 강화 등이 맞물리면서 비즈니스의 레짐 시프트를 맞는다. 한두 가지의 순차적, 점진적 변화가 아니라 그동안 산업과 기업의 방향 자체가 바뀌는 것이다. 더이상 과거의 관성, 과거의 방법으로 기업을 경영할 수 없어졌다. 한마디로 비상경영체제가 필요하고, 강한 리더십으로 다중 위기와 레짐 시프트를 돌파해야 한다.

2024년 인류의
최대 위험은?
피할 수 없다,
정면 돌파해야!

2024년 1월, 세계경제포럼WEF(다보스 포럼)에서 발표한 <세계 위험 보고서 2024The Global Risks Report 2024>에서 2024년 인류에게 닥친 최대 위험으로 꼽힌 것이 '극한 기상 Extreme Weather'이다. 기후변화가 이미 오랜 기간 진행되다 보니 둔감한 이들도 있고, 영향을 과소평가하는 이들도 있지만, 상황은 심각해지고 있다. 지구 온도 상승이 1.5℃ 임계점을 넘기 직전이고, 인류가 기후에 대한 통제력을 완전히 잃어버리는 순간, 아주 가혹한 일이 벌어질 것이다.

2024년 인류에게 닥친 두 번째 위험은 '인공지능이 만든 잘못된 정보 및 허위 정보AI-generated Misinformation and Disinformation'이고, 세 번째는 '사회·정치적 대립Societal and/or Political Polarization', 네 번째는 '생계비 위기Cost-of-living Crisis', 다섯 번째는 '사이버 안전Cyberattacks' 이다. 세계경제포럼이 2023년 4~8월 전 세계 전문가 1,490명에게 2024년에 닥쳐올 34가지 지구적 위험 가운데 복수로 선택하게 한 결과다.

<세계 위험 보고서 2023>에선 러시아-우크라이나 전쟁으로 인한 '생계비 위기'가 1위였고, '극한 기상'이 2위였다. 이는 인플레이션 문제가 조금 완화된 점이 반영되긴 했지만, 여전히 전쟁은 끝나지 않았고, 국가 간 갈등과 글로벌 공급망 위기, 고유가가 여전한 상황임에도 전년도 1위인 '생계비 위기'가 4위로 밀린 건, 그만큼 '극한 기상' 문제가 심각하고, 2023년 불었던 AI 열풍과 2024년 전 세계적인 선거 빅뱅을 감안해 '인공지능이 만든 잘못된 정보 및 허

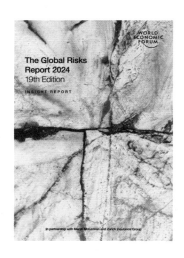

세계경제포럼WEF(다보스포럼)에서 발표한 <세계 위험 보고서 2024The Global Risks Report 2024>. (출처: 세계경제포럼)

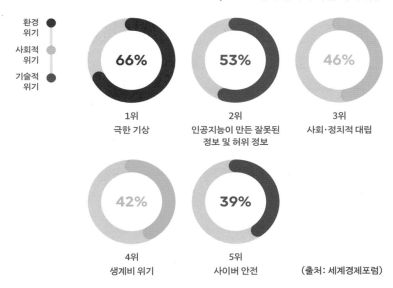

| 2024년 인류에게 닥친 최대 위험

환경 위기
사회적 위기
기술적 위기

66%
1위
극한 기상

53%
2위
인공지능이 만든 잘못된
정보 및 허위 정보

46%
3위
사회·정치적 대립

42%
4위
생계비 위기

39%
5위
사이버 안전

(출처: 세계경제포럼)

위 정보'와 '사회·정치적 대립'이 더 부각되었기 때문일 것이다. 한 마디로 인류를 위협하는 요소가 그 어느 해보다 많고 위험하다는 인식이 전문가들 사이에 자리 잡고 있다.

단기(2~5년), 장기(5~10년) 기간에 따른 위험 요소도 선택하게 했는데, 단기 위험에선 (인공지능이 만든) 잘못된 정보 및 허위 정보, 극심한 기상 이변Extreme Weather Events, 사회 양극화Societal Polarization, 사이버 불안정Cyber Insecurity, 국가 간 무력 충돌Interstate Armed Conflict, 경제적 기회 부족Lack of Economic Opportunitiy, 인플레이션Inflation, 비자발적 이주Involuntary Migration, 경기침체Economic Downturn, 환경오염Pollution 순이었다.

| 인류에게 닥친 장단기 위험 요소

	단기(2~5년) 위험 요소		장기(5~10년) 위험 요소
1위	(인공지능이 만든) 잘못된 정보 및 허위 정보	1위	극심한 기상 이변
2위	극심한 기상 이변	2위	지구 체계의 치명적 변화
3위	사회 양극화	3위	생물다양성 감소와 생태계 붕괴
4위	사이버 불안정	4위	천연자원 부족
5위	국가 간 무력 충돌	5위	(인공지능이 만든) 잘못된 정보 및 허위 정보
6위	경제적 기회 부족	6위	인공지능 기술의 부작용
7위	인플레이션	7위	비자발적 이주
8위	비자발적 이주	8위	사이버 불안정
9위	경기침체	9위	사회 양극화
10위	환경오염	10위	환경오염

경제 위기　환경 위기　지정학적 위기　사회적 위기　기술적 위기

(출처: 세계경제포럼)

전문가들은 인공지능이 주는 기회만큼이나 위기, 위험도 두려워하고 있다. 단지 두려움에 그치지 않을 것이라서 더 문제다. 그만큼 인공지능이 비즈니스 판도와 사람들의 일상, 심지어 정부까지 바꿔놓을 만큼 큰 변화를 가져올 것이기 때문이다. 기상 이변이 주는 위험은 이제 상수다. 2024년 한 해만 보든, 2~5년을 보든, 5~10년을 보든 극심한 기상 이변은 가장 큰 위험이다. 이미 두 곳에서 전쟁 중이고, 갈등하는 국가도 많다 보니 국가 간 무력 충돌에 대한 위험은 그 어느 때보다 높은 시기를 맞고 있다. 인플레이션과 경기침

체 등 경제적 리스크도 여전하고, 정말 단기 위험 요소 리스트 자체가 다중(복합) 위기다.

장기 위험에선 극심한 기상 이변, 지구 체계의 치명적 변화, 생물 다양성 감소와 생태계 붕괴, 천연자원 부족 등 1~4위가 모두 기후환경 문제고, 5~6위가 인공지능이 초래하는 문제다. 확실히 인류는 기후위기의 대가를 치를 것이고, 기술 진화이자 인공지능의 대가도 치를 것이다.

<세계 위험 보고서 2024> 조사에 참여한 세계 전문가 1,490명 중 한국의 전문가들은 주로 한국개발연구원KDI 연구원인데, 이들은 경기침체, 가계 부채, 자산 거품 붕괴, 노동력 부족, 자산 및 소득 불평등, 인플레이션 등을 위험으로 꼽았다고 한다. 어쩌면 세계 전체가 처한 위험보다 한국이 지금 직면한 위기는 더 경제위기에 가까운 셈이다.

2024년
한국 경제는 위기다
: 결국 결단이 필요하다

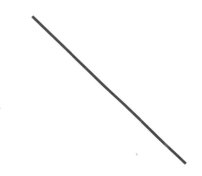

UN이 2024년 1월에 발표한 세계 경제 전망에 대한 연례보고서인 <세계 경제 상황과 전망 2024World Economic Situation and Prospects 2024>에선 2024년 세계 GDP 성장률을 2.7%에서 2.4%로 하향 전망했다. 이유는 러시아-우크라이나 전쟁, 이스라엘-하마스 전쟁 및 중동의 갈등 등 지정학적 갈등과 함께, 기후위기에 따른 피해와 식량 생산량 감소 등 때문이었다.

2022~2023년 지정학적 갈등이자 위기로 에너지 및 원자재 가격 상승을 이미 겪었으며, 이상 기후로 발생한 폭염과 홍수로 식량 가격 상승도 이미 겪었는데, 2024년에도 이 문제가 완화되지 않을 것으로 봤다. 엘리뇨는 2024년에도 영향을 미치고, 국가 간 갈등 상

황은 2024년에 더 고조되거나 예상하지 못한 불확실성도 커질 수 있다. 이런 문제는 글로벌 공급망 문제, 농업/어업 문제, 관광산업 문제 등으로 이어지고, 경기침체와 경제 성장률 하락으로 이어질 수 있다. 세계 경제의 위기는 고스란히 한국 경제의 위기가 된다. 그리고 한국 경제의 위기는 고스란히 기업들의 위기가 된다. 대기업의 위기는 이들과 비즈니스 생태계로 연결된 하청, 중소기업의 위기가 된다.

2023년 한국은 실질 GDP 성장률 1.4%였고, 일본은 2%였다. 장기적 저성장의 대명사 일본보다 한국의 경제 성장률이 낮은 건 25년 만이다. 한국은 GDP 성장률에서 2022~2023년 연속으로 OECD 평균 성장률보다 낮았다. 2024년에도 2% 내외로 예상되니 OECD 평균 성장률보다 3년 연속 낮을 가능성이 크다. IMF가

UN이 발표한 <세계 경제 상황과 전망 2024World Economic Situation and Prospects 2024> 보고서. (출처 : UN)

| 전 세계 경제 성장률

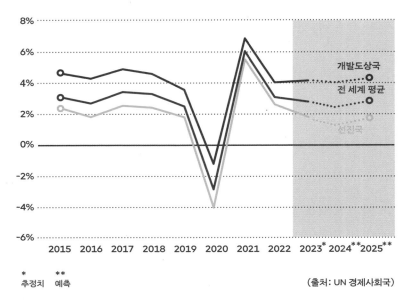

개발도상국

전 세계 평균

선진국

* 추정치   ** 예측

(출처: UN 경제사회국)

2023년 11월 발표한 <한국 연례협의 보고서>에 따르면, GDP 성장률은 2024년 2.2%, 2025년 2.3%, 2026년 2.2%, 2027년 2.2%, 2028년 2.1%로 향후 5년간 2% 초반이 될 것으로 전망했다. 저성장의 늪에 빠진다는 얘기다.

2023년 12월, 한국경영자총협회는 경제·경영학과 교수 211명을 대상으로 조사한 '최근 경제 상황과 주요 현안' 결과를 발표했는데, 응답자의 73.2%가 '장기간 1~2% 저성장 기조를 이어갈 것'이라고 답했다. 한국 경제의 저성장이 5년이면 끝날까? 아니 10년은 갈까? 아니면 일본처럼 훨씬 더 오래 갈까? 이 답이 어떻게 내려지느냐는 2024년에 한국 기업들이 어떻게 경영하느냐에 따라서 달라질 수 있다.

위기 상황은 실력자를 검증해주는 시험대다. 생존을 위한 비상경영이 필요하고, 구조조정이 필요한 시기다. 결국 2024년 기업의 경영 리더는 강한 리더십이 필요하다. 2024년만 해당하는 것이 아니다. 2025년에 불확실성은 일부 걷히겠지만, 기업에 닥친 위기 상황은 심화될 것이다. 특히 한국 기업의 위기는 더 커질 것이다. 한국에서 강한 리더십의 시대는 계속될 가능성이 크다.

글로벌 회계컨설팅기업 PWC는 매년 다보스포럼에서 <글로벌 CEO 설문조사Global CEO Survey> 결과를 발표한다. 2023년 10~11월 전 세계 105개국 CEO 4,702명을 대상으로 조사하고, 2024년 1월에 발표한 <글로벌 CEO 설문조사>(27차) 내용에 따르면, 글로벌 CEO 45%가 2024년 세계 경제가 2023년보다 둔화될 것이라고 답했다. 더 나아질 것이라는 답변은 35%였으니, 비관론이 낙관론보다 조금 앞섰다. 2023년 1월에 발표한 <글로벌 CEO 설문조사>(26차)에선 전년 대비 세계 경제가 둔화될 것이라는 답이 73%로 비관론이 앞도적으로 우세한 것에 비해 줄어들긴 했지만 여전히 세계 경제 전망은 우려가 크다.

그런데 한국의 CEO들은 무려 64%가 2024년 경제를 둔화될 것으로 답해서 전체 CEO의 45%보다 훨씬 높다. 전 세계의 지정학적 갈등이 고조된 상황이고, 여전히 고금리 상태에서 소비침체, 경기침체에 대한 불확실성이 크다 보니, 이런 상황에서 한국 경제는

글로벌 회계컨설팅기업 PWC가 다보스포럼에서 발표한 <글로벌 CEO 설문조사>(27차)에서 응답자 중 45%는 2024년 세계 경제가 2023년보다 둔화될 것이라고 답했으며, 35%는 더 나아질 것이라고 답했다. (출처 : PWC)

타격이 더 심할 수밖에 없고, 한국 CEO들의 경제 전망이 좀 더 비관적인 것이다. 비관적 전망에선 위기 의식이 커질 테고, 리스크 대비이자 구조조정에 대한 전략이 구체적으로 제기될 수밖에 없다.

2024년
대기업 사장/임원 인사와
신년사에서 찾는
리더십의 방향

인사에는 많은 것이 담겨 있다. 단순히 사람만 바꾸는 게 아니라, 경영의 방향이자 전략을 드러내는 것이다. 국내 재계 서열 Top 10 대기업 2024년 사장/임원 인사의 주요 트렌드를 5가지 키워드로 요약하면, 세대교체, 기술 인재 우대, 성과주의 강화, 다양성 기조 확대, 임원 축소라고 할 수 있다. 그런데 이 5가지 키워드는 모두 한 가지로 귀결된다. 바로 위기 대응이자 구조조정이다.

'젊은 리더를 과감히 발탁'한다는 '세대교체'에서 핵심은 나이가 아니라 미래 성장 동력이 될 '기술 분야 R&D' 인재 중심의 교체, 성과를 내는 능력 위주의 교체다. 물론 오너 3~4세가 경영 일선으

| 국내 Top 10 대기업 2024년 사장/임원 인사의 5가지 특징

세대교체(젊은 리더 발탁)	신규 임원 평균 48~49세, 50대 사장 증가
기술 인재 우대	신규 임원 중 기술 R&D 비중 증가
성과주의 강화	우수 성과자를 과감히 임원으로 발탁
다양성 기조 확대	외국인, 여성 임원 지속적으로 증가
임원 축소	경영 효율성과 임원 슬림화

로 더 약진하는 인사를 낸 대기업도 많았고, 이를 세대교체 흐름에 자연스럽게 편승하려는 경우도 있어서 세대교체 화두가 이번에 더 많은 기업에서 전방위적으로 나오긴 했다.

분명한 것은 불확실성이 초래한 위기 상황에서 대응은 빠르고 과감해야 한다. 사업에 대한 구조조정, 인적 구조조정이 요구되는 시기이기 때문이다. 결국 5가지 특징에 담긴 진짜 의미를 봐야 한다. 5가지 특징 모두 '능력'과 '성과'가 핵심이다. 불확실성이 큰 2024년, 조직문화에서 성과주의를 강화하고 신사업과 노동생산성 중심으로 구조조정하겠다는 것이고, 이를 과감하게 실행할 리더십을 요구한다는 것이다.

인사 결과를 소개하며 30대 상무, 40대 부사장, 50대 사장이 나온 것을 강조하기도 했는데, 자칫 '나이'에 포커스를 맞추기 쉽지만, 엄밀히 그들은 '능력'과 '성과'를 확실히 보여줬기에 연차나 나

| 국내 Top 10 대기업 2024년 사장/임원 인사의 5가지 특징에 담긴 진짜 의미

세대교체	'능력'과 '성과'를 보여주면 연차와 나이 무관하게 발탁
기술 인재 우대	미래의 '성과'가 될 신사업의 핵심인 기술 R&D 중심 발탁
성과주의 강화	'능력'과 '성과' 중심의 조직문화로 전환/강화
다양성 기조 확대	'능력'과 '성과'를 보여주면 외국인, 여성도 적극 발탁
임원 축소	'능력'과 '성과'를 보여주지 못하면 과감히 퇴출, 구조조정

이와 무관하게 발탁되었지, 젊다고 발탁된 게 아니다. 다양성 기조 확대로 여성과 외국인 임원이 늘어나는 것도 엄밀히 따지면 능력과 성과를 보여주면 성별과 피부색에 상관없이 기회를 주겠다는 의미이지, 단순한 소수자 배려 차원이 아니다. 다양성 기조는 수년 전부터 계속 확대 추세였고 향후에도 계속될 텐데, 이 흐름이 이어지기 위해서라도 결국은 능력주의, 성과주의 기조와 맞물릴 수밖에 없다. 이것을 반대로 보면 능력과 성과를 보여주지 못하는 임직원은 과감히 퇴출될 수 있다는 의미도 된다.

주요 대기업에서 임원 축소 경향도 드러났는데, 이건 단지 임원에서 끝나지 않고 조직 효율성과 생산성 강화, 직원 구조조정으로 이어질 가능성도 주시해봐야 한다. 한국에서 노동생산성이 낮은 문제는 계속 미루기만 했는데, 이제 해결하고 넘어가야 한다.

조직에서도 2030대는 수평화를 지향하고, 4050대는 수직화에 익숙하다. 이런 차이 때문에 조직의 세대갈등이 대두되기도 하지만, 엄밀히 세대가 달라서가 아니라 직장관, 노동관의 차이, 곧 바뀐 사회와 산업에 따른 차이다. 수평화는 서로 편하게 맞먹자는 게 아니라 연차와 상관없이 능력대로 평가하고 보상한다는 의미다. 사장/임원 인사에서도 능력과 성과가 핵심 이슈이듯, 직원에게도 마찬가지다. 결국 과감하게 결단하고 대응하는 강한 리더십이 대두될 수밖에 없다. 변화에는 저항도 반발도 따른다. 리더가 욕먹는 게 두려워 소극적으로 일한다면, 그건 무능이다. 한국 기업에 닥친 불확실성과 위기 상황을 풀어갈 원동력은 유능한 경영진이다.

국내 Top 10 대기업
2024년 사장/임원 인사의 5가지 특징에 담긴 의미는?

불확실성이 큰 2024년, 조직문화에서 성과주의를 강화하고 신사업과 노동생산성 중심으로 구조조정하겠다! 그러니 이것을 과감하게 실행할 리더십을 요구한다!

매년 초에 발표하는 대기업 그룹 총수들의 신년사에는 그 시기의 경제 상황과 경영 성과, 그해의 중요 경영 목표 등이 반영된다. 그렇기에 한국 경제를 이끄는 10대 그룹의 신년사는 의미 있는 데이터가 되기도 한다. 2021년부터 2024년까지 10대 그룹의 연도별 신년사 키워드 사용 빈도를 보자. 기업경영분석 전문연구소인

CEO스코어가 매년 10대 그룹 신년사에서 어떤 키워드가 많이 사용되었는지(임직원, 여러분, 우리, 기업, 경영 같은 호칭이나 지칭, 통상적 단어 등은 제외하고, '어려움', '어려운', '어려울' 같은 의미의 단어는 일부 조정해 하나로 그룹핑해서 집계함) 사용 빈도를 수치화해서 공표하는데, 이를 참고했다. 다만 '위기'와 '어려움', 그리고 '친환경'과 '환경'은 하나로 합쳤다. 최근 5년간 10대 그룹의 연도별 신년사 키워드 사용 빈도 추이를 통해, 어떤 키워드가 증가하는 추세인지, 어떤 키워드가 향후에도 계속 이어질지 살펴보려 한다.

다음 표(34쪽)에서 5년간의 주요 키워드를 볼 수 있는데, 상위부터의 정렬 기준은 2024년으로 했다. 2024년 가장 사용 빈도가 높은 키워드를 보는 것이 지금 시점에서 우리에게 가장 중요할 것이기 때문이다. 2024년 사장단, 임원 인사에서 대두된 경영 방향과 연결해 보면 더 좋다. CEO스코어의 자료가 사용 빈도 상위 20개 키워드만 집계했기에, 여기에 포함되지 않는 키워드는 공란으로 표시했다. 어느 해에는 중요하게 다뤄진 키워드가 어느 해엔 존재감이 사라진 것을 볼 수 있고, 지속적으로 강조되는 중요 키워드가 뭔지도 볼 수 있다.

팬데믹이 시작된 2020년의 유례없던 재해를 겪은 후 맞은 2021년의 신년사에서 '코로나', '안전'이 크게 강조되었다가 그 이후로 자취를 감춘 건 사회적 변화이자 시대상을 반영한 전형적 사례다. 2023년 생성형 AI가 촉발한 혁신의 서막을 겪은 이후 2024년 신년사에서 'AI'가 크게 강조된 것도 같은 맥락이다. 기업에서 전

| 10대 그룹 신년사 사용 빈도 상위 키워드 추이(2020~2024)

	2020	2021	2022	2023	2024
친환경(환경)	16	17	21	30	42
성장	51	35	28	39	38
글로벌(세계)	25	23	26	25	35
미래	31	30	34	42	35
고객	72	56	40	42	30
변화	26	31	23	31	26
위기(어려움)		18		51	24
가치	23	21	30	25	22
지속	25	16	19	21	20
기술	22	19	28	31	19
혁신	31		32	19	19
경쟁	27			21	19
역량	23	19	19		19
새로움	25	30	28	28	18
조직					17
성과					16
AI					15
안전		22			
코로나		22			
디지털	14		23		

(출처: CEO스코어 발표자료를 바탕으로 재구성)

방위적 디지털 트랜스포메이션이 강조되던 시기인 2020~2022년
까진 '디지털' 키워드가 신년사에서도 중요하게 다뤄진 것과 달리,
2023년과 2024년엔 존재감이 사라졌다. 반면 그 전까진 비중 있게
쓰지 않다가 2024년에 유독 사용 빈도가 갑자기 늘어난 키워드가
'조직'과 '성과'다.

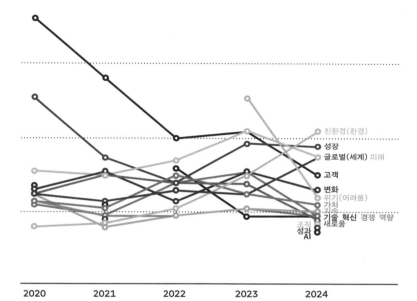

│ 10대 그룹 신년사 사용 빈도 상위 키워드 추이(2020~2024)

친환경(환경)
성장
글로벌(세계) 미래
고객
변화
위기(어려움)
가치
지속
기술 **혁신** 경쟁 역량
새로움
조직
성과
AI

2020   2021   2022   2023   2024

(출처: CEO스코어 발표자료를 바탕으로 재구성)

그래프를 보면 '친환경(환경)'이 지속적으로 사용 빈도가 늘어
났고, 지금 가장 강조되는 메시지임을 알 수 있다. 친환경(환경)의
사업적 가치 때문이다. 클린테크, 기후테크, 에너지전환기술 등 모
든 기업에 중요한 미래 먹거리이자 가장 성장세가 높은 산업이다.
'미래', '성장' 키워드도 수년째 중요하게 부각되는데, 반대로 생각하
면 한국 기업에 미래 신사업과 새로운 성장 동력을 만들어내는 일
은 생존의 문제라는 의미기도 하다. 전 세계가, 세계적 기업들이 다
미래 신사업을 펼치고 있어 경쟁이 치열한데, 여기서 밀리는 기업

이나 국가는 결국 미래가 불투명할 수밖에 없다.

2024년 사장단, 임원 인사에서 기술 R&D 인력의 약진이 두드러진 것도 미래 신사업의 성패는 기술 경쟁력이자 인재 경쟁력이기 때문이다. 그런 점에서 2024년에 더 강조된 '성과', '조직' 키워드는 성과주의, 능력주의가 강조되는 조직문화이자 인사제도 강화, 성과와 생산성에 따른 구조조정의 방향성을 엿볼 수 있다.

'글로벌(세계)'도 최근 5년간 지속적으로 사용 빈도가 늘었다. 팬데믹으로 글로벌 공급망 위기를 겪었고, 러시아-우크라이나 전쟁을 비롯해 국제 정세의 리스크가 계속 확대되는 데다, 2024년은 세계 선거 빅뱅이라 할 정도로 선거가 많은 해라서 불확실성과 변수가 많다.

한국의 기업에는 4월 국회의원 선거와 11월 미국 대통령 선거가 가장 큰 영향을 미친다. 결과에 따라서 정국은 아주 복잡해지고 갈등도 심화된다. 기업이 가장 싫어하는 불확실성이 증폭될 수밖에 없는 환경이 된다. 특히 조 바이든이 재선하느냐, 도널드 트럼프가 당선되느냐에 따라 미국 경제, 산업, 국제 정치는 아주 복잡해질 수 있다.

러시아와 우크라이나도 대통령 선거가 있고, 전쟁 결과나 양상에 따라 선거의 향방이 바뀌고, 이것이 단지 두 나라만의 문제가 아니라 전 세계적으로 영향을 미칠 수 있다. 세계 최다 인구를 자랑하는 인도 총선을 비롯해, 세계 인구 순위 Top 10 국가 중 8개국이 선거를 치른다. 유럽의회 선거를 비롯해, 영국 총선, 핀란드와 루마니아의 대통령 선거 등 유럽에서만 37개국이 선거를 치르고, 남아프리카공화국 총선(의원내각제이므로 총선 결과에 따라 대통령 선출)과 가나, 에티오피아, 세네갈 등 14개국의 대통령 선거 등 아프리카에서만 20개국이 선거를 치른다. 중남미에선 멕시코, 우루과이, 페루, 베네수엘라, 엘살바도르 등에서 대통령 선거를 치른다. 아시아에서는 대만 총통 선거를 필두로, 인도네시아, 스리랑카 대통령 선거, 이란 총선, 몽골 후랄 선거, 형식적이라 할지라도 북한 최고인민회의 대의원 선거가 있다.

2024년 전 세계에서 대통령 선거와 국회의원 선거를 치르는 국가만 40개국이고, 지방 선거까지 포함하면 76개국이 선거를 치른다. 전쟁 중인 러시아-우크라이나, 전쟁에 준한 이스라엘-하마스를 비롯해, 이들을 둘러싼 이해관계 국가들도 셀 수 없이 많고, 미국과 중국의 무역전쟁은 여전히 진행 중이고 2024년 전 세계적인 선거 결과에 따라 상황은 더 악화될 수 있다. 이는 고스란히 미국 대선 결과에 영향을 미치고, 이는 한국 경제에도 영향을 미친다.

한국 기업들은 바이든 정부의 핵심 정책으로 2022년 발효된 인플레이션감축법IRA이나 반도체과학법, 바이오법 등에 직간접적으로 영향을 받는데, 미국 대선 결과에 따라 수년간의 투자 상황이나 미래 먹거리 구도에 변수를 맞게 될 수 있다. 삼성전자, SK하이닉스, 현대자동차 등 한국의 대표 기업들이 직간접적으로 연관된다. 이들과 관계된 하청기업 등 국내의 경제 생태계도 다 영향을 받는다. 상황에 따라 발 빠르게 대응해야 한다.

　　승자독식이라는 선거의 속성상, 이기기 위해 수단과 방법을 가리지 않을 수 있기에 과감한 공약과 위험한 정책이 쏟아질 것이다. 분명한 건 2024년은 전 세계적으로 갈등이 극대화되는 시점이고, 변화도 그만큼 많아진다. 경영자라면 자사와 연관되는 정치적 변수가 등장하는 것을 긴밀히 파악해야 하고 대응도 필수적이다. 워낙 많은 변수가 동시다발로 나올 수 있기에, 예상하지 못한 변수도 만날 수 있고, 유능한 경영자가 더 돋보이는 시기다. 반대로 유능하지 못한 경영자가 기업에 해를 끼치는 일도 많아질 2024년이다. 그리고 정권이 바뀌거나 정치세력이 주도권을 잡게 되면 1~2년만 이어지는 게 아니다. 적어도 임기 4~5년간 이어진다. 2024년 세계 선거 빅뱅의 여파가 2028~2029년까지 갈 수 있다는 얘기다.

스트롱맨 정치 시대, 기업 리더들에게 요구되는 리더십의 방향은?

스트롱맨은 강경 성향의 지도자를 일컫는다. 군사정권 지도자나 독재자가 대부분이었는데, 2010년대 들어 미국 대통령 도널드 트럼프(2017~2021 재임)가 등장하면서 본격적 스트롱맨 시대가 열렸다. 트럼프와 시진핑, 푸틴이 동시에 최고 지도자인 시기였다. 그동안 아프리카와 중동에선 스트롱맨이 많았지만 경제력이나 외교력에서 주류 국가가 아니었다. 하지만 세계 1위 강대국 미국에 스트롱맨이 정권을 잡으며 스트롱맨 정치 시대가 대두될 수밖에 없었다.

트럼프가 재선을 하지 못하고 바이든에게 정권을 빼앗기며 미국의 스트롱맨 시대는 끝나나 싶었지만, 2024년 11월 트럼프가 바이든의 재선을 막고 대통령이 된다면 전 세계는 또다시 스트롱맨 시대에 돌입한다. 공화당 경선에서 트럼프는 압도적이다. 2016년 불었던 트럼프 열풍이 2024년 재현될까? 만약 그렇게 되면 GDP 순위 1위 미국, 2위 중국, 5위 인도, 8위 러시아로 이어지는 4개국에 스트롱맨 정치가 실현되는 것이다.

스트롱맨 정치는 승자가 독식하고 독재하는 것이다. 이는 민주주의의 후퇴라는 측면만 문제가 되는 게 아니라, 경제와 산업 관련 정책의 변수가 많아지는 것이 문제가 된다.

중국의 시진핑 주석은 2012년 주석이 된 이후, 5년 임기인 주석을 3연임하고 있으며, 임기는 2027년까지다. 경제성장률이 둔화된 중국은 부동산 경기 악화, 실업률 상승, 소비 침체, 미중 무역갈등 심화 등으로 경기침체 우려가 크고 경제위기론까지 대두된다. 2024년은 중국 경제에도 중요한 해이고, 시진핑의 리더십도 시험대에 들어선 해다. 경기부양이나 외교력에서 스트롱맨의 자질을 더 드러낼 가능성이 크다.

러시아의 블라드미르 푸틴 대통령은 2000년에 대통령이 되어 2008년까지 4년 임기로 2연임 한 후, 당시 3연임이 금지인 헌법에 따라 측근에게 대통령을 넘기고 총리를 맡으며 실질적 1인자로 있었다. 이후 개헌을 통해 연임 제한을 철폐하고 임기도 6년으로 연장해 2012년부터 6년 임기로 2연임을 했다. 2024년 선거를 거쳐 다섯 번 대통령을 하게 되고, 임기는 2030년까지다.

2022년 2월 우크라이나를 침공하며 서방 제재를 받은 러시아 경제가 2022년 마이너스 성장을 기록했지만, 빠른 회복세를 보이며 2023년 플러스 성장으로 돌아섰다. 심지어 2023년 2분기는 4.9%, 3분기는 5.5% 성장률을 보이기도 했다. 전쟁 초기에도 푸틴 대통령의 지지율은 70~80% 수준이었고, 이후에도 계속 그 수준을 유지한다. 결국 2024년 3월 러시아 대통령 선거에서 푸틴은 득표율 87%로 5선 대통령이 된다. 이전까지 최고 득표율은 76.7%(2018년) 였는데, 이번에 역대 최고 득표율을 달성했다. 특히 러시아의 새 영토가 된 우크라이나 점령지의 득표율이 85~95%였다.

인도의 나렌드라 모디 총리는 2014년 인도 인민당을 이끌고 총선에서 승리해 총리가 되었고, 2019년 총선에서도 승리해 총리 2연임을 했다. 2024년 총선에서 승리하면 총리 3연임이 된다. 힌두 민족주의를 강화하는 우익 성향의 모디 총리도 스트롱맨으로 꼽힌다.

공교롭게도 BRICS(브릭스)의 대표 국가 3곳에서 스트롱맨 지도자가 통상 3연임씩 하고 있다. BRICS에는 스트롱맨이 유독 많다. 남아프리카공화국은 대통령은 연임하지 않아도 아프리카민족회의 ANC가 1994년 이후 30년간 장기 집권하고 있다. 사우디아라비아와 아랍에미리트, 이란도 민주주의와 거리가 먼 독재 국가다.

튀르키예의 레제프 타이이프 에르도안 대통령도 3연임(2014~2028) 중이다. 2003년부터 총리를 맡아 국가 수반이었고 3연임을 했으며, 당시 헌법이 4연임을 금지했기에 개헌을 해서 내각제를 대통령제로 만들었고, 2014년 첫 직선제 대통령이 되어 3연임을 한 것이다. 3연임 후 5년 임기로 한 번 더 할 수 있게 해놨기에, 사실상

2003년부터 2033년까지 튀르키예의 지도자다. 튀르키예는 인구 8,500만 명에 GDP는 세계 18위다.

이스라엘의 베냐민 네타냐후 총리도 스트롱맨이다. 1996년 이스라엘 역사상 최연소 총리로 화려하게 시작했고, 1996~1999년, 2009~2021년, 2022~현재까지 총리다. 중간에 끊어진 적이 있긴 해도 넓게 보면 장기 집권인 셈이다. 팔레스타인에 적대적이고, 사법부를 무력화하려 시도하고, 극우 정책을 밀어붙이기도 했다. 이스라엘은 중동에서 유일하게 OECD 회원국이기도 하다.

장기 집권에선 일본도 포함된다. 일본은 1955년 이후 자민당이 장기 집권하고 있다. 70년 가까운 기간 동안 자민당이 정권을 잃은 기간은 4년 정도(1993~1994년의 10개월, 2009~2012년 3년 3개월)에 불과하다. 1당 독재라고 해도 과언이 아니다. 장기 집권하다 보니 아버지에 이어 아들이 총리가 되는 일도 생긴다. 장기 집권에 따른 파벌 정치가 심하고, 극우적 목소리도 거침없다. 부정부패 스캔들과 파벌 스캔들이 끊이지 않는다. 기시다 총리의 지지율이 오랜 기간 10%대에 머물고, 역대 최저 지지율을 기록할 정도다. 한때 GDP 세계 2위였던 일본은 장기 경기침체를 겪으면서도 3위를 오래 유지했는데, 2023년 독일에 밀려 4위가 되었다. 지지율이 떨어지고 정치적 위기를 맞은 상황에선 반전을 위해서도 강경한 정책이나 정치적 행동이 나올 가능성이 크다.

스트롱맨 정치에서 드러나는 공통점은 '민족주의', '자국 이기주의'다. 유럽에서 확산되는 극우 정치세력은 한결같이 소수자와 외국인 등에 대한 혐오나 공격을 서슴지 않고, 반이민 정서도 공략한다. 미국에서 트럼프도 비슷한 공략을 했다. 중국과 일본은 영토 문제를 정치적으로 적극 이용하고 있다. 이제 극우가 유럽에서 점점 힘을 키워가고, 스트롱맨 정치가 2024년을 기점으로 더 확대될 가능성도 있다. 이건 모두 기업에 불확실성이 커지는 상황이 된다. 정치가 갑자기 정책을 바꾸거나 말을 바꾸는 일이 자주 생길 수 있고, 이전까지 이어지던 정책들이 뒤집혀 새로운 대응이 필요한 일이 잦아질 수 있다. 기업의 경영 리더라면 발 빠른 상황 판단과 대응이 요구되는 시기다.

기업 경영에서 가장 피하고 싶은 것은 불확실성이다. 정치와 선거가 만들어내는 불확실성, 국제 정세가 만들어내는 불확실성, 전쟁이 만들어내는 불확실성, 팬데믹이나 재난이 만들어내는 불확실성 등이 바로 그것들이다. 2020~2022년에 팬데믹이 만든 불확실성이 고조되었다면, 2022~2023년엔 전쟁과 국제 정세가 만들어내는 불확실성이 고조되었고, 2024년에는 정치와 선거가 만드는 불확실성에 전쟁, 국제 정세가 만드는 불확실성까지 더해졌고, 기후위기 심화까지 더해진 형국이다.

특히 한국 기업은 2023년 악화된 실적과 저성장에 빠진 한국 경제라는 위기까지 더해진 상황이라 2024년 전방위적으로 가중된 불확실성은 더더욱 위험할 수밖에 없다. 이런 상황에서 세계 선거 빅뱅을 맞이했다. 선거는 기업에 가장 큰 변수다. 선거 결과에 따라 사회, 정책, 경제, 규제 등 아주 많은 것이 바뀔 수 있다. 정권이 교체

되면 이전 정권의 흔적을 지우고 새로운 정권의 색채를 강화하는 것이 보편적이기 때문이다. 선거 결과에 따라 그동안 해오던 것들이 중단되거나, 원치 않는 상황이 새롭게 대두될 수도 있다. 이건 고스란히 기업이 대응해야 할 숙제가 되고, 리스크가 된다.

G7 vs BRICS는
Permacrisis(영구적 위기)가 되어
우릴 계속 시험한다

불안정과 불안이 지속되는 상황을 일컫는 신조어가 Permacrisis(영구적 위기, permanent+crisis)다. 영국 콜린스 사전이 2022년 올해의 단어로 선정했는데, 전 세계가 팬데믹을 기점으로 다중(복합) 위기, 영구적 위기 등 전방위적이고 일상적인 위기 시대를 살고 있다. 이런 위기 중 가장 큰 것이 세계화의 종말이 아닐까?

미국과 서방 선진국이 주도한 경제 패러다임이 흔들리는 가장 큰 배경으로 BRICS의 성장을 꼽을 수 있다. 미국, 유럽 중심의 서방 경제 강국 G7과 중국, 인도, 러시아, 브라질 중심의 BRICS의 대결 구도는 향후 점점 심화될 텐데, G7 그룹의 경제 리더격인 미국과

BRICS의 경제 리더 격인 중국은 무역갈등이자 경제전쟁을 계속 이어가는 중이고, 결코 쉽게 해결되지 못한다. 전통적인 경제 강국들이 주도하던 세계 경제 질서에 맞서, 이머징 마켓의 신흥 강국들이 목소리를 내며 세계를 양분하고 있다.

브라질Brazil, 러시아Russia, 인도India, 중국China의 앞글자를 따서 시작한 BRICS는 2006년 4개국 외무부장관이 모여 회의체 구상을 논의하기 시작해, 2009년 상설기구화되었다. 인구수 세계 1위 중국, 2위 인도(지금은 인도와 중국의 순위가 바뀜), 5위 브라질, 9위 러시아, 국토 면적 세계 1위 러시아, 4위 중국, 5위 브라질, 7위 인도다.

석유와 천연가스 생산량에서 각 1위, 2위의 자원 강국인 러시

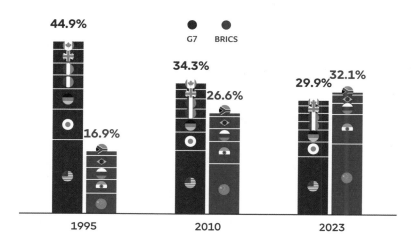

| G7(7개국) vs BRICS(5개국) : 전 세계 GDP에서 차지하는 비중

(출처: Statista)

아를 필두로, 중국, 브라질, 인도 모두 천연자원 강국이다. 국방력에서도 이들 4개국은 강대국이다. 2023년 10월, IMF 기준 GDP 순위에서 2위 중국, 5위 인도, 9위 브라질, 11위 러시아다.

2010년 아프리카의 강국인 남아프리카공화국South Africa이 정규회원으로 가입해 공식적으로 BRICS가 된다. 이미 전 세계 GDP에서 차지하는 비중은 BRICS가 G7을 앞섰다.

2024년 1월 대표적 산유국인 사우디아라비아, 이란, 아랍에미리트와 인구 1억 명이 넘는 이집트, 에티오피아가 추가로 가입해 총 10개국이 된다. BRICS는 중국, 인도, 러시아, 브라질을 중심으로 중동과 아프리카에서 영향력을 확대하고 있다. 지정학적 위기를 겪는 러시아-우크라이나 전쟁과 이스라엘-하마스 전쟁 모두 BRICS의 주요 국가들과 직간접적으로 연결되어 있다. 결국 국제 정치와 외교 갈등이 지정학적 위기를 심화시키면, 경제적 리스크로 이어질 수밖에 없다. 미국과 중국의 경제전쟁으로 한국 경제가 중간에서 타격을 입듯, G7과 BRICS의 대립 혹은 갈등도 고스란히 한국 경제의 부담으로 작용한다. BRICS에 가입 의사를 표명한 국가가 수십 개국인데, 모두 아프리카, 중동, 중남미, 동남아시아 국가다. BRICS의 영향력과 위상은 점점 높아진다.

BRICS 주요 국가들도 2024년 선거를 치른다. 인도와 남아프리카공화국, 이란은 총선, 러시아와 에티오피아는 대통령 선거, 브라질은 지방 선거 등이 있다. 중국은 직접 선거를 치르지 않지만 대만 총통 선거에서 친미반중 정부가 재집권하면서 정치적 영향을 받게 되었다.

G7 주요 국가들도 선거를 치른다. 미국은 대통령 선거, 영국은 총선을 치른다. 트럼프가 다시 정권을 잡게 되면 탄소감축이나 기후위기 대응 관련해서 변화가 예상되고, 미국 우선주의 강화로 세계화의 위기는 더 가속화될 수 있다. 영국은 오랜 기간 집권해온 보수당이 '경제' 문제로 패하고 정권 교체될 가능성이 큰데, 경제와 산업 정책에서 변화가 클 수 있다.

일본에서 정권을 장기 독점하고 있는 자민당 총재 선거가 9월에 있다. 일본 기시다 총리는 10~20%대의 낮은 지지율로 퇴진 압박 위기를 맞고 있다. 독일은 헌법재판소가 예산안에 위헌 결정을 내리며 올라프 숄츠 총리가 이끄는 연립정부가 위기를 맞았다. 곧 일본과 독일 모두 기존 정권이 위기를 맞아 정치적 변화와 그에 따른 외교적 변화도 가시화될 수 있다.

2024년 6월, 제10회 유럽의회 선거는 2020년 브렉시트 이후 처음 실시하는 유럽의회 선거다. 러시아-우크라이나 전쟁이 미친 영향, 유럽에서 번지는 극우적 행태들이 어떤 정치적 변화를 만들지 지켜볼 일이다.

2022년 9월 스웨덴 총선에서 극우 포퓰리즘 정당이 원내 2당에 오르고 집권 우파 연합에 참여해 강력한 영향력을 갖게 되었다. 2022년 10월 이탈리아는 제2차 세계대전 이후 처음으로 극우 정당 출신이 총리로 선출되었고, 2023년 4월 핀란드 총선에서 승리한 우파 연립정부의 원내 2당인 '핀란드인당'은 극우 포퓰리즘 정당이다.

극우 정당 대표가 핀란드의 부총리 겸 재무장관을 맡고 있다. 2023년 9월 프랑스 상원 선거에서 극우 정당 소속 의원 3명이 당선되어 원내 진입하기도 했다.

2023년 11월 네덜란드 총선에서 극우 성향의 '자유를 위한 당PVV'이 기존보다 의석수를 2배 많이 얻으며 원내 1당이 되었다. '자유를 위한 당'은 기후위기를 부정하고 있어, 네덜란드의 기후위기 대응 관련 정책과 산업의 후퇴가 예상된다. 독일은 재생에너지 선도국이지만, 독일에서 세 번째로 의석이 많은 '독일을 위한 대안AfD'은 기후위기를 부정하는 극우 정당이다. 2023년 10월 독일의 헤센주와 바이에른주에서 주 의회 선거가 열렸는데, 극우 정당 '독일을 위한 대안' 소속 의원이 당선되지는 않았지만 이전 선거보다 득표율이 크게 오르며 각 2위, 3위를 기록했다. 확실히 약진하고 있다. 당장 이들이 집권하진 않겠지만, 탄소감축이나 기후위기 대응에 다른 목소리를 앞장서서 낼 것이다.

이런 일련의 정치 상황들이 유럽의회 선거에 크고 작은 영향을 미칠 것이고, 선거 결과는 또 유럽 각국과 세계에 크고 작은 영향으로 돌아올 것이다. 기후공시 의무화에 가장 앞서고, 탄소국경 제도를 가장 먼저 시행하며 세계적 기후 리더의 역할을 하는 EU가 유럽의회 선거 결과와 주요 국가들의 정치 상황 변화에 따라 기후위기 대응 방식과 속도가 달라지고, 기후 리더로서의 입지가 흔들릴 수도 있다. G7 국가 중 3개국(독일, 이탈리아, 프랑스)이 EU에 속한다. G7 국가 중 캐나다를 제외한 6개 국가가 2024년 정치적 변화와 그에 따른 정책의 변화, 기후위기 대응과 산업의 변화를 겪을 수 있다.

G7과 BRICS의 대립 구도가 심화되는 상황에서, G7과 BRICS의 주요 국가들이 정치적 변화를 겪는다. 세계 경제의 불확실성이 고조되는 상황에서 한국 기업들의 이해관계를 위해 정부와 정치가 최선을 다할 것이라 기대할 수는 없다. 한국 기업들이 고스란히 풀어야 할 숙제일 뿐이지, 정부와 정치에 기대할 것은 크지 않다. 그동안도 그래왔고, 이번이라고 다를 리 없다. 어쩌면 한국 정치가 기업에는 가장 큰 Permacrisis일지도 모른다. 개인만 각자도생할 것이 아니라, 기업도 각자도생해야 할 상황이다. 결국 리더의 강력한 리더십만이 최선이다.

중국과 대만이 전쟁을 하면
한국 경제가 무너진다

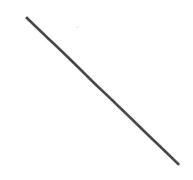

중국과 대만, 두 나라 갈등 관계의 핵심은 양안 통일이다. 시진핑은 중국 최초 3연임 주석이며, 2023년부터 임기 5년이 시작되었다. 종신 집권의 길은 열어놨고, 이를 위해서라도 '하나의 중국One China'을 구현해야 한다. 티베트, 위구르 등 중국 내 소수민족의 분리 독립운동을 철저히 무마해야 하고, 홍콩과 마카오에 이어 대만도 중국으로 통합하려 한다.

특히 대만은 세계 반도체 산업의 중심 국가다. 파운드리와 후공정(패키징, 테스트)에선 압도적 점유율로 세계 1위이고, 팹리스에서도 2위다. 대만에서 반도체 산업은 전체 GDP의 20% 이상이고, 전체 수출에서 1/3 이상을 차지한다. 이중 TSMC 한 회사가 절반 정도를 차지하지만, 대만에는 TSMC만 있는 게 아니라 ASE, UMC 등도 있다. 전 세계 반도체의 63%, 첨단 반도체의 73%를 공급하는 나라가 대만이다. 대만 정부도 반도체 산업을 전폭적으로 지원하고 있다. 중국으로선 대만을 잡으면 반도체 산업까지 손에 넣는다.

중국은 2024년 대만 총통(대통령) 선거에서 친중 후보가 당선 되길 바랐지만, 친미반중 성향의 민주진보당 라이칭더가 총통이 되었고 임기는 4년으로 2028년까지지만 재임을 하면 2032년까지 집권하게 된다. 라이칭더는 총통이 되기 전 부총통(2020~2024)이었고 그때 총통은 차이잉원이다. 이렇듯 대만은 하나의 중국을 반대하는 친미반중 정부가 계속되고 있다.

중국이 대만을 침공할 가능성은 제로Zero가 아니다. 러시아가 우크라이나를 침공한 이후, 국제 사회의 제재를 받긴 해도 러시아 경제는 견고하다. BRICS의 위상이 높아지는 상황에서 중국도 국제 사회의 제재와 지탄을 받더라도 대만을 침공해 얻는 이득이 더 크다고 볼 수 있다. 대만 자체는 중국과 힘에서 비교가 안 된다. 중국이 침공하면 오래 버틸 수 없다.

하지만 대만의 뒤에 미국이 있다. 그런데 미국 대통령 선거 결과에 따라 상황은 달라질 수 있다. 트럼프는 중국이 대만을 침공해도 미국이 대만을 지원해 중국에 맞설 필요가 없다는 견해를 밝힌 적이 있다. 대만은 세계 반도체 시장에서 가장 중요한 공급망이지만, 과거 반도체는 미국에서 다 생산하던 것이었다며 대만의 반도체 산업이 타격을 받는 게 미국으로선 손해가 아닐 수 있다는 시각이다. 물론 대만 반도체 산업이 타격을 받으면 미국의 IT/전자/자동차 산업도 타격을 받고, 전 세계도 타격을 받는다.

2024년 1월, 미국의 블룸버그 이코노믹스Bloomberg Economics는 중국이 대만을 침공하거나 중국이 대만을 봉쇄하거나 두 가지 시나리오에 대한 경제적 피해 규모를 분석한 리포트를 냈다. 첫 번째 시나리오는 전쟁이다. 중국이 대만을 침공하고 미국이 전쟁에 개입한 상황에서 전 세계 GDP가 전체의 10.2% 정도인 10조 달러 감소할 수 있다고 봤다. 2009년 글로벌 금융위기로 감소한(-5.9%) 전 세계 GDP 규모보다, 2020년 코로나19 팬데믹으로 감소한(-5.9%) 전 세계 GDP 규모보다 2배 이상 큰 규모다. 1991년 걸프전쟁으로 감소한(-1.0%) 전 세계 GDP 규모보다 무려 10배 이상이다.

만약 중국이 대만의 산업시설이 밀집된 해안을 폭격하고, TSMC를 비롯한 반도체 산업이 파괴되면 피해는 걷잡을 수 없어진다. 대만이 GDP의 40%를 피해 보는 것은 물론이고, 반도체가 필요한 전 세계 가전, 컴퓨터, 스마트폰, 자동차 등 수많은 산업의 생산이 멈춰진다.

이러면 한국은 반사이익을 얻지 않겠냐 하겠지만, 한국은 무역 물동량의 99%가 선박을 이용하고, 그중 43%가 대만해협을 통과한다. 대만이 전쟁에 휩싸이면 한국의 수출도 타격을 받는다. 반도체 수출이 타격을 받고, 자동차나 가전 등 완제품 수출도 타격을 받는다. 중국은 세계적 기업들의 공장이자 공급망이기 때문에 전쟁으로 중국이 경제 제재를 받으면 미국을 비롯해 전 세계 산업이 불가피하게 타격받고 한국도 예외가 아니다.

블룸버그 이코노믹스는 중국이 대만을 침공하면 한국의 경제적 피해는 GDP의 23.3%가 될 것으로 분석했다. 대만에 이어 가장 크게 타격 받는 나라가 바로 한국이다. 전쟁을 일으킨 중국의 경제적 피해는 GDP의 16.7%, 미국은 GDP의 6.7%다. 일본의 피해도 GDP의 13.5%이고, 그 밖에 피해가 큰 순으로는 멕시코, EU, 인도네시아, 튀르키예, 인도, 러시아, 호주, 캐나다, 영국, 브라질이 있다. 이들 모두 GDP 5~10%의 큰 피해를 입고, 여기서 추정한 피해액은 모두 전쟁이 일어난 첫해에 발생할 규모다. 전쟁이 길어지거나 파괴 규모가 치명적이라면 전 세계 경제의 타격은 계속될 것이다.

전 세계 GDP 1위, 2위 국가가 전쟁에 직접 개입하는 상황인데다, 이로 인해 G7을 필두로 한 서방 국가들과 BRICS를 필두로 한 국가들도 간접적으로 개입하거나 영향을 받을 수 있다. 러시아-우크라이나 전쟁이 주는 손실과는 비교도 안 될 정도로 막대한 피해가 생기는 것이 바로 중국-대만 전쟁이다. 그렇기에 중국이 대만을 침공한다면 역사상 최악의 결정이 될 것이고, 중국도 결코 쉽게 행동하지 못한다.

두 번째 시나리오는 전면 봉쇄다. 만약 중국이 대만을 1년간 전면 봉쇄한다면 대만은 경제적 피해 규모가 GDP의 12.2%, 중국은 8.9%, 세계 경제는 5%, 미국은 3.3%로 분석했다. 봉쇄 시나리오에서 한국의 피해 수치를 언급하진 않았지만, 전쟁으로 볼 피해에서 대만 다음이었음을 감안하면 1년간 전면 봉쇄에서 한국은 8~10%

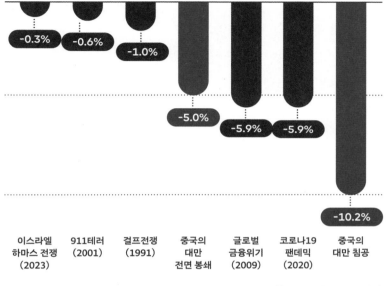

-0.3%
-0.6%
-1.0%
-5.0%
-5.9%
-5.9%
-10.2%

이스라엘 하마스 전쟁 (2023) | 911테러 (2001) | 걸프전쟁 (1991) | 중국의 대만 전면 봉쇄 | 글로벌 금융위기 (2009) | 코로나19 팬데믹 (2020) | 중국의 대만 침공

(출처: 블룸버그 이코노믹스)

정도 GDP 손실을 볼 수 있다. 분명 전쟁보단 봉쇄가 피해가 적겠지만, 전면 봉쇄도 세계 경제를 흔들고 한국 경제를 추락시키는 데 영향을 미친다.

물론 전쟁도 전면 봉쇄도 극단적 시나리오다. 하지만 가능성이 제로Zero라고 볼 수는 없다. 봉쇄 중에서도 좀 더 강도가 낮은 봉쇄도 있을 것이기에, 중국이 글로벌 정치 상황과 자국 내 정치 상황에 따라 위험한 행동은 얼마든지 나올 수 있다. 적어도 시진핑의 4연임을 결정할 중국 공산당대회가 열릴 2027년 10월 이전에,

어쩌면 미국 대통령 선거를 비롯해 세계 정치 빅뱅의 결과에 따라 2024~2025년에도 여러 위험한 행동을 할 수 있다.

남의 나라 전쟁이 아니라 한국 경제에 치명적 타격을 줄 전쟁, 한국 기업들로선 촉각을 곤두세울 수밖에 없는 일이다. 분명한 건 중국과 대만 관계도, 미국과 중국 관계도 악화될 가능성이 높은 시기를 맞이하고 있다는 점이고, 한국 기업으로선 최악의 리스크다.

2024 다보스포럼에서
드러난 리더십의 방향
: 리더의 각성

　　다보스포럼(세계경제포럼)은 2023년 11 ~12월 전 세계 30명의 수석 경제학자를 대상으로 조사한 결과를 2024년 1월에 발표했는데, 세계 최고의 경제학자Chief Economists 중 56%가 2024년 세계 경제가 약화될 것으로 예상했고, 20%는 경제 상황이 변하지 않을 것으로, 23%는 경제 상황이 다소 나아질 것으로 봤다. 아울러 미중 갈등이나 러시아-우크라이나 전쟁, 이스라엘-하마스 무력 충돌 등 지정학적 갈등이 경제 권역을 분열시키는 현상은 가속될 텐데, 수석 경제학자 70%가 분열이 심화될 것이라고 답했고, 지정학적 갈등이 세계 경제와 주식시장 변동성을 유발할 것이라는 데 80% 이상이 동의했다. 지정학적 갈등으로 향후 3년

이내 경제 블록화가 확대될 것이라는 전망도 80%가 동의했다.

2024년 1월에 열린 제54회 다보스포럼 연례회의의 주제는 '신뢰 재건Rebuilding Trust'이다. 과연 어떤 신뢰를 재건할 것인가? 국가 간 충돌과 지정학적 위기로 인한 세계의 분열과 무역 시스템의 위기로부터도, 경제침체와 노동시장 경직에 따른 일자리 변화로 인한 위기에 대해서도, 인공지능 발전의 가속화가 초래할 급격한 변화에 대해서도, 기후위기와 에너지 전환에 따른 변화와 대응에서도 각기 신뢰 재건이 필요하다.

전 세계가 직면한 여러 가지 급격한 환경 변화에서 위기와 갈등은 더 커졌고, 이 문제를 풀기 위해 신뢰 재건이 필요한 것이다. 이건 특정 국가, 특정 기업 혼자서만 풀어갈 숙제가 아니라 전 세계가 함께 풀어야 할 공동의 숙제이고, 서로 신뢰가 확보되어야만 숙제를 풀기 위해 시간과 노력과 돈을 투자할 수 있다.

포럼의 4가지 핵심 의제는 '분열된 세계에서 안보와 협력 달성Achieving Security and Cooperation in a Fractured World', '새로운 시대를 위한 성장과 일자리 창출Creating Growth and Jobs for a New Era', '경제 및 사회 원동력으로서의 인공지능Artificial Intelligence as a Driving Force for the Economy and Society', '기후, 자연, 에너지에 대한 장기적 전략A Long-Term Strategy for Climate, Nature and Energy'이다.

확실히 전 세계가 직면한 가장 큰 문제가 무엇인지 드러난다. 특히 이 문제들은 기업의 경영, 조직시스템에서도 고스란히 드러난다. 급격한 변화와 다중적 위기가 초래한 불확실성을 어떻게 대비,

2024년 1월에 열린 제54회 다보스포럼(세계경제포럼). 연례회의 주제는 '신뢰 재건', 핵심 의제는 ① 분열된 세계에서 안보와 협력 달성, ② 새로운 시대를 위한 성장과 일자리 창출, ③ 경제 및 사회 원동력으로서의 인공지능, ④ 기후, 자연, 에너지에 대한 장기적 전략'이었다. (출처: 세계경제포럼)

대응하느냐가 경영의 첫 번째 과제가 된다. 아울러 AI를 활용해 업무 효율성을 어떻게 높일지, 인력구조는 어떻게 바꿀지가 두 번째 과제가 된다. 기후위기와 에너지 전환 이슈를 어떻게 비즈니스 기회로 바꾸고, 기존 사업의 전략과 방향을 바꾸고, 신사업은 어떻게 이끌어갈지가 세 번째 과제가 된다. 사실 이 3가지 경영 과제가 다보스 포럼의 4가지 핵심 의제와 서로 연결되기도 한다. 결국 리더의 역량이 더욱더 중요해진 시기를 맞고 있다.

정치나 선거가 초래하는 변수이자 위기 요소만큼이나, AI 비즈니스가 주도하는 산업 패러다임 혁신, 기후기술(기후테크Climate Tech,

클린테크Clean Tech, 그린테크Green Tech)과 에너지 전환이 가속화할 산업 패러다임 혁신이 기업에는 더 심각한 타격을 줄 수 있다. 미래 먹거리를 두고 치열한 생존 게임을 벌일 수밖에 없고, 글로벌 공룡 대기업들도 패러다임 혁신이 뒤쳐져 역사 속으로 사라지는 것을 목격하게 될 것이기 때문이다.

산업 패러다임이 혁신적으로 바뀌는 시기에 기업 경영 리더의 역할은 아주 중요하다. 이런 시기에 기업이 무너지는 것은 경영 리더의 탓이고, 기업이 성장하는 것은 경영 리더의 덕이다. 과감히 변신하고, 저항과 반대를 돌파하고, 추진 속도를 내는 리더가 필요한 건 당연하다. 리더십의 방향이 강한 리더십을 지향할 수밖에 없는 이유다.

지금 우린 패러다임 변화의 시기이자 위기 상황을 맞고 있으며, 생존하기 위해선 과거를 버려야 한다. 기업 경영은 민주주의가 아니다. 모두의 의견을 듣는 것이 진정한 포용이 아니다. 경영 리더에겐 기업의 성과와 성장이 최우선이 되어야 한다. 강한 자가 생존하는 게 아니라, 생존하는 자가 강한 자다. 결국 강한 리더십은 생존의 리더십이다. 살아남기 위해선 아픈 손가락을 과감히 자를 수 있어야 하고, 익숙하던 관성을 과감히 버리고, 안정이라는 나약함에 빠지지 않고, 위기를 정면돌파하며 나아가야 한다. 이를 위해선 리더부터 바꿔야 한다. 리더가 각성해야 한다.

CES 2024에서 드러난
리더십의 방향
: 혁신의 시작은
인력구조 재편

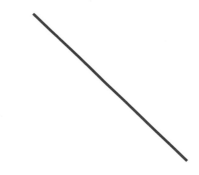

CES 2024는 포천 500대 기업 중 311개가 전시나 콘퍼런스를 진행한 것을 비롯해, 전 세계 4,300여 개(스타트업 1,400여 개 포함) 기업이 참여했다. 이중 한국 기업은 삼성전자, 현대자동차그룹, LG전자, SK, 두산, 롯데, HD현대 등 주요 대기업을 포함해 850여 개였다. 미국과 중국에서 각 1,000여 개 기업이 참여했으니, 참여 기업 숫자로는 한국이 빅 3에 속할 정도다. 물론 CES 참가나 수상을 무슨 성과인 양 자랑하고 마케팅에 쓰려고 하는 한국 기업과 기관이 많은 것도 사실이지만, 그만큼 한국 기업들이 테크 혁신을 통한 기업 경쟁력 확보에 지대한 관심이 있다는 의미이기도 하다.

중요한 건 CES를 통해 비즈니스 패러다임 전환을 실감하게 된다는 점이다. 이건 신사업이나 신제품에 그치지 않고, 인력구조 개편이자 구조조정으로 이어지는 문제이기도 하다. 왜냐하면 기술 혁신의 장에서 경영 리더들이 목격하고, 경험하고, 느낀 점들이 고스란히 경영에 반영될 것이기 때문이다.

CES 2024의 주인공은 단연 AI였다. 생성형 AI 이슈가 전 세계를 휩쓴 2023년의 영향으로 다양한 영역에서 AI를 적용하는 온디바이스 AI(AI 기능이 구동되는 기기)가 선보였다. 가전, 자동차, 조선, 건설, 에너지, 유통, 물류, 컴퓨터, GPU, 푸드테크, 엔터테인먼트, 로봇, 농기계, 헬스케어 등 분야를 막론하고 AI 기술을 적용하는 것이 모두의 공통된 미션이었다. 그만큼 AI가 대세였다. CES 전시관에 AI 카테고리가 따로 없었지만, 모든 전시관이 AI와 직간접적으로 연관되었다고 해도 과언이 아닐 정도다. 모든 산업에 AI가 녹아드는 건 예견된 미래 방향이다. 기존 제품들이 온디바이스 AI 제품으로 대체되기도 할 것이고, AI 기술을 통한 생산성 혁신으로도 이어질 것이다.

CES 2024에서 온디바이스 AI와 함께 SDV Software defined Vehicle(소프트웨어 중심 자동차)와 지속가능(에너지 전환, 클린테크 기술 등)도 핵심 트렌드였다. 이미 CES가 오토쇼라 할 정도로 자동차 기업의 비중이 커진 지 오래인데, 하드웨어 중심에서 소프트웨어 중심으로 옮겨가며 SDV가 핵심 경쟁력이 되었다. 여기서도 AI가 무관하지 않다. 에너지 전환과 클린테크가 미래 사업으로 점점 성장하고 있는데, 여기서도 AI가 무관하지 않다. 결국 AI를 둘러싼 패러다임 시프트가 세계의 모든 산업과 경제의 판도를 바꿀 테니, 전 세계 주도 기업들로선 적극적으로 나설 수밖에 없다. AI를 적용할지, AI 중심으로 전환할지는 선택이 아니라 필수가 된다. 디지털 트랜스포메이션의 중심 코드로서 AI 트랜스포메이션이 기업에 대두된 셈이다. AI와 지속가능이 산업 전반에서 체제 전환의 빅2 키가 된다면, SDV는 자동차 산업에서 체제 전환의 핵심 키다.

CES는 기술 전시의 장으로 보이겠지만, 엄밀히 테크 기반의 비즈니스가 주도하는 시대의 리더십 격돌의 장이기도 하다. 결국 테크 기반의 경영 리더만 살아남는다. 경영은 인사관리, 재무관리 등도 중요하지만, 무엇보다 기업의 사업에서 내세우는 상품과 서비스 자체의 경쟁력이 가장 중요하다. 이제 이런 경쟁력은 모두 테크에서 나온다. "아무리 생각해봐도 첫 번째도 기술, 두 번째도 기술, 세 번째도 기술 같다." 2022년 6월, 삼성전자 이재용 회장이 한 말인데, 그 뒤로도 계속 강조되는 메시지다. 이는 모든 경영 리더가 동의하는 말이기도 하다. AI/로봇, 클린테크/기후테크, 안티에이징테크, 바이오테크 등 미래 먹거리는 다 테크다.

CES 2024의 키노트를 로레알이 했다. 뷰티 기업이 테크 전시의 중심에서 발언한 것이다. 로레알은 그동안 CES에 10년간 참여했다. 뷰티 테크로 업의 방향을 잡은 지도 오래되었다. 키노트에서 핵심 키워드로 AI, 혁신, 지속가능성을 얘기했다. AI가 화장품을 만나 새로운 진화를 만들어내는 게 낯선 일도 아니다. 뷰티 업계뿐 아

CES 2024의 키노트를 한 로레알. 그동안 CES에 10년간 참여했고,
뷰티 테크로 업의 방향을 잡은 지도 오래된 로레알은 키노트에서 핵
심 키워드로 AI, 혁신, 지속가능성을 얘기했다. (출처: CES)

니라 모든 산업에서 이 세 가지 키워드가 중요한 시기이기도 한데,
엄밀히 업의 경계가 사라진 시대다. 전방위적 경쟁 체제란 얘기다.
동종업종 경쟁자라는 개념이 사라지고 모두가 다 경쟁 구도다.

이런 시대의 경영 리더는 더 과감하고 빨라야 한다. 이미 CES
는 IT 기업만큼 자동차 기업의 비중도 커졌고, 업종 구분 없이 모두
가 CES에서 테크로 연결된 자신들의 비즈니스를 얘기한다. 말로만
테크를 얘기하는 게 아니라, 사업을 테크와 긴밀히 연결하기 위해
선 인력구조 재편이 필수다. 기존 인력을 전환 배치하거나, 역할이
사라진 이들을 퇴출하거나, 새로운 인력을 영입하는 일이 발 빠르
게 이뤄져야 한다. 이 미션을 해결하는 게 리더가 가진 최고의 역할
이다. 변화가 가속화되는 시기에 리더는 필요하면 악역을 해야 하
고, 결단할 일도 많아진다.

패러다임 시프트
시기의 리더십
: 강력한 리더가 아니면
무능한 리더다!

디지털 트랜스포메이션, AI 트랜스포메이션과 함께, 탄소감축과 기후위기 대응, 지속가능성 등도 기업이 사업 차원에서 전환해야 할 패러다임 시프트다. 패러다임 교체를 하면서 사업적으로도 성공하는 게 어려운 이유는 '구조조정'을 과감하고 신속하게 해야 하기 때문이다. 욕먹는 것을 두려워해선 과감해질 수 없다. 변화가 필요할 때 안정을 선택하는 건 신중함이 아니라 무능함일 수 있다.

방향을 몰라서 속도를 못내는 게 아니다. 방향을 알면서도 저항을 돌파하지 못해서 정체되거나 느린 것은 리더의 무능이다. 글로벌 자동차 업계가 SDV(소프트웨어 중심 자동차)로 전환, 전기차로 전환하는 건 대세적 흐름이다. 지난 100년간의 자동차 산업에선 내연기관 자동차와 (기계공학적) 하드웨어가 중심이었다. 전기차이자 SDV를 본격적으로 시작한 테슬라가 등장한 이후, 빠르게 자동차 산업의 패러다임이 교체되고 있다. 어떤 자동차 기업도 이 흐름에 올라타지 못하고 뒤처지는 순간 미래가 없다는 것을 알고 있다. 모두가 방향은 다 알고 있지만, 생각보다 패러다임 교체를 성공적으로 이뤄내는 건 쉽지 않다.

폭스바겐그룹은 SW 개발 지연으로 CEO가 2022년 7월에 물러나야 했고, 포드와 폭스바겐이 함께 만든 자율주행 SW 기업 아르고 AI는 2022년 11월에 폐업했다. GM은 2023년 11월, 자율주행차 SW 결함으로 발생한 사고로 관련 자회사 CEO가 사임했다. 현대자동차그룹은 2023년 12월, 그룹의 R&D를 책임지는 남양연구소를 이끌던 CTO가 임명 6개월 만에 교체되었다. 토요타는 미래차를 위한 SW 플랫폼 도입 시기를 2025년에서 2027년으로 2년 정도 늦췄다. 글로벌 자동차 산업을 주도하던 기업들이 인력도 돈도 부족하지 않을 텐데 왜 패러다임 교체 과정에서 실패와 혼선이 계속될까?

아예 백지상태에서 새로 그리는 것이 더 유리할 때가 있다. 테슬라가 소프트웨어를 중심에 두고 자동차 회사를 만들 수 있었던 건, 애초에 하드웨어 자동차를 만드는 조직도 인력도 없는 상태에서 시작했기 때문이다. 기존 자동차 회사는 하드웨어가 중심이다 보니, 이것을 소프트웨어로 전환한다는 것은 기존의 주도권을 가진 이들이 힘을 잃는 것이다. 누구나 자신이 갖고 있던 입지를 빼앗기는 건 원치 않는다. 강력하게 저항할 수 있고, 갈등도 생길 수 있다.

아울러 하드웨어와 소프트웨어는 문제를 풀어가는 방식 자체에서 차이가 있다. 기계공학과와 컴퓨터공학과의 차이다. 하드웨어는 무수한 시험과정을 통해 결함을 없애고 완벽하게 문제를 풀어가고, 소프트웨어는 오류를 계속 고치고 업데이트하면서 문제를 풀어간다.

양쪽의 관점이 서로 다르고 일하는 방식에서도 차이가 나기 때문에, 양쪽 모두 파워게임에서 대응한다면 갈등이 증폭될 수밖에 없다. 한쪽의 손을 과감히 들어줘야 갈등이 끝난다. 결국 SDV 개발 조직이 모든 R&D 조직을 총괄하도록 결론을 내리게 된다. 이런 과정에서 불만이 나올 수밖에 없다. 여전히 자동차 시장에서 내연기관과 하이브리드카가 더 팔리고 돈도 더 벌지만, R&D에서 하드웨어보다 소프트웨어 연구원들이 더 우대받는다는 시각도 있다. 분명 자동차의 미래니까 투자하는 건 맞지만, 내연기관과 하드웨어 파트의 연구원들로선 상대적 박탈감을 느끼기 쉽다. 하드웨어와 소프트웨어 각기 입장을 들어보면 이해되는 부분이 많다. 하지만 양쪽을 다 이해하면서 속도를 늦출 수는 없다.

현대자동차그룹 정의선 회장은 2024년 들어 "소프트웨어 경쟁에서 뒤처진 면이 있다", "우리가 SDV 전환이 좀 늦었다" 같은 발언을 계속 했다. 패러다임 시프트 시기의 대응이 늦었다는 위기감을 얘기하며, 뒤이어 조직개편을 했다. R&D 본부의 헤드 조직인 AVPAdvanced Vehicle Platform 본부장을 SDV 본부장(사장)이 맡도록 했다. 확실히 무게 중심을 옮겼다. 이런 결단은 쉽지 않다. 단지 수장이 바뀌는 정도가 아니라, 조직의 인력구조 변화에 영향을 크게 미치기 때문이다.

빠른 혁신의 시기엔 인력도 자본도 영업력도 우위에 있는 거대 기업이 오히려 위기를 겪고, 가진 것 없어 보이는 스타트업이 기회를 장악하는 경우를 종종 목격하게 된다. 지금 세계 최고 기업으로 손꼽히는 기업들 중에서 10~20년 전까진 존재감이 없거나 아직 창업도 하지 않은 경우가 많다. 반면 세계적 거대 기업 중에서 10~20년 사이 무너지거나 존재감이 사라진 경우도 많다. 혁신에서 빠른 대응 속도는 아주 중요한데, 결국 조직이 얼마나 민첩하게 움직일 수 있느냐가 경쟁력이 된다. 거대 기업, 글로벌 기업, 조직이 방대한 기업에 패러다임 시프트 시기의 생존 전략은 구조조정에서부터 시작된다. 얼마나 과감하게 재편하고, 효율성과 생산성을 극대화할 수 있느냐가 기업의 생존을 좌우한다.

실제 변화는 점진적으로 조금씩, 수시로 오지만, 사람들이 변화를 받아들이는 건 미뤘다가 몰아서 한번에 크게 받아들인다. 변화가 기득권을 흔들리게 하거나 기존의 익숙한 관성을 버리게 만들다 보니, 변화에 저항하고 반발하는 이들이 많다. 더이상 미루지 못할 만큼 미룬 후 변화를 받아들이는 경우가 많다. 그렇게 할 경우, 결국 변화가 주는 기회에 뒤처진다. 따라서 리더는 조직에서 변화에 저항하고 반발하는 이들과 싸워야 한다. 설득해서 싸우든 시스템을 바꿔서 싸우든 변화를 늦지 않게 받아들이고, 그 속에서 비즈니스 기회를 만들어내도록 해야 한다.

변화를 싫어하거나 두려워하는 이들의 저항을 돌파하지 못하면 그건 전적으로 리더의 무능이다. 그런 거 하라고 있는 사람이 리더다. 조직의 성장을 위해서, 더 나은 대안을 위해서라면 싸우고 욕먹는 것을 기꺼이 각오해야 한다. 강력한 리더가 늘 필요한 건 아니지만, 분명한 건 패러다임 시프트 시기엔 꼭 필요하다.

아이러니하게도 불확실성의 시대, 패러다임 시프트 시기에 글로벌 컨설팅 업계가 기회가 아니라 위기를 맞았다는 사실이다. 2023년, 기업들이 경영 컨설팅, 회계 컨설팅 등 컨설팅 예산을 줄이며 컨설팅 프로젝트 상당수가 취소, 폐기되었고, 컨설팅 업계는 대량 감원을 했다. 액센츄어가 19,000명 감원한 것을 비롯해, 매킨지 2,000명, 딜로이트 1,200명, KPMG는 2,700여 명, EY 3,000여 명, PWC 600여 명 등 2023년 컨설팅 업계의 대량 감원 러시가 있었다. 불확실성이 클수록 외부 전문가의 도움을 받고 사업 재편과 구조조정에 대한 컨설팅을 받아야 하는데, 컨설팅 수요가 줄었다는 건 생각해볼 일이다.

컨설팅의 실효성에 대한 의문은 늘 존재했는데, 지금의 빠른 변화 속도와 너무 많은 불확실성이자 다중 위기 상황에서 컨설팅 업계가 답을 찾길 여유 있게 기다리긴 어렵다. 자문을 할지언정 결과에는 책임지지 않는 경영 컨설팅을 믿고 사업 재편, 구조조정을 과감히 하기 어려울 수도 있다. 이는 경영 컨설팅 업계의 진화가 요구되는 시점이라는 의미다. 기업의 구조조정뿐 아니라 컨설팅 업계의 구조조정도 필요하다. 그리고 경영 리더들도 결단과 책임이 더 요구된다. 경영 리더가 져야 할 책임의 부담을 덜기 위해 컨설팅이 활용되기도 했기 때문이다.

패러다임 시프트 : 3X

- **DX : 디지털 트랜스포메이션**Digital Transformation
- **AX : AI 트랜스포메이션**AI Transformation
- **CX : 기후테크(클린테크) 트랜스포메이션**Climate Tech(Clean Tech) Transformation

결국 급변하는 시대, 책임 있게 문제를 풀어갈 사람은 조직 내부에 있다. 조직을 성과와 능력 위주의 인재 중심으로 구축하고, 유능한 인재를 효과적으로 영입하는 것이 더 중요해졌다. 이 또한 모두 리더의 역할이다. 그러라고 비싼 연봉을 받는 것이다. 경영자부터 몸값을 충분히 해야 직원에게도 생산성과 효율성을 당당히 요구할 수 있고, 구조조정을 과감히 추진할 수 있기 때문이다.

구조조정의
시간이
돌아왔다

STRONG
LEADER
SHIP

2024년은 구조조정의 해다. 2022년 4분기~2023년 1분기, 미국 빅테크들의 대량 해고 러시가 있었다. 경기침체에 대한 대응이기도 하고, 팬데믹 기간 중 성과가 두드러지자 인력 채용을 크게 늘린 것에 대한 반작용이기도 했다. 생산성과 효율성을 높이기 위한 구조조정이었다. 트위터를 필두로, 메타, 마이크로소프트, 알파벳(구글), 아마존, 세일즈포스 등이 앞장섰고, 테크 업계 전반은 물론이고 금융, 유통 등 모든 산업으로 번졌다. 2023년 내내 생산성 향상과 우선순위에 따른 자원 집중을 위한 구조조정 기조는 이어졌다.

그리고 2024년 1분기, 미국에선 다시 대량 해고의 시간이 시작되었다. 2023년이 구조조정의 첫째 시간이었다면, 2024년은 둘째 시간이다. 축구로 치면 후반전이겠지만, 농구로 치면 4쿼터 중 이제 2쿼터다. 2024년이 구조조정의 끝이 아니라, 2025년까지, 아니 그 이후에도 이어질 것이다. 이는 단지 인건비를 절감하기 위한 해고가 아니라, 산업구조 재편과 생산성 혁신이 만들 근본적인 구조조정이기 때문이다.

다시 시작된
미국의 대량 해고 러시
: 뉴노멀이 된 구조조정

2024년 1월 10일, 구글은 1,000명이 넘는 직원을 해고했다. 그리고 1주일 후 1월 17일, 순다르 피차이Sundar Pichai 구글 CEO는 모든 구글 직원에게 "우선순위에 투자할 것이며, 투자 역량을 확보하기 위해 어려운 선택을 해야 한다"며 추가 감원에 대비하라는 메시지를 보냈다. 감원으로 경영이 간소화되고 속도를 높일 수 있을 것이라고도 언급했다. 2023년 1월에 단행한 대량해고만큼은 안 될 것이라고 했지만, 수천 명 규모는 될 것이다. 1년 전 구글은 전체 인력의 6%에 달하는 1만 2,000명을 대량 해고하면서 순다르 피차이가 모든 구글 직원에게 "비용 기반을 재설계하고, 인력과 자본을 최우선 순위에 집중하는 계기가 될 것이다"라는 메시지를 보냈다. 그리고 당시 최우선 핵심 분야를 AI로 꼽았다.

2024년에 대량 해고를 예고하면서도 강조한 것이 AI다. AI 생태계가 빠르게 발전하는 상황에서 주도권 다툼은 치열해질 수밖에 없고, 모든 인력과 자원을 최우선 집중하는 선택은 합리적이다. 우선순위에 해당하지 않는 사업을 정리하거나 축소하는 선택도 경영 측면에선 합리적이다. 아울러 AI 진화가 광고 영업을 비롯해, 운영과 관리, 서비스 영역에서 자동화 및 업무 역할 변화로 이어져 생산성이 높아지며 감원을 할 여력이 커졌다. 대량 해고의 결정적 이유가 모두 AI로 귀결된다는 점을 주목해야 한다.

<포브스>가 매년 선정하는 '세계 최고의 직장The World's Best Employers' 순위에서 늘 첫손가락에 꼽히는 회사가 바로 알파넷(구글)이다. 2023년에 3위, 2022년에 4위다. 2010년대에는 1위에도 자주 올랐다. 그런 기업이 2023년 1월에 이어 2024년 1월에도 대량 해고를 선언했다. 미국 대학 졸업생이 가장 취업하고 싶어 하는 기업 순위에서도 최상위권에 꼽히는 기업이 대량 해고를 과감히 단행하고 있다. 참고로 2020~2023년 4년 연속 1위는 삼성전자다. 그다음으로 마이크로소프트, 알파넷(구글), 애플 등이 계속 Top 5에 꼽힌다. 이들이 세계에서 시가총액 최고의 기업이기도 하고, 이들의 조직문화나 경영 방향, 리더십이 전 세계 수많은 기업에 직간접적 영향을 미친다.

2024년 1월, 마이크로소프트는 게임 사업 부문의 인력 중 9%에 달하는 1,900명을 감원하기로 했다. 세일즈포스는 2023년 1월

에 10%에 달하는 7,900명 규모의 감원을 발표했는데, 2024년 1월에 다시 10% 감원과 사무실 축소 계획을 발표했다. 아마존은 2022년 말부터 2023년 말까지 1년간 2만 7,000명 정도를 감원했는데, 2024년에도 감원 기조가 이어진다. 이베이는 직원의 9%에 달하는 1,000명을 해고한다. 메타도 2024년 1월에 대량 해고 기조를 드러냈다.

메타의 직원 수는 2022년 9월이 정점이었다. 8만 7,000여 명이다. 2018년에 3만 5,000여 명, 2019년 4만 5,000여 명이던 직원 수가 2020년 5만 8,000여 명, 2021년 7만 2,000여 명, 2022년 8만 7,000여 명까지 거침없이 늘었다. 2022년 4분기부터 시작된 대량 해고로 2023년 6만 5,000여 명 수준이 되었다. 이때 불필요한 관리 계층을 없애고, 조직을 더욱 빠르고 효율적으로 만드는 것을 구조조정의 방향으로 밝히기도 했다. 1년여의 기간에 2만 명 이상을 감원했지만, 메타의 구조조정은 끝난 게 아니다.

2024년에도 구조조정은 이어진다. 메타의 CEO, CFO가 직원 수는 2020년 이전의 인력 수준으로 돌아가고, 수익성 낮은 프로젝트와 팀을 줄여야 한다고 언급한 적이 있기에, 적어도 수천 명이 단기적으로, 만 명 이상이 장기적으로 정리될 여지가 있다. 핵심 우선 순위에 집중하고 조직을 단순화하는 방향성은 여전히 유효한데, AI 비즈니스가 더 강화될 것이다. 이는 앞서 구글의 구조조정 기조와 같다. 애플도 다르지 않다. AI 열풍이 촉발한 구조조정은 빅테크가 먼저 나서지만, 결국은 전 세계 모든 기업이 나서야 한다.

2024년 1월, 세계 최대 자산운용사 블랙록은 전체 직원의 3%
인 600여 명을 해고하는 계획을 발표했다. 급변하는 비즈니스 환경
에 대비하고, 회사 내 사업 부문의 자원 재분배를 위해서 구조조정
을 한다고 밝혔다. 아울러 성장하는 핵심 분야에는 인력을 지속적
으로 충원할 것이라고 했다. 결국 기존의 역할이 줄어든 600여 명
을 해고하고, 더 필요한 인력 중심으로 채우겠다는 얘기다. 구조조
정을 하지만 연간으로 볼 때 전체 직원 수는 큰 차이가 없을 것이다.
인건비 절감이 목적이 아니기 때문이다. 블랙록은 2023년 1월에도
500명을 감원했다.

금융계의 대량 해고는 2023년에 활발했다. 스위스 크레디트
스위스를 인수한 UBS는 2023년에 1만 3,000명을 해고했고, 미국
웰스파고는 1만 2,000명을, 시티그룹 5,000명, 모건스탠리 4,800
명, 뱅크오브아메리카 4,000명, 골드만삭스 3,200명, JP모건체이스
1,000명 등 글로벌 주요 은행 20개에서만 6만 2,000명 가까이 정리
해고되었다. 하지만 금융계의 구조조정은 이렇게 끝나지 않았다.
2024년 들어 미국 시티그룹은 2026년까지 전체 직원의 최대 10%
정도를 감원하겠다고 발표했다. 전체 임직원이 24만 명 정도니까
적어도 2만여 명 이상이다.

2024년 1월, 미국 최대 백화점기업 메이시스가 전체 직원의
3.5%에 달하는 2,350명을 해고하고, 실적이 악화된 매장 5곳을 폐
쇄하기로 결정했다. 감원에 대해 '더욱 능률적인 회사로 거듭나기
위해 감원하는 어려운 결정'을 했다고 강조했고, 의사결정 속도를

높이기 위해 경영층도 축소하겠다고 밝혔다. 물류 과정에서 자동화 설비 비중을 높이겠다고도 언급했다.

2024년 대량 해고와 구조조정은 미국에서만 부는 현상이 아니라, 글로벌 경영 트렌드라고 해도 될 정도로 광범위하게 벌어질 일이다. 스포티파이는 전체 직원의 17%인 1,500명을 감원하기로 발표했고, GM은 1,300명, 미국의 장난감회사 해즈브로Hasbro는 1,100명, 인도의 금융기술회사 페이티엠Paytm은 전체 직원의 10%에 달하는 1,000명, 유럽 최대 소프트웨어회사 SAP은 8,000명을 자발적 퇴사 혹은 직무 재교육 등으로 구조조정한다고 밝혔다.

게임엔진으로 유명한 유니티Unity 소프트웨어는 전체 직원의 25%에 달하는 1,800명, 게임사 라이엇 게임즈Riot Games는 전체 인력의 11%인 530여 명, <LA타임스>는 편집국 인력의 20% 정도를 감원, 인터넷 방송 플랫폼 트위치Twitch는 전체의 35%에 달하는 500명, 제록스Xerox는 전체 직원의 15%에 달하는 3,000명, 스페인 통신사 텔레포니카Telefornica는 3,400명을 해고한다. 이는 2023년 12월에서 2024년 1월까지 발표된 대량 해고 기업 중 일부다. 시시한 기업들이 아니다. 각 분야별로 최고에 손꼽히는 기업들이다.

구조조정은 이제 모든 기업의 필수 과제다. 한국에서도 피할 수 없다. 아니 구조조정을 회피하거나 미뤄서는 안 된다. 정면 돌파하지 않고선 위기는 절대 극복되지 않기 때문이다.

대량 해고는 계속된다
: AI가 촉발한
산업구조 변화 시작

<OECD 고용 전망 보고서 2023OECD Employment Outlook 2023>에서 AI를 포함한 모든 자동화 기술을 고려할 때, 전체 직업의 27%가 자동화 위험이 높은 직업에 해당한다고 평가했다. 당신이 어떤 직업을 가졌든, 적어도 4명 중 1명은 자동화 위험에 직면한 사람이란 얘기다. 아직은 본격적 AI 혁명이자 AI가 초래한 노동과 생산성 혁신의 초기 단계지만, 이미 우린 위기감을 느끼기 시작했다.

매년 발간되는 <OECD 고용 전망 보고서>의 최신 버전인 <OECD 고용 전망 보고서 2023>(2023. 7.)의 부제가 '인공지능과 노동시장Artificial Intelligence and the Labour Market'이다. AI가 노동시장에 미

칠 영향이 대두된 시대라는 걸 실감하는 제목이다. <OECD 고용 전망 보고서 2022>의 부제가 '좀 더 포용적인 노동시장 구축Building Back More Inclusive Labour Markets'이고, <OECD 고용 전망 보고서 2021>의 부제가 '코로나19 위기 극복과 회복Navigating the COVID-19 Crisis and Recovery'이다. 코로나19 팬데믹에 절대적으로 영향을 받던 시기인 2021~2022년에 노동시장에서 감염병이 초래한 단절과 위기가 미칠 영향과 회복을 얘기했다면, 2023년은 AI가 미칠 영향이 노동시장에 더 큰 변수가 되었음을 단적으로 보여준다. 아마 <OECD 고용 전망 보고서 2024>에선 AI와 구조조정이 미치는 영향과 변수를 중요하게 다룰 것이다.

"5년 동안 업무지원 부서 직원 2만 6,000명 중 30%를 AI로 대체할 것이다." 이는 IBM 아빈드 크리슈나 CEO가 <블룸버그>와 한 인터뷰(2023. 5.)에서 한 말이다. 곧 IBM의 업무지원 부서에서만 8,000명 가까이가 해고될 수 있는 것이다. IBM은 이미 2023년 1월에 3,900명 규모의 정리해고 발표를 시작으로, 이후에도 계속 구조조정을 이어가고 있다. 엄밀히 이는 AI가 촉발한 구조조정이다.

2023년 7월, 인도의 전자상거래 업체 두칸Dukaan의 CEO 수미트 샤Summit Shah는 자신의 트위터에 AI 챗봇으로 고객상담 직원을 대체해, 담당 직원의 90%를 해고했다고 밝혔다. 고객상담 직원을 AI 챗봇으로 대체했더니 상담 시간은 1분 44초에서 0초로, 상담 요청 후 해결까지 2시간에서 3분으로, 고객 지원에 들어가는 비용은 85% 절감했다고 했다. 이 트윗은 조회 수가 수백만에 이르렀는데,

그가 트윗에 전한 메시지가 논쟁이 되었다. 직원을 해고하는 것을 너무 가볍게 여기는 듯한 뉘앙스였기 때문이다. 해고된 직원에게 어떤 지원을 제공했는지, 그들을 위로하거나 그동안의 노고에 고마워하는 말은 전혀 언급하지 않고, 마치 수익성 개선을 자랑하듯 마케팅 소재로 삼는 태도를 비난하기도 했다.

BBC, <포천Fortune> 등 여러 매체도 이런 태도를 지적했다. 그는 BBC와 한 인터뷰에서, 2일 만에 만든 AI 챗봇으로 고객상담 직원을 대체했다고 하고, 회사가 위태로운 상황에서 수익성을 개선하기 위해 찾은 대안이었다고 했다. AI는 고객상담 외에도 엔지니어링, 마케팅, 영업 등에서도 사용하고 있으며, 향후 그래픽 디자인, 일러스트레이션, 데이터 분석 등에서도 업무에 AI를 사용해 직원을 대체할 생각이라고 밝혔다. 과연 수미트 샤를 비난하는 게 맞을까? 아니면 생산성, 효율성을 높이는 방법을 적극 찾고, 수익성을 개선하기 위해 노력하는 CEO라고 이해하는 게 맞을까? 그가 해고 과정에서 보여준 가벼운 태도는 비난받을 수 있지만, 노동자를 AI로 대체해 비용을 줄이고 생산성을 높이는 선택에 대해선 결코 비난할 수 없다. 그건 합리적 선택이기 때문이고, 욕을 먹더라도 경영 리더가 해야 할 결단일 수 있다. 분명한 건 앞으로 이런 상황을 자주 겪게 되리라는 것이다.

2023년 12월, IT 전문 매체 디인포메이션The Information에서 구글이 광고 판매 부문의 대규모 조직개편을 계획하고 있다고 보도했다. 구글의 광고 사업 부문에는 3만 명 정도가 일하고 있는데, AI 기술을 광고 부문에 도입하면서 구조조정이 필요해진 것이다. 구글은 2021년에 AI 기반 광고 플랫폼 퍼포먼스 맥스Performance Max를 도입했고, 2023년에 생성형 AI 기능을 탑재해 광고 제작에서 효율성을 높였다. 맞춤 광고를 하려는 광고주들의 시간과 비용을 절약하는 것은, 이들을 담당할 직원 수를 줄이는 결과로 이어질 수밖에 없다.

구글에서 디지털 광고 사업은 핵심 캐시카우다. 구글 전체 매출에서 광고 매출 비중이 80%를 훨씬 상회했는데, 다른 사업 부문이 성장하면서 비중이 조금 줄었지만 지금도 78% 정도다. 여전히 구글에서 광고는 가장 중요한 사업이다. 구조조정한다고 해서 3만 명이 다 해고되는 게 아니다. 여전히 중요 사업이기에 인력은 많이 필요하다. 하지만 AI 기술을 업무에 도입함으로써 생산성이 높아지고, 결과적으로는 기존의 인력 규모를 그대로 유지할 필요가 없어지는 건 분명하다.

2009년 2만 명이 채 되지 않았던 알파벳(구글) 직원 수가 2019년에 10만 명을 넘더니, 2022년 19만 명을 넘었다. 2023년 1월, 전체 직원의 6%인 1만 2,000명을 해고했다. 구글로선 역대 최대 규모의 대량 감원이었다. 2023년 9월 기준 18만 명 정도였는데, 2024년 구글은 또 한번의 대량 해고로 직원 수를 더 줄인다. 가파르게 증가하기만 하던 알파벳(구글)의 직원수가 2023년, 2024년 연속해 감소세로 돌아선 건 '경기침체'에 따른 선택이 아니라, '생산성 혁신'을 위한 선택이다. 유튜브, 틱톡 등에서도 세일즈와 광고 부서를 감원하고, 인스타그램에선 관리 계층을 줄여가고 있다. 이는 특정 회사

| 알파벳(구글) 직원 수

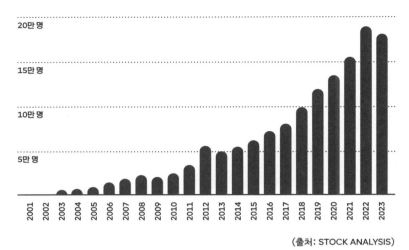

(출처: STOCK ANALYSIS)

가 아니라, 디지털 광고 분야 전반에서 벌어지는 일이다. 일하는 방
식이 바뀌고 더 나은 대안이 나오는데 과거의 방식을 유지할 수는
없기 때문이다.

2024년도 여전히
'효율성의 해'^{Year of Efficiency}

"2023년의 경영 테마는 '효율성의 해'이며, 우리는 더 강력하고 민첩한 조직이 되는 데 집중하고 있다.(Our management theme for 2023 is the 'Year of Efficiency' and we're focused on becoming a stronger and more nimble organization.)" 이는 메타 CEO 마크 저커버그가 2022년 4분기 실적 발표를 하면서 한 말이다. 실제로 메타는 대량 해고로 팬데믹 시기인 2020~2022년에 과잉 채용한 인력을 조정했고, 다른 빅테크 기업들도 같은 선택을 했다.

테크 기업을 비롯해, 모든 산업에서 '효율성의 해'가 뉴노멀이 되었다. '효율성의 해'는 미국 기업들에 유행처럼 번져갔고, 전 세계 기업들에 일시적 이벤트가 아니라 상시적 숙제가 되었다. 2024년에도 2025년에도 우린 '효율성의 해'를 외칠 것이다.

마크 저커버그는 2023년을 '효율성의 해 Year of Efficiency**'라고 정의했다. 그리고 2023년 빅테크를 비롯해, 모든 기업이 효율성의 해를 만들기 위해 구조조정을 했다. 2024년, 2025년에도 효율성의 해는 이어진다.**

효율성이란 우선순위에 집중한다는 의미이기도 하다. 우선순위가 아닌 분야는 대량 해고와 구조조정이 불가피하다. 현재 모든 기업이 꼽는 우선순위는 단연 AI다. 실리콘밸리의 대표적 벤처캐피털VC 안드레센 호로위츠a16z는 IT 기술 투자 전문 회사다. 페이스북, 에어비앤비, 인스타그램, 트위터, 오큘러스VR, 깃허브 등에 초기 투자하여 성공적 성과를 거뒀으며, 530억 달러 규모의 자산을 관리하는 것으로 알려져 있다. 이 회사에서 소비자 부문 기술에 대한 투자는 2021년 30건에서 2023년 13건으로 줄었는데, AI 기술에 대한 투자는 9건에서 23건으로 늘었다. 확실히 기술 투자의 중심이 AI로 바뀐 증거다.

벤처캐피털 전반에서 AI 투자는 확대되었다. 따라서 벤처캐피털 업계에서도 AI 투자를 주도하는 인력이 중심이 되고, 과거 투자를 주도하던 사람들은 떠나고 있다. 이렇듯 뜨는 산업이 우선순위가 되는 건 투자 업계든 기업이든 마찬가지다. 그 우선순위에 따라 인력이 집중되는 것도 마찬가지다.

패스트 컴퍼니Fast Company에 따르면, 평균적인 조직은 시간을 낭비하는 프로세스인 '조직적 지연'으로 생산력의 25% 이상을 잃는다. 조직이 비효율적 프로세스와 시스템으로 운영되면 생산력 손실만큼 매출에서도 손실이 발생할 수밖에 없다. 한국 기업에서 흔하게 얘기하던 '무임승차자'가 바로 조직의 생산력 손실 요소다. 무임승차자를 20% 정도로 보는 기업도 있다. 만약 무임승차자가 제로Zero가 될 수 있다면 어떨까? 너무 빡빡하게 돌아가서 조직이 무너질까? 무임승차자가 조직의 윤활제 같은 존재라서 필요한 걸까? 아니다. 비효율적 조직에 대한 핑계일 뿐이다.

건축에서도 건물의 소비 에너지 효율을 높이는 건 중요하다. 실제 사무실 건물에서 최대 1/3 정도가 낭비되는 것으로 추정되는데, 만약 낭비를 최소화할 수만 있다면 고스란히 비용 절감으로 이어진다. 자동차든 비행기든 선박이든 에너지 낭비를 최소화할 수만 있다면, 환경적 이득뿐 아니라 경제적 이득도 얻는다.

우리 사회는 모든 영역에서 비효율을 걷어내야 하는 시기를 맞았다. 기술적 혁신을 통해 효율성의 시대를 만들어가는 것이다. 결국 비효율적 조직으로는 미래의 비즈니스 환경에서 버틸 수 없다. 구조조정은 상시화될 것이고, 조직의 비효율성을 걷어내는 작업은 한동안 계속될 수밖에 없다.

PWC가 2024년 1월 발표한 <글로벌 CEO 설문조사>(27차)에서 생성형 AI에 대한 CEO들의 인식을 확인할 수 있는 내용이 있다. 글로벌 CEO 중 70%가 향후 3년 내 생성형 AI로 인해 회사의 가치 창출 방식이 변할 것이라 답했고, 한국 CEO는 74%가 그렇게 답했다. 한국 CEO가 글로벌 CEO보다 생성형 AI로 인해 회사의 일하는 방식, 사업 방식이 바뀔 거라는 인식은 조금 높은 반면, 지난 1년간 생성형 AI 도입 비율은 25%로 글로벌 평균 32%보다 조금 낮았다. 한국 CEO는 향후 1년 후 생성형 AI가 제품/서비스 품질을 개선시킬 것이고, 이해관계자와 신뢰 구축 능력을 향상시킬 것이라는 문항에 각기 57%, 50%가 동의했다.(비동의는 각각 32%, 25%) 분명한 건 글로벌 CEO나 한국 CEO나 향후 업계 내 경쟁 강도는 더 높아지고, 대다수 직원이 새로운 기술을 개발해야 하는 점에선 압도적으로 높은 비율로 동의했다는 점이다.

한국 CEO의 70%, 글로벌 CEO의 64%가 생성형 AI가 향후 1년 내 직원들의 업무 효율성을 높여줄 것이라고 예상했다. CEO 자신의 업무 효율성이 높아질 것이라는 예상도 한국 CEO의 62%, 글로벌 CEO의 59%다. 한국 CEO의 20%, 글로벌 CEO의 25%가 생성형 AI로 인해 향후 1년 내 5% 인력 감축을 예상했다. 분명한 건 CEO들이 생성형 AI와 업무 효율성, 인력 감축은 서로 상관관계가 있다고 인식한다는 점이다. 인류의 노동생산성 향상에 결정적 영향을 준 건 IT 기술이다. 컴퓨터, 이메일, 인터넷, 스마트폰, 태블릿피시, 클라우드컴퓨팅 등이 큰 역할을 했고, 이제 생성형 AI와 로봇, 자율주행, 증강현실 등이 진화하면서 노동생산성은 비약적으로 상승할 수 있다.

이 과정에서 구조조정은 뉴노멀이다.

생성형 AI를 활용해 업무 효율성을 높이는 건 모든 기업의 관심사다. 여기서 한발 더 나가면 생성형 AI가 적용된 휴머노이드 로봇이 사람의 일자리를 대체하는 일이다. 2024년 1월, BMW는 로봇 스타트업 피규어Figure가 만든 키 170cm, 몸무게 60kg의 휴머노이드 로봇을 미국 사우스캐롤라이나주 스파턴버그 공장의 생산라인에 투입하겠다고 발표했다. 손가락 5개로 생산라인에서 일하며 무게 20kg를 들어 올릴 수 있는데, 1회 충전으로 5시간 일한다. 아직은 현장 배치를 위한 테스트지만, 12~24개월 내에 차체 공장, 판금 및 창고를 포함한 제조 공정에 투입될 것으로 전망했다.

이미 현대자동차, 혼다 등도 자동차 조립라인에서 휴머노이드 로봇을 시험했다. 자동차 생산라인은 이미 대부분 자동화되었지만, 자동화하기 어려운 부분은 여전히 사람이 하고 있다. 이제 그마저도 휴머노이드 로봇을 투입해 완전 자동화한다는 것이 자동차 업계의 목표다. BMW의 사우스캐롤라이나주 스파턴버그 공장은 직원 1만 1,000명이 있는데, 만약 완전 자동화가 된다면 해고는 불가피하다. 이러한 일은 BMW뿐 아니라 전 세계 자동차 업계 모두에서 벌어질 것이다. 사람이 싫어서가 아니다. 노동생산성 때문이다. 삼성전자도 2030년까지 전 세계 공장에서 생산라인의 완전 자동화를 목표로 하고 있다. 모든 제조업에서 자동화가 가능한 것은 자동화로 전환하고, 자동화가 어려워서 사람이 담당하던 역할도 휴머노이드 로봇으로 전환하는 일이 벌어질 가능성이 크다.

MIT의 컴퓨터 과학 및 인공지능 연구소CSAIL에서 '인간 노동자를 AI로 대체하는 것이 사람을 고용하는 것보다 비용이 더 많이 든다'는 연구 결과를 발표했다. 하지만 이건 지금 상황에 대한 얘기다. 아직은 AI가 검증이 덜 되었고, 기술적 진화도 더 필요하다. 하지만 장기적으로 보면 결국 인간 노동자를 AI로 대체하는 것이 비용이 더 적게 들고, 결국 일자리는 로봇에 대체되어갈 것이다.

일론 머스크는 옵티머스 2를 선보이면서, 2040년대에 지구상에 휴머노이드 로봇 10억 대가 존재할 것이라는, 전망 같으면서도 사업 목표 같은 얘길 했다. 휴머노이드 로봇 옵티머스를 만들고 있는 테슬라로선 전기차를 능가할 미래 시장이 될 수 있는 것이다.

빌 게이츠는 로봇의 보편화로 피해 보는 직업과 산업이 존재할 수밖에 없고, 이는 기술 발전에 따른 불가피한 결과지만 궁극엔 인류가 더 큰 이득을 얻을 것으로 봤다. 2024년 1월, 그는 자신의 블로그에서 로봇 산업에 대한 긍정적인 측면을 강조했다. 로봇의 용도는 거의 무한대에 가까울 것이고, 인간이 기피하는 위험하고 지루한 일을 하거나, 노동력 부족에 처한 분야에선 효과적이라는 시각이었다. 인간이 일자리를 빼앗기는 우려보다 그 반대에서 발생할 장점을 부각한 것이다.

인간 노동자를 AI로 대체하는 건 쉽지 않다. 그럼에도 결국은 그 방향으로 갈 수밖에 없다. 먼저 가든 늦게 가든, 목적지는 같은 방향인 셈이다.

구조조정의 핵심은
정리해고가 아니다

정리해고는 결과일 뿐이다. 원인은 사업 재편이고, 기업의 미래 가치 확보와 생산성 증대다. 기업이 미래에도 살아남으려고 구조조정하는 것이고, 그 과정에서 불가피하게 정리해고가 일어나는 것이지, 사람을 자르려고 사업 재편을 하는 게 아니다. 직원이 미워서 해고하는 게 아니라, 역할이 사라지고 업무적으로 필요없어서 해고하는 것이다. 단순히 회사 경비절감으로 수익성을 개선하려고 해고하는 게 아니다. 인건비 줄이는 것이 주는 효과는 단기적, 일시적이다. 무조건 숫자를 줄이는 게 관건이 아니라, 업무 효율성과 생산성을 높이는 대안이 마련된 상태에서 숫자가 줄어들어야 한다. 조직은 슬림해져도 성과는 줄어들면 안 된다.

기업이 어려워지고 한계에 부딪혔을 때나 구조조정을 하는 게 아니다. 지금 잘나가더라도, 더 잘나가기 위해서 사업 재편과 구조 정이 필요할 수도 있다. 구조조정은 합리적 이유가 있다. 단순히 사람을 해고하는 결과만 봐선 안 된다. 노동자의 시각에선 정리해고가 핵심으로 보이겠지만, 경영자는 핵심을 명확히 해야 한다.

구조조정構造調整, Restructuring은 경영전략 중 하나로 성장성이 없는 사업을 축소하고, 성장성이 큰 사업은 확대하고, 중복되는 사업은 통폐합하고, 이 과정에서 인력을 재편하고(필요 시 감원도 하고), 자산도 재편하는(유휴 자산은 처분하고, 새롭게 투자할 재원은 확보하는) 등 기업의 전반적인 구조 개혁을 의미한다. 정리해고는 구조조정의 한 요소일 뿐이지만, 사람들은 정리해고 자체에 더 민감하다.

한국 사회는 1990년대 후반 IMF 구제 금융 시기에 가혹한 구조조정을 하며 대량 해고를 경험해 구조조정에 대한 거부감이 커진 게 사실이다. 정치권도 노동계도 구조조정에 소극적일 수밖에 없다. 하지만 계속 이럴 순 없다. 산업 패러다임이 바뀌는 상황에 대한 대응이 늦어지고, 결국은 경쟁력이 떨어져 위기를 자초하게 되기 때문이다.

경영진이 무능해서 구조조정하는 게 아니다. 산업적 변화 속도가 느리거나 불확실성이 적은 시대에 구조조정은 리더의 무능으로 볼 여지가 컸다. 하지만 변화 속도가 빠르고 불확실성이 클수록 구조조정은 일상이 된다. 구조조정은 변화에 대한 대응일 뿐이다. 심각한 실적 위기를 맞고 나서만 하는 게 아니라, 위기의 선제 대응 차원에서도 사업 재편을 할 수 있기 때문이다. 과거엔 구조조정을 경영진 무능으로 여기는 이들이 있다 보니 경영진이 구조조정에 소극적인 경우도 있었지만, 이젠 구조조정을 과감히 시의적절하게 결단하는 경영진이 유능한 것이다.

"지금 우리 눈에 보이는 구조조정 숙제만 풀어낼 수 있다면 일본처럼 고생을 겪지 않고도 저성장의 함정에서 빠져나올 수 있을 것으로 본다."

이는 이창용 한국은행 총재가 대한상공회의소 제주 포럼(2023. 7. 14.)에서 '우리나라가 일본과 같은 '잃어버린 30년'을 겪게 될 것인가?'라는 질문에 답한 말이다. 이 말을 달리 보면, 구조조정의 숙제를 잘 풀어내지 못한다면 일본처럼 고생하고 저성장의 함정에도 빠질 수 있다는 의미가 된다.

그렇다면 현재 우리 눈에 보이는 구조조정의 숙제는 무엇일까? GDP 중 제조업 비중이 줄어들며 산업 구조조정이 일어나 서비스업 전환이 이루어져야 하는데 우린 그러지 못하고 있다. 그렇게 된 이유로 중국 시장 특수를 꼽았다. 산업 변화에 따라 구조조정을 했어야 하는데 당장 중국으로 수출이 늘며 기업이 사업이 잘 되니 구조조정의 필요성에 둔감했던 것이다.

GDP 대비 제조업 비중이 높은 한국, 중국, 독일 등이 지금 상황에서 위기가 더 크다. 중국의 경기침체로 대중국 수출이 줄어들며 한국의 기업들은 위기를 맞이했는데, 중국 경기가 회복하기만을 바라선 안 된다. 중국의 호황 덕을 보느라 잠시 미뤄둔 구조조정을 할 때다. 산업 변화에 따른 구조조정과 생산성을 위한 구조조정이 동시에 필요하다.

미국은 팬데믹 기간 호황이었다. 일자리가 늘었고 실업률이 0%에 가까울 정도였다. 호황을 겪다 보니 고용도 늘고 임금도 늘었는데, 경기침체를 겪으며 생산성을 따져 구조조정을 할 수밖에 없다. 국가 경제가 호황이든 불황이든 구조조정이 필요한 시기다.

2021~2023년 한국의 10대 수출품목 중 1위는 반도체, 2위는 자동차, 3위는 석유제품이고, 그 뒤로 자동차부품, 합성수지, 선박 해양 구조물 및 부품, 철강판 등이 있다. 이들 모두 1970년대 한국 경제가 중화학공업 중심의 경제개발계획을 추진하며 시작한 사업이자, 1970~1980년대 한국 기업들이 중요하게 투자하고 벌인 사업들이다. 1996~1998년의 10대 수출품목 중 1위는 반도체, 2위 자동차, 3위 선박이고, 석유제품, 철강, 합성수지 등이 있다. 수십 년째 한국 수출에서 반도체, 자동차, 석유제품, 선박, 철강 등이 일등공신이었고, 지금도 그렇다. 곧 1970~1980년대 한국 기업에서 과감하게 리더십을 발휘한 결과를 지금까지 우린 누리고 있다. 과연 미래에도 계속 누릴 수 있을까?

분명 한국 기업들이 약진한 덕분에 한국 경제가 성장한 건 사실이지만, 새로운 먹거리가 계속 창출되지는 못하고 있다. 한국 정부와 한국 기업들이 21세기 들어서서 늘 미래 먹거리 타령은 하고 있지만, 여전히 과거의 먹거리가 우릴 먹여 살리고 있다. 대기업은 첨단 미래 산업으로 일부 전환하며 미래 먹거리에 다가가고 있지만, 중소기업은 여전히 과거 먹거리에 머물러 있다. 산업구조 재편은 특정 기업만의 일이 아니라 한국 경제 전반에 필요한 일이다.

2018~2022년 한국의 평균 무역 의존도(수출액+수입액을 명목 GDP로 나눈 값)는 85% 정도다. 한국 경제는 글로벌 무역 환경과 지정학적 변화에 아주 민감할 수밖에 없다. 세계화 시대, 자유무역 시대에 가장 큰 수혜를 받은 국가 중 하나가 한국이기도 하다. 반대로 세계화의 위기, 미국과 중국의 갈등에 따른 영향을 많이 받는 나라가 한국이기도 하다. 중국과 미국은 한국의 가장 중요한 수출입 파트너인데, 이들의 갈등 사이에서 경제적, 안보적 균형을 유지하는 건 국익을 위해 중요할 수밖에 없다. 대만-중국 갈등, 러시아-우크라이나 전쟁, 이스라엘-하마스 갈등 등 전 세계에서 다발적으로 발생하는 갈등 국면도 무역 중심의 한국 경제에 영향을 미친다. 결국 한국 경제의 구조적 특성에 기반해 정부나 정치권, 기업, 노동계 모두가 큰 그림을 보며 사회적 합의와 산업적 구조조정을 해야 한다.

결국은
노동생산성 문제다.
그런데 왜 우린
이 문제를 못 풀고 있을까?

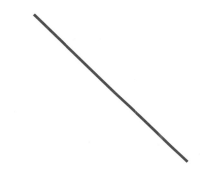

그동안 한국 경제는 노동시간의 양으로 낮은 생산성을 커버해왔다. 하지만 앞으로도 그게 가능할까? 불가능하다. 2023년 한국의 주당 평균 노동시간은 36.9시간으로, 독일 25.7시간, 영국 29.3시간, 일본 31.2시간, 미국 34.6시간에 비해 높다. 노동시간이 과거에 비해 크게 줄어들긴 했지만 여전히 OECD 국가 중 상위권이다. 2022년 기준 OECD 국가의 시간당 노동생산성에선 한국은 49.4달러(PPP 적용)으로 OECD 38개국 중 최하위권이며, OECD 평균(64.7달러)에 비해서도 3/4 수준에 불과하다. OECD 국가 중 한국보다 시간당 노동생산성이 떨어지는 나라는 그리스, 칠레, 멕시코, 콜롬비아인데, 이중 GDP 순위로 보면 11위의 멕시코를 빼고, 42위 콜롬비아, 45위 칠레, 51위 그리스 등 한국보다 한참 경제 순위에선 뒤처져 있다. 이들이 연간 노동시간에선 OECD 최상위권을 휩쓸고 있는 국가들이기도 하다.

일본은 2022년 기준 시간당 노동생산성에서 OECD 국가 중 30위를 기록했는데, 1970년대 이후 가장 낮은 순위다. G7 국가 중에서도 일본은 노동생산성 최하위다. 이런 일본보다 노동생산성이 더 낮은 나라가 한국이다.

우리나라가 낮은 노동생산성으로도 세계 10위권 경제를 이뤄낸 비결 중 하나가 장시간 노동이다. 시간당 생산성은 낮아도, 우린 더 오랜 시간을 일하면서 커버한 셈이다. 하지만 임금 수준이 계속 높아지고, 장시간 노동을 감수할 이들은 점점 줄어들고, 생산가능인구마저 줄어드는 상황에선 더이상 과거의 방식으론 안 된다. 근본적 노동개혁을 위해서도 생산성 혁신이 필요하다.

우리나라는 미국, 영국, 독일, 프랑스 같은 선도국 대비 70% 수준에 불과하다. 만약 노동생산성을 선도국 수준까지 끌어올리는 게 어렵다면, 지금보다 10%만 더 올려도 한국 경제와 GDP 성장은 그만큼의 성장 여력이 확보되는 것이다.

생산가능인구 감소의 근본적 원인 중 하나인 저출산과 고령화는 지금의 흐름을 결코 바꿀 수 없다. 합계출산율은 2022년 0.78, 2023년 0.72명이다. OECD 국가 중 1명 이하는 한국이 유일하다. 통계청의 예측으론 2025년이면 0.65명이 될 수도 있다. 2018년에 0.98로 1명 이하로 떨어진 이후 반등은커녕 계속 하락세다. 세계적

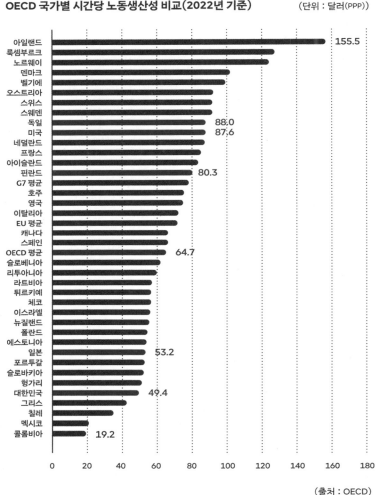

| OECD 국가별 시간당 노동생산성 비교(2022년 기준)   (단위 : 달러(PPP))

아일랜드 **155.5**

독일 **88.0**
미국 **87.6**

핀란드 **80.3**

OECD 평균 **64.7**

일본 **53.2**

대한민국 **49.4**

콜롬비아 **19.2**

(출처 : OECD)

으로도 합계출산율 1명 이하의 나라는 한국 외 홍콩, 마카오가 있다. 하지만 도시국가인 그들과 비교하긴 어렵다. 인구가 유지되려면 합계출산율이 2.1명이어야 하는데, 우린 2020년 인구수 정점을 찍고 계속 줄어드는 중이다.

2025년이면 65세 이상 인구가 20%를 넘는 초고령사회에 진입한다. 노령화의 흐름이 바뀔 수 있을까? 불가능하다. 베이비붐 세대들이 속속 노령화에 진입하고 있다. 2차 베이비붐 세대인 1970년대생들까지 노령화에 접어들면 노령인구 비율은 급등한다.

2024년 한국의 평균연령은 44.9세, 중위연령(총인구를 연령순으로 나열할 때 정중앙에 해당하는 연령)은 46.1세다. 20년 전인 2004년에 평균연령 35.0세, 중위연령 34.1세에 비해 거의 열 살 높아졌다. 2040년경이면 평균연령, 중위연령이 50세를 넘어설 것이다.

2040년이면 인구 3명 중 1명이 노인이다. 생산가능인구는 총인구의 절반 정도다. 이들이 인구의 다른 절반 정도에 해당하는 노인과 어린이를 다 부양해야 한다. 출산율은 세계에서 가장 낮은데, 노령화 속도는 가장 빠른 편이다. 생산가능인구를 늘리려 외국인 유입, 이민 확대를 하는 방법도 있지만 그것도 한계가 있다. 결국 생산가능인구를 늘리는 게 불가능하다면, 노동생산성을 높이는 방법이 최선의 대안일 수밖에 없다.

영국 경제경영연구소CEBR가 세계 경제의 장기전망을 담아 발표한 <세계 경제 리그테이블 2024>에 따르면 한국의 2024~2028년 GDP 성장률은 평균 2.2%를 기록할 것으로 예상됐다. 한국의 GDP는 최고 10위까지 오르기도 했지만, 2023년 13위에 그쳤다. 이마저도 계속 유지된다는 보장이 없다. 2% 초반의 저성장을 지속할

수록 한국의 GDP 순위는 더 떨어질 수도 있다.

CEBR뿐 아니라, 전 세계 경제연구소 모두가 한결같이 한국 경제의 위협 요인으로 꼽는 것이 세계 최저 수준의 저출산이다. 저출산과 노령화로 경제활동인구는 줄어들지만 공공재정은 늘어나 결국 성장 정체의 늪에 빠진다는 것이다. 저출산, 고령화, 노동(경제활동)인구 감소는 주요 경제 선진국을 비롯한 세계적 흐름이다. 문제는 한국이 유독 심하다는 점이다. 가뜩이나 생산성도 낮은데, 세계 최저의 출산율과 최고로 빠른 노령화 속도로 노동인구 감소세가 가파를 수밖에 없다. 출산율 높이기는 투자 비용 대비 효과도 적고, 한국에선 사회구조적 변화 없이는 효과도 없다. 운 좋게 지금보다 출산율을 미미하게 올릴 수는 있겠지만, 그렇게 해도 노동인구 감소는 불가피하다.

결국 한국에서 가장 현실적인 대안은 출생률 높이기가 아니라, AI, 로봇을 통한 생산성 향상이다. 저출산도 노령화도 근본적으로 바꾸는 건 불가능하다면, 남은 유일한 카드는 생산성을 높이는 것이기 때문이다. 생산성을 높이는 건 한국 경제엔 생존 문제고, 한국은 AI와 로봇을 가장 적극적으로 활용해야 하는 국가다. 결국 생산성 혁신, 인력구조 재편은 필수적이고, 혁신 과정에서 생길 갈등과 저항이 두려워 미루기만 한다면 문제는 더 악화될 수밖에 없다.

노동생산성을 높이는 건 구호가 아니라 제도와 행동의 혁신 문제다. 한국이 노동생산성이 낮은 이유가 비생산적인 노동시장 구조와 저부가가치 산업구조 때문인데, 이 두 가지를 바꾸기 위해서도 '개혁'이자 '구조조정'이 필요하다. 저성장에 빠져 점점 쇠락할 것인가? 한국 경제의 미래를 위해 과감한 체제 전환을 이뤄 반등할 것인가? 당신의 선택은 무엇인가? 이건 선택의 문제가 아니다. 이미 답은 정해져 있고, 우린 그 답을 위해 최선을 다해야 한다.

알베르트 아인슈타인의 명언으로 회자된 말이 있다. "미친 짓이란, 매번 똑같은 행동을 반복하면서 다른 결과를 기대하는 것이다.(Insanity: doing the same thing over and over again and expecting different results.)" 이 말은 지금 우리가 되새길 필요가 있다. 한국 경제를 위해서 노동생산성을 높이는 게 필요하다고 인정하면서도, 일하는 방식이자 태도, 성과와 보상 체계, 조직문화와 인사시스템을 개혁하지 않는다면? 고부가가치 산업으로의 과감한 전환과 그에 따른 노동시장 변화를 하지 않는다면? 그게 바로 미친 짓 아니겠는가?

한국의 10대 대기업의 매출이 전체 GDP의 60% 정도다. 전체 고용 인력 중 80% 정도가 중소기업이니, 중소기업의 노동생산성은 아주 낮다고 볼 수 있다. 한국은 대기업 의존도가 높은 경제구조이고, 대기업과 중소기업의 생산성 격차가 아주 크다. 결국 대기업 쏠림 문제를 해결하는 것도 노동생산성 개선을 위해 필요하고, 중소기업이 고부가가치로 전환하는 것도 노동생산성 개선을 위해 필요하다. 이건 개별 기업이 풀 수 있는 문제가 아니라, 정부와 정치가 함께 풀어야만 하는 문제다.

한국 정치가
한국 경제의 미래를
이끌 수 있을까?

　　제론토크라시Gerontocracy는 노년층이 정치사회 전반을 장악한 체제를 일컫는다. 한국 정치가 떠오른다고? 맞다. 그런데 이 말은 미국도 그렇다. 일론 머스크가 대놓고 미국 정치를 두고 제론토크라시를 지적했다. "미국은 매우 오래된 리더십을 가지고 있다. 민주주의가 잘 작동하려면 정치 지도자들이 인구의 대부분과 합리적으로 접촉해야 하고, 이를 위해 지도자의 나이가 국민 평균연령과 10~20세 내외의 차이가 나야 한다." 이는 2022년 3월, 미국 경제매체 비즈니스 인사이더의 모회사인 독일 미디어 그룹 악셀 스프링거의 마티아스 되프너 CEO와 한 대담에서 일론 머스크가 한 말이다.

2022년 기준 미국의 중위연령은 38.9세다. 일론 머스크의 말을 적용하면, 정치 리더의 나이가 50~60대보다 많으면 안 된다는 얘기가 된다. 80대인 조 바이든(1942년생) 대통령을 대놓고 직격한 것으로도 보이지만, 도널드 트럼프(1946년생), 낸시 펠로시(1940년생) 등 미국의 유력 정치 리더들도 다 해당하는 얘기다. 더 넓게 보면, 70대인 러시아 블라디미르 푸틴(1952년생) 대통령, 중국 시진핑(1953년생) 주석 등도 마찬가지다.

나이는 결코 단순한 숫자가 아니다. 어떤 것이 중요한 시대를 살았는지, 어떤 경험을 하고, 어떤 것을 옳다고 믿고 살았는지 등이 그 사람의 가치관이자 태도를 결정할 수 있기 때문이다. 세대교체가 무조건 나이를 기준으로 교체하자는 건 아니지만, 분명한 건 과거의 생각으로는 결코 현재를 이끌 수 없고, 미래를 계획할 수 없다.

"대부분의 사람은 생각을 바꾸지 않고 죽는다. 사람들이 죽지 않으면 사회 전체가 낡은 생각에 얽매어 발전하지 못할 것이다." 앞선 대담에서 일론 머스크가 한 말이다. 미국 정치에서 나이든 리더들이 빨리 물러나고, 전방위적인 세대교체가 필요하다는 메시지다. 아마도 일론 머스크는 전기차를 비롯해, 우주사업, 태양광사업 등 과거에 없던 미래 사업을 앞장서서 이끌어온 사람으로서 정치나 법, 제도가 과거의 기준으로 발목을 잡는다는 느낌을 여러 번 경험했을 것이다. 그런데 왜 나이 많은 정치 리더는 권력을 내려놓지 못할까? 아니, 내려놓지 않을까? 권력은 스스로 내려놓기 어렵다. 결국 정치 리더를 바꾸는 건 유권자의 선택이다. 국민이 강한 유권자

Strong Voter가 되어야 한다. 리더가 과거에 머물러 있으면 변화, 혁신은 가로막히거나 더딜 수밖에 없다.

우리나라에서 2003~2023년까지 임명된 국무위원 239명 중 기업인 출신은 4명으로 1.7%에 불과했다. 반면 교수 출신은 24.3%(58명)였다. 2003~2023년까지면 노무현 정부, 이명박 정부, 박근혜 정부, 문재인 정부, 윤석열 정부가 모두 해당된다. 보수나 진보 상관없이 기업인 출신을 장관으로 발탁하는 데 아주 인색했다는 얘기이자, 기업인 출신이 장관이 되는 데 존재하는 현실적 걸림돌(주식 백지 신탁)을 개선하지 않는다는 얘기다. 어떤 정부가 들어서도 다들 경제를 우선으로 말하고, 한국의 산업과 기업을 키우겠다고 한다.

장관 중 가장 많은 건 정치인과 관료 출신이다. 교수든 정치인이든 관료든 모두가 기업 운영은커녕 실물 비즈니스 경험치가 부족하다. 기업 활동을 통해 돈을 제대로 벌어본 경험이 없고, 치열한 비즈니스 경쟁에서 싸워 이겨본 경험이 없는 사람들이 경제와 산업, 기업에 직간접 영향을 주는 정책을 주도한다. 현실감 떨어지는 이론만 앞선 정책이, 두루뭉술 모호하고 용두사미 같은 정책이 계속 나오는 이유기도 하다.

만약 정부를 삼성전자가 경영하듯 운영한다면 어떨까? 한국에는 세계 수준의 기업이 꽤 있지만, 한국 정치는 아직 세계 수준에는 못 미친다. 정치가 스스로를 진화시키지 못한다면, 정치가 경제 성장에 기여하지 못한다면, 정치부터 구조조정되어야 한다. 한국 정치의 특수성 때문에 기업인 출신이 장관이 되고 정치 활동에 적극 개입하는 것이 어렵다면, 적어도 산업과 통상, 기업 관련 분야에서 만큼은 한국 기업의 입장을 적극 반영해야 한다.

2023년 스위스 국제경영개발원IMD이 발표한 국가경쟁력 순위에서 조사대상 64개국 중 한국은 28위를 기록한다. 2019년 28위, 2020년 23위, 2021년 23위, 2022년 27위, 2023년 28위를 기록했는데, 2020~2021 팬데믹 기간에 국가경쟁력이 소폭 올랐다가 다시 제자리로 왔다. 덴마크가 2022년, 2023년 연속 1위를 기록했고, 스위스, 아일랜드, 싱가포르, 네덜란드, 대만, 홍콩, 스웨덴, 미국 등이 상위권에 있다.

IMD는 1989년부터 매년 <IMD 세계경쟁력연감The IMD World Competitiveness Yearbook>을 발간하는데, 국가경쟁력을 GDP가 아니라 정기적인 가치 창출을 달성하기 위한 역량 관리 능력으로 보고 경제성, 정부 효율, 기업 효율, 인프라 등 4개 부문에서 336개 지표를 평가하고 이중 256개 지표를 통해 순위를 결정한다.

한국은 2023년 국가경쟁력 순위는 28위지만, 경제 성과 부문에선 14위(세부 항목 중 국내 고용 항목에선 11위, 고용에선 4위)를 기록했고, 인프라 부문에선 16위(그중 과학 인프라 항목에선 2위)를 차지했다. 하지만 기업 효율 부문은 33위, 세부 항목 중 생산성은 41위에 불과했다. 아울러 정부 효율 부문에선 38위로 수년째(2021년 34위, 2022년 36위) 하락을 이어갔다. 한마디로 한국 경제는 선전하고 있지만, 정부의 효율은 낮고, 생산성도 아주 낮다.

생산성을 높이려면 노동개혁이 필요하다. 그런데 왜 안 하나?

아니 왜 못하고 있나? 각자의 기득권을 내려놓지 않아서다. 정치는 여야 상관없이 이 문제에선 초당적 협력이 필요한데, 초딩적 대결만 하고 있다. 기업 편, 노동자 편 같은 식의 대결 구도로 봐선 절대 풀 수 없음에도, 정치권은 표심에 유리하다는 이유로 대결 구도를 깨지 못하고 있다. 정치권은 표 계산하고 눈치 보느라 노동개혁에 소극적이다.

물론 어느 나라든 정치권은 이런 한계와 속성을 갖고 있지만, 한국은 아직도 지나치게 이념이 대두된다. 이는 전적으로 진화하지 못하고 과거 관성을 붙잡고 있는 정치계 탓이다. 이건희 회장의 '정치는 4류, 관료는 3류, 기업은 2류'라는 말이 여전히 유효하다. 여야 모두의 사회적 합의가 필요하고, 노동개혁을 하지 못하면 생산성 혁신, 산업구조 재편도 한계가 있고, 결국 한국 기업과 한국 경제의 미래도 경쟁력 손실이 불가피하다. 그동안의 정치 리더가 무능하고 나약해서 생긴 일이다.

아이러니하게도 IMF 구제 금융을 받던 한국 경제의 초위기 상황에선 정치나 기업이나 노조나 자신의 기득권을 내려놓고 당장의 손해를 감수하면서 개혁을 받아들였다. 그 과정에서 타격도 크게 받았지만, 결과적으로 한국 경제는 다시 성장할 기반을 만들었다. 그로부터 20여 년이 지난 지금 한국 경제는 그때와 견줄 만큼의 위기 상황이다. 지금 한국 경제는 질 좋은 구조조정이 필요하다.

노동개혁, 노조는 기업의 미래가 될 수 있을까?

구조조정을 위해선 노동조합을 넘어서야 한다. 한국의 일부 산업, 특정 기업에선 노조의 힘이 강력하기 때문이다. 과연 노조는 누굴 위해 존재하는가? 분명한 건, 노조는 기업의 미래를 위해 존재해야 한다. 기업이 망하면 노조도 소용없다.

"그동안 경영하면서 가장 어려운 점이 무엇이었나?"라는 질문에 그는 짧게 "노조"라고 답했다. 그는 정몽구 현대자동차그룹 명예회장이다. 1938년생인 그는 미국 유학을 다녀온 뒤, 1970년 현대자동차 서울사업소 부품과 과장을 시작으로 현대그룹의 여러 회사를 거치며 경영자 수업을 받았고, 현대자동차 회장, 기아 회장, 현대자동차그룹 회장(2000~2020)을 지내고 지금은 일선에서 물러난 명예

회장이다. 현대자동차를 세계적 자동차 회사로 일군 일등공신이자, 현대자동차를 모태로 한 현대자동차그룹을 삼성그룹에 이은 국내 재계 서열 2위로 키워냈다.

2020년 2월, 정몽구 명예회장은 세계 자동차 산업에서 권위가 있는 미국 '자동차 명예의 전당Automotive Hall of Fame'에 헌액자로 선정되었다. 1939년 설립된 자동차 명예의 전당은 전 세계 자동차 역사에 길이 남을 성과와 업적을 토대로 중요한 역할과 기여를 한 사람을 엄선해 헌액한다. 한국인 중에선 최초다.

정몽구 명예회장이 현대자동차에 과장으로 입사해, 부장, 이사를 거치는데 이 기간(1970~1974)에 현대자동차는 최초의 고유 모델인 포니를 개발한다. 그가 현대자동차서비스 대표이사 사장(1974~1987)과 현대정공(현대모비스의 전신)의 대표이사 사장(1977~1987)을 겸하던 기간에 포니는 양산도 하고 수출도 시작한다. 중동, 중남미, 아시아, 유럽 등을 거쳐 1985년 세계 최대 자동차 시장인 미국에 포니를 수출하기 시작했다. 2020년까지 현대자동차그룹의 회장으로 일하면서 지금의 현대자동차그룹을 존재하게 만든 이가 그다.

한국의 수출 품목 빅 2가 반도체와 자동차다. 2022년 기준, 현대자동차는 국내에서 68만 8,884대, 외국에서 325만 5,695대를 팔아 연간 총 395만 대에 육박했고, 기아자동차까지 합쳐 현대자동차그룹의 연간 판매량은 684만 5,000대로 토요타그룹, 폭스바겐그룹에 이어 3위다. 2023년 상반기, 현대자동차는 전년 동기보다 10.8%

증가한 208만 대, 기아는 11% 증가한 157만 대를 판매해, 합치면 365만 대가 넘는다. 2023년 연간으로 보면 700만 대 선을 넘어설 것이다. 2018년, 2019년에도 연간 700만 대 판매를 넘었지만, 2020년 코로나19 팬데믹 영향과 차량용 반도체 수급 문제, 거기다 신차 수요 감소 등을 겪으며 조금 하락했는데, 다시 700만 대 선을 회복한 것이다. 판매량에서 확실한 세계 자동차 빅 3다.

아울러 판매량보다 실적은 훨씬 더 좋다. 중소형차를 많이 팔던 과거에 비해 비싼 차(제네시스, SUV, 전기차)의 판매 비중이 높아지다 보니 현대자동차와 기아의 실적은 2023년 역대 최고다. 반도체 수출 실적이 감소했던 2023년, 자동차 수출 증가로 그나마 한국의 무역수지 감소폭을 방어한 것도 현대자동차그룹이다. 물론 회장 혼자서 다 이뤄낸 것이 아니고, 노동자의 역할도 중요했다. 하지만 세계적으로 인정받은 한국 자동차 산업의 대표 경영자가 경영하면서 가장 어려운 점을 '노조'라고 했다는 후문은 생각해볼 일이다.

노조는 노조의 입장이 있고, 경영자는 경영자의 입장이 있다. 그런데 두 가지 서로 다른 입장도 결국 기업의 미래를 위해선 뜻을 같이 해야 한다. 당장 오늘의 이익을 위해 기업의 미래를 위태롭게 해선 안 된다. 그건 노조든 경영자든 해선 안 될 일이다.

솔직히 한국 경제는 노동자들이 장시간 노동과 살인적 업무량을 감내하며, 월화수목금금금 하면서 이뤄낸 성과가 크다. 동시에 경영자들이 치열하게 세계 시장을 뚫어서 이뤄낸 성과도 크다. 일부 노조가 일으킨 문제도, 일부 경영자나 자본가가 일으킨 문제도

분명 있다. 하지만 분명한 건 이들은 서로에게 필요한 존재다. 기업에는 노동자도 경영자도 자본가도 필요하다. 노동자에게도 경영자와 자본가, 기업이 필요하다. 서로가 필요한 존재이고, 그 중심의 공통점에 회사의 성장과 미래가 있다. 노조와 경영자 모두 공동 운명체라는 인식이 필요한 시기다.

그리고 기업에서 구조조정의 시작은 리더부터다. 지금 시기를 끌고 갈 유능한 리더를 남기고, 무능한 리더는 과감히 내쳐야 한다. 기업뿐 아니라 정치도 과감히 구조조정이 필요하다. 다들 자기 밥그릇 지키려 애쓰면서 온갖 대의를 얘기하고 한국 경제의 미래를 얘기하는가? 리더가 앞장서서 모범을 보이지 않으면, 구성원은 따르지 않는다.

보스가 되기는
쉽지만,
리더가 되기는
어렵다

STRONG
LEADER
SHIP

강한 리더십이라고 하니까 카리스마 넘치는 보스의 모습을 떠올리는 사람이 있다. 하지만 그 생각을 당장 지워야 한다. 권위의 시대, 변화가 적고 느린 시대에는 보스가 곧 리더일 수 있었다. 나이 서열 문화가 강하고, 수직적 위계구도가 굳건하고, 가부장적 문화가 지배하던 시대엔 카리스마 있는 보스가 필요했다. 보스는 능력이 부족해도 권위의 힘으로 군림할 수 있었다. 자리가 사람을 만든다는 시대에는 낙하산이 보스가 되어도 조직이 복종하고, 성과도 쉽게 낼 수 있었다.

하지만 이제 달라졌다. 보스의 시대는 끝났다. 리더로 진화하지 않으면 버틸 수 없는 시대다. 미래를 보고 기업의 성장을 이끄는 능력이 없다면 누구도 따르지 않는다. 조직을 장악하는 건 이제 보스의 카리스마가 아니라 리더의 능력이다. 목소리 크고, 거칠게 밀어붙이고, 강인한 인상에 넘치는 활력을 자랑한다고 해도 강한 리더라고 인정해주지 않는다. 경영 성과를 내고, 기업을 성장시키고, 조직구성원들의 신뢰를 얻어야만 진정한 강한 리더이기 때문이다.

리더십의
본질과 역할

리더십Leadership은 조직의 목적을 달성하려고 구성원을 일정한 방향으로 이끌어 성과를 창출하는 능력을 일컫는다. 정치든 경영이든 모든 조직에서 리더십이 중요하다. 특히 변화가 많은 시기일수록 리더의 역할은 중요하다. 경영에서 필요한 리더십은 군림하는 것, 카리스마, 타고난 핏줄에서 나오는 게 아니다. 능력에서 나온다. 조직의 목표를 정하고, 목표를 이루기 위한 우선순위를 정하고, 목표를 향해 전진하는 능력이다. 그리고 책임에서 나온다. 최종 책임은 리더가 진다.

경영은 수많은 의사결정의 연속이다. 어떤 결정을 하는지에 따라 결과가 달라지고, 그에 따른 책임은 결정한 리더가 져야 한다. 그러기 위해서라도 리더는 능력도 있어야 하고, 트렌드에 민감하고 과감한 결단력이 필요하다.

끝으로 리더십의 완성은 신뢰다. 구성원들이 믿고 따를 수 있게 일관성과 언행일치가 필요하다. 리더는 존경받는 게 목표다. 능력과 성과, 결단력과 지도력에서 존경을 구성원에게서 이끌어낼 수 있어야 한다. 이건 리더라는 직책이 만들어내는 힘이 아니라 온전히 역량에서 나온다.

사랑받고 인기 높아지는 게 리더의 목표가 아니다. 구성원의 눈치를 보면서 조직의 방향과 목적을 타협해선 안 된다. 리더는 자기가 하고 싶은 것을 하는 사람이 아니다. 조직을 위해 리더가 어떤 필요를 충족시키고, 어떤 것에 공헌하고 기여할지 고민하는 사람이어야 한다. 리더는 왕이 아니고, 리더십은 타고나는 것이 아니다.

리더십을 정치 이슈에서 경영 이슈로 옮겨놓은 건 미국이 주도한 현대 경영학이다. 수십 년간 리더십은 수많은 새로운 어젠다들이 쏟아졌다. 시대에 따라, 산업적 변화에 따라 새로운 리더십들이 등장했다. 제목에 '리더십'이 들어간 책이 국내 발행된 것만 2만 권이 넘는다. 수십 년째, 매년 수많은 책이 제목에 리더십을 달고 나온다.

기업의 임직원 교육에서 가장 많이 하는 주제도 리더십일 것이다. CEO나 임원을 위한 리더십, 팀장 리더십 등의 주제를 대부분의 기업이 매년 수없이 교육한다. 서번트 리더십, 섬김 리더십, 코칭 리더십, 인문학 리더십, 크리스천 리더십, 긍정 리더십, 디지털 리더십, 빅데이터 리더십, 여성 리더십, 유머 리더십, 셀프 리더십, 소통 리더십, 행동 리더십 등 리더십의 변주도 엄청나게 많고, 이순신 리더십, 메르켈 리더십, 카네기 리더십, 피터 드러커 리더십 등 역사적 위인이나 경영 리더 이름이 붙은 리더십 변주도 셀 수 없이 많다. 리더십에 이어 팔로워십도 출판, 기업 교육 분야에서 활용된다.

사실 수많은 리더십의 변주가 있지만, 본질은 다르지 않다. 변화에 대응하고 조직을 성장시켜, 조직구성원 공동의 목표를 위하는 리더의 본질적 역할은 변함없다. 본질을 지키기 위해 변화와 트렌드를 반영하는 것이 새로운 리더십의 역할이다. 리더는 완벽한 사람일 필요는 없다. 그럴 수도 없다. 리더는 필요한 사람이어야 한다. 조직을 위해, 조직구성원을 위해 필요한 사람이어야 한다.

보스Boss와 리더Leader의
차이

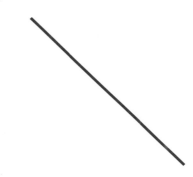

보스Boss와 리더Leader는 비슷해 보여도 크게 다르다. 메리엄-웹스터Merriam-Webster 영어 사전에 따르면, 보스는 다음과 같은 의미다.

1. 다른 노동자에게 알리는 것이 직업인 사람 the person whose job is to tell other workers

2. 조직에서 많은 권한을 가진 사람 a person who has a lot of power in an organization

3. 관계에서 더 많은 권한이나 통제권을 가진 사람 the person who has more power or control in a relationship

한마디로 보스는 조직에서 권한과 통제권을 가지고 명령하고 군림하는 사람이다. 표준국어대사전에서는 보스를 '실권을 쥐고 있는 최고 책임자'로 정의하고, 유의어로 '패거리의 우두머리'라는 뜻을 가진 당수黨首, 두목頭目 등이 있다.

영어사전에서 리더는 다음과 같은 의미다.

1. **다른 사람을 이끄는 누군가 또는 무언가** someone or something that leads others

2. **다른 사람을 인도하는 사람** someone who guides other people

3. **경주나 경쟁에서 다른 사람보다 앞서 있는 사람 또는 사물** someone or something that is ahead of others in a race or competition

한마디로 리더는 다른 사람을 이끌고, 앞서가는 사람이다. 표준국어대사전에서는 '조직이나 단체에서 전체를 이끌어가는 사람 또는 영향력을 발휘하는 사람'으로 정의하고, 유의어로 지휘자指揮者, 선도자先導者 등이 있다. 사전적 의미만 봐도 보스와 리더는 확실히 다르다.

실제로 기업에서 보스는 독단적으로 돋보이려 하고, 자신이 결정 내리길 선호하고, 자신의 실권을 높이고 유지하는 데 관심이 크다. 행동과 태도에서 권위적인 특성이 나올 수밖에 없다. 반면 리더는 어떻게 조직을 이끌면 더 나은 결과가 될지를 중요하게 여기며, 조직구성원의 변화와 동기부여, 성과 창출이 주 관심사다. 조직의 성장, 구성원의 성장을 도모하는 행동 특성이 나오게 된다.

무능한 보스에게
카리스마까지 있다면?

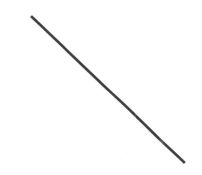

　　리더 스스로 역량이 부족하고 자신이 없을수록 권위의 힘에 기댄다. 자신의 권위에 복종하는 예스맨을 좋아하게 된다. 리더가 자기 능력에 자신감이 있다면 권위가 아니라 능력과 성과의 힘에 기댄다. 이런 리더라면 자신에게 반대하더라도, 더 나은 대안과 더 생산적인 답을 모색하는 이들을 좋아하게 된다. 이건 하버드대 교수이자 심리학자 하워드 가드너가 강조하는 리더의 내적 자신감에 대한 내용이다.

　　실제로 한국 사회에서 권위의 힘에 기댄 이들을 많이 보게 된다. 과거엔 잘나갔고 유능했지만, 현재는 그렇지 않은 이들이다. 성장하지 않고 과거에 멈춘 사람일수록 '나 때는~'을 자주 말한다. 리

보스와 리더의 차이를
보여주는 그림.

더는 과거 회상이나 추억이 아니라, 현재의 현실적이고 합리적 대
안을 말해야 한다. 그것을 하지 못할 것 같으면 물러나라.

　무능과 카리스마를 동시에 갖추면 조직을 망치는 지름길이다.
솔직히 이런 보스가 한국의 정치, 관료 조직에선 꽤 많다. 기업에도
일부 있다. 그럼에도 성과를 냈던 건 조직구성원들의 희생, 애사심,
충성심 등이 복합적으로 작용했기 때문인데, 더이상 그런 상황을
기대하긴 어렵다. 조직구성원들도 변화했기 때문이다. 리더로 거듭
나지 않는 보스는 조직을 위험으로 몰고갈 수 있는 구시대적 존재
다. 지위라는 힘이자 권한으로 군림(구성원들을 강제로 통제)하는 게
아니라, 유능함이자 경쟁력으로 이끌어가고(구성원들이 자발적으로
따라오는) 조직을 성장시키는 리더가 필요하다. 지위가 아니라 능력
으로 우위에 서는 것이 리더이고, 강한 리더는 결국 능력에서의 탁

월한 강력함을 의미한다.

한국 기업에는 강한 보스는 많지만, 강한 리더는 너무나 부족하다. 센 척하는 겁쟁이 보스만 많다. 무능한 자는 절대 리더 역할을 수행할 수 없다. 무능한 자가 보스가 되었다면, 당장 스스로 사표를 쓰고 물러나라. 그것이 조직을 위해 할 수 있는 최선의 일이다.

한국 경제는 지금 위기다. 한국의 주요 기업들 중에서도 위기를 맞은 기업이 많다. 한국 정부, 한국 정치도 지금 위기다. 왜 이렇게 위기가 만연할까? 리더십 부재 때문이다. 리더는 책임지는 자리다. 리더는 남 탓하고, 면피하려는 자리가 아니다. 리더는 군림하는 자리가 아니다. 위기를 돌파하기 위해선 제 살 깎는 과감한 혁신도 해야 하고, 더 나은 미래를 이끌기 위해서 더 나은 답을 찾아 귀를 열어야 한다.

리더가 된다는 건 치열하게 공부하고, 뼈를 깎듯 노력하며 더 나아질 각오가 되어야 한다. 귀를 열고, 더 나은 대안을 들어야 하고, 겸손해야 한다. 그렇게 해야만 더 나은 답을 찾고, 조직을 성장시킬 수 있기 때문이다. 강한 리더는 변화에 발 빠르게 대응하고 변화를 흡수해야 하고, 합리적이고 균형감 있고, 결단은 과감해야 한다. 그리고 결단에 대해선 결과를 책임져야 한다. 그렇게 할 때만 리더는 더 나아질 수 있고, 그 리더가 이끄는 조직도 더 나아질 수 있다. 리더라고 권위가 없는 건 아니다. 다만 보스의 권위는 위계와 복종으로 만들어진다면, 리더의 권위는 책임과 신뢰로 만들어진다.

혁신을 말로만 외치는
리더는 나약하다

입으로만 혁신하는 건 가장 겁많은 약한 리더의 행태다. 혁신은 무섭고 가혹한 변화다. 혁신革新은 묵은(낡은) 것(기술, 조직, 관습, 방법 등)을 완전히 바꿔 새롭게 만드는 것이다. 사람들은 가진 것을 뺏길 때 가장 강력하게 저항한다. 익숙한 것을 바꾸려 할 때 순순히 받아들이는 경우는 없다. 특히 돈과 밥그릇이 걸려 있을 때는 필사적이다. 혁신에 반대하는 강력한 저항도 있고 갈등도 생길 수 있다. 이것을 넘어설 각오도, 강력한 결단과 행동도 필요한 게 혁신이다.

"혁신을 추진할 경우, 반드시 기존의 이해당사자들이 그 변화의 방향에 대해 모두 저항을 합니다. 그것은 당연한 일입니다. 혁신

3. 보스가 되기는 쉬지만, 리더가 되기는 어렵다

으로의 방향 전환이 결국 자기 자신에게 손해를 끼칠 것이라고 생각하기 때문입니다. 따라서 혁신으로 방향을 정했을 경우에는, 반드시 사람을 교체시켜야 합니다. 좀 심하게 들릴지 모르지만 그것이 현실입니다. 기존의 인력을 교육해서 혁신의 방향으로 내부 분위기를 전환시킨 사례는 매우 드뭅니다."

이는 《초격차》의 저자이자, 삼성전자의 대표이사 회장을 지내고 삼성종합기술원 회장까지 역임한 권오현 회장의 말이다. 극단적인 얘기처럼 보이지만, 그만큼 혁신을 추진하는 것이 강한 저항을 받는다는 것을 강조한다.

어떤 리더가 가장 강한 리더인지 묻는다면, 옳다고 믿는 것을 밀어붙이고, 과감히 혁신하는 과정에서 욕먹는 것을 절대 두려워하지 않는 리더라고 답할 것이다. 대신 이런 리더는 미래를 보는 안목, 트렌드를 읽는 감각을 반드시 갖고 있어야 한다. 리더의 확신은 감이 아니라, 좋은 안목에 따른 구체적 가능성에 기반하기 때문이다. 비즈니스 트렌드를 잘 읽고, 조직의 실질적 성과를 이끌어낼 유능한 리더가 강한 리더다. 반대로 무능한 리더가 약한 리더다.

강한 리더십은 물리적 강함, 육체적으로 근육질이거나 목소리 크거나 하는 것과 아무런 상관없다. 오히려 독단적, 독선적, 폭력적, 강압적 리더는 강한 게 아니라 무능한 거다. 비즈니스에서 무능한 리더는 최악이다. 우리에게 필요한 강한 리더는 비즈니스에서 과감한 결단, 혁신적 진화, 미래 포착과 기회 발굴 등이 가능한 리더다. 그러기 위해서도 시장 변화에 빠르고, 과감한 대응이 필요하다.

리더는 혼자가 아니다. 조직을 이끌어야 하고, 조직구성원의 신뢰와 지지를 얻어야만 비로소 능력을 발휘할 기회가 생긴다. 딱딱함은 약하다. 부드러움은 강하다. 강하다는 말에서 거칠고 카르스마 있는 이미지를 지워라. 나를 반대하는 사람들을 넘어서고, 그들마저 포용할 수 있다면 더 큰 기회의 문이 열린다. 결국 옳은 것이 통한다. 더 나은 대안, 더 나은 성과를 이끌어내는 것이 기업 경영에선 가장 옳은 것이다. 성과주의, 능력주의 강화는 직원에게만 해당하는 것이 아니라 리더에게 가장 먼저 적용되어야 한다. 조직 내 줄 세우기, 사내정치를 혁파하는 것도 강한 리더가 해야 할 일이다. 그 어떤 인재, 그 어떤 집단도 조직 전체의 성장과 가치에 우선할 수 없다.

이끌든지 Lead, 따르든지 follow, 비키든지 or get out of the way

이는 토머스 페인Thomas Paine(1737~1809)이 한 말이다. 페인은 미국의 혁명이론가이자 철학자로, 1776년 출간된 책 《상식Common Sense》에서 미국의 독립을 촉구했으며 독립전쟁에도 참전했다. 그의 책과 주장은 토머스 제퍼슨, 에이브러햄 링컨, 피에르 베르니오 등에게 영향을 줬으며, 이후 1787년 프랑스로 건너가 프랑스 혁명에도 영향을 미쳤다. 그가 남긴 이 말은 지금 기업에 필요한 말이다.

3. 보스가 되기는 쉽지만, 리더가 되기는 어렵다

리더는 이끄는 사람이다. 조직을 미래로, 앞으로 이끌어가는 사람이 리더다. 과거가 아니라 미래를 중요하게 바라봐야 할 사람이 리더다. 과거의 관성에 사로잡혀, 과거의 성공 경험에 취해서는 안 된다. 그건 무능한 리더이고 유약한 리더다. 아무리 과거가 화려하고 성공적이었어도 우린 미래로 가야 한다. 과거는 이미 지나간 기억일 뿐, 실재하는 건 현실이고 곧 다가올 미래다.

미래를 보는 사람은 너무 현실적이어선 안 된다. 현실을 넘어설 수 있어야 하고, 과감히 현실의 벽을 부술 수 있어야 한다. 현실의 벽에 갇혀 있기만 해선 결코 미래를 앞당길 수 없다. 미룬다고, 감춘다고, 외면한다고 문제가 해결되지 않는다. 결국 돌파가 필요하다.

착한 리더가
조직을 망친다

착한 사람은 좋을지 몰라도, 착한 리더 콤플렉스를 가진 리더는 조직을 망친다. 여기서 착하다는 건 뭘 의미할까? 인성 좋고, 남을 위해 퍼주는 것을 말할까? 그게 과연 기업 리더에게 가장 중요한 덕목일까? 착함은 완벽함을 얘기하는 것도 아니고, 퍼주는 것을 얘기하는 것도 아니다. 착한 리더의 반대말은 못된 리더, 사악한 리더가 아니다. 무능한 리더, 우유부단한 리더, 눈치 보는 리더다.

리더는 혁신하는 과정에서 저항하는 사람들에게 욕먹을 각오도 해야 하고, 위기 상황에서 대를 위해 소를 희생하는 결단을 내릴 수도 있어야 한다. 특히 기업의 리더는 기업의 성장, 생존이 최우선 과제다. 모든 사람에게 다 좋은 사람이 되려고 하고, 적당히 임기 중 아무 문제나 갈등 없이 편안하게 보내며 사장놀이 하는 리더는 아무리 대외적으로 평판이 좋다고 해도, 최악의 리더다. 그런 리더가 조직을 망친다.

지금은 태평성대의 시대도 아니고, 하루가 다르게 빠르게 진화하고, 치열한 경쟁 속에서 거대기업도 신생 스타트업에 시장을 뺏길 수 있는 시대다. 글로벌 불확실성은 커져가고, 복합적, 다중적 위기가 증폭되고 있다. 산업 패러다임의 변화, 법제도가 바뀔 판의 변화, AI를 비롯한 혁신적 기술이 바뀔 변화도 활발하다. 착한 리더 콤플렉스를 가지고 이미지 관리해선 안 될 시기다.

ESG 경영하는 것을 착하다고 인식하는 리더이자 ESG 경영을 대외적 평판 관리로만 여기는 리더는 아주 무식하다. DEIDiversity, Equity, Inclusion(다양성, 형평성, 포용성)를 조직에서 강조하는 것을 착한 이미지로 여기는 리더도 최악이다. 기업이 친환경을 얘기할 때는, 환경운동가의 시선이 아니라 비즈니스 전략가이자 경영자의 시선으로 이 문제를 봐야 한다. 기후위기와 탄소감축, 에너지전환, 물부족 등 수많은 환경적 리스크는 새로운 비즈니스 기회이기도 하다. 환경운동가의 시선으론 환경적 리스크를 해결하기 위해 정부와 기업, 사회가 치를 '비용'으로 보이겠지만, 경영자의 시선으론 '투자'이자 '기회'로 보여야 한다. 기업의 경영자는 DEI를 여성단체, 소수자권익단체, 시민단체의 시선으로 바라봐선 안 된다. 인재관리와 성과주의, 능력주의 관점으로 봐야 한다. 성별, 인종, 나이 등이 아니라, 능력에 따라 권한과 기회를 주는 것이 DEI의 진짜 핵심이다. DEI는 착한 게 아니라 합리적인 것이다.

참고로, 세계 최대 자산운용사 블랙록이 2023년 11월 발표한 보고서 <여성 인력 확충으로 재무 성과 향상Lifting financial performance by investing in women>에 따르면, 성평등 수준이 높은 기업이 수익률에서 2% 포인트 더 높았다. 전 세계 1,250개 대기업 대상으로 2013년부터 2022년까지 MSCI 월드 지수를 분석했는데, 성비 균형 정도(5분위)에서 가장 중간인 성비 균등 그룹들의 평균 자산수익률이 7.7%였고, 여성 비율이 가장 낮은 그룹은 5.6%, 여성 비율이 가장 높은 그룹은 6.1%였다. 성비 균형과 자산수익률의 관계는 국가와 산업 부문에 관계없이 동일하게 드러났다고 한다. 블랙록을 비롯한 세계적 자산운용사들에서 자신들이 투자한 기업에 여성 임원 비중

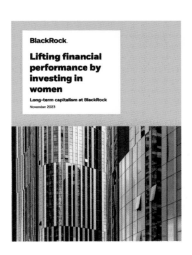

세계 최대 자산운용사 블랙록이 2023년 11월 발표한 보고서 <여성 인력 확충으로 재무 성과 향상 Lifting financial performance by investing in women>에 따르면, 성평등 수준이 높은 기업이 수익률에서 2% 포인트 더 높았다. (출처 : BlackRock)

을 높이라고 요구하는 것도 결국은 성과(수익) 향상과 인재 확보 및 유지를 위해서다.

구조조정을 '인력 감원'으로만 바라보고, 사회적 눈치 보면서 소극적으로 대응하는 것도 무능한 리더의 태도다. 인력을 줄여 고정비용을 줄이자는 게 핵심이 아니다. 산업의 구조적 변화에 따라 사양, 쇠락하는 사업을 과감히 접고, 신사업이자 미래 사업으로 전환하는 것이 핵심이다. 이를 위해서 당연히 인력구조 재편이 필수다. 기존 인력 중 새로운 사업에서 역할을 할 수 있는 사람에겐 전환의 기회가 주어지겠지만, 그것이 안 되는 인력은 정리할 수밖에 없다. 이건 기회의 미래를 위해, 성장을 위한 지극히 당연한 선택이다. 그럼에도 노조나 사회의 눈치를 보며 인력구조 재편에 소극적이라면, 그건 착한 게 아니라 무능한 것이다.

산업이 계속 진화하는 것만큼 인재도 계속 성장이 요구된다. 경영 리더는 조직의 인재 관리, 곧 기존 인재가 계속 기업에 필요한 인재 수준으로 유지하기 위해 교육(리스킬링, 업스킬링)에 적극 투자해야 하고, 새로운 기술과 새로운 사업에 맞는 새로운 인재도 계속 영입해야 한다. 한때는 인재였으나 성장하지 못하고, 교육 투자를 해줬음에도 인재가 되지 못한다면 과감히 정리해야 한다. 이것은 조직구성원 상호 간의 신뢰를 위해서도 필요하고, 조직 전체의 성장을 위해서도 필요하다.

세상이 멈추지 않았다. 빠르게, 계속 진화한다. 이런 진화에 대응해 계속 성장하지 못하는 직원을 과감히 해고하는 것은 사악하고 못된 일인가? 솔직해지자. 무능하고 성과도 못 내면서 월급만 받는 것이 더 사악하고 못된 일이다. 기업은 복지단체가 아니고, 공공 근로기관도 아니다. 기업이 일자리를 창출하고 사회적 책임을 갖는 것은 필요하나, 그것은 기업이 돈을 벌고 성장할 때나 비로소 가능한 얘기다.

기업이 새로운 사업으로 전환하지 못하고, 과거의 관성에만 빠져 성장과 성과도 무시하고, 착한 기업 콤플렉스만 가진다면 결국 망한다. 망하고 나면 일자리는커녕 세금도 못 낼 테니 사회적 기여도 사라진다. 결국 기업이 성장해야 한다. 한국 경제를 위한다면, 한국의 기업들이 계속 성장해야 한다. 그러려면 변화에 대응하고, 합리적 선택을 해야 한다. 착한 리더가 아니라 유능한 리더, 합리적 리더가 우리에게 필요하다. 이것이 진짜 강한 리더다.

오너 자녀가
경영자가 되는 건
전혀 문제가 아니다

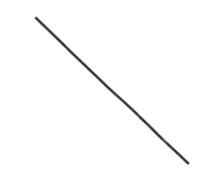

오너의 자녀든, 낙하산이든 전문경영인
이든 상관없다. 누구든 더 나은 성과를 내고, 기업을 성장시키면 된
다. 검은 고양이든 흰 고양이든 쥐만 잘 잡으면 된다는 덩샤오핑의
흑묘백묘론黑貓白貓論과도 같다. 자본주의든 공산주의든 국민을 잘살
게 하고 국가 경제를 부흥시키면 그것이 제일이라는 실용주의 경제
정책이자 개혁개방정책에 힘입어 중국 경제는 고도 성장을 이뤄왔
고, 지금 전 세계에서 GDP 2위에 오르며 1위인 미국을 추격하고 있
다. 여전히 중국은 공산주의 체제이고, 폐쇄적인 정치 환경이지만
세계 경제에서 미국에 대적할 정도까지 성장했다. 이념도, 과정도
중요한 게 아니다. 경제는 실리고, 결과다. 그건 기업도 마찬가지다.

오너 자녀가 경영자가 되는 게 문제가 아니라, 능력 없는 자가 경영자가 되는 게 문제다. 태어나면서 전문경영인으로 완성되는 사람은 없다. 실무를 쌓고 시행착오를 거치며 경영 리더의 자질을 쌓아간다. 오너 자녀라고 경영 리더의 자질이 부족하다고 단언해선 안 된다. 경영 수업 잘 받고, 리더의 자질을 잘 키우면 된다. 성과를 내고 결과로 증명하면 된다. 현대자동차그룹의 정의선 회장도, 이전의 정몽구 회장도 전문경영인을 능가하는 성과를 보여줬다. 그밖에도 한국 재벌 기업 중에서 회사를 크게 성장시킨 오너 후계자들이 많다.

한국 대기업의 구조적 특성상 혈연의 후계 승계는 필연적이다. 그래서 우린 경영 리더가 되는 실버 스푼(한국식 표현으로는 금수저)을 많이 보게 된다. 능력이 검증되어 경영 리더가 된 게 아니라, 경영 리더가 되도록 만들려고 기회와 성과를 몰아줘서 그렇게 된 경우가 많다. 물론 전문경영인 이상으로 능력을 발휘해 기업을 성장시키는 후계자들도 있지만, 핏줄이 아니었다면 과연 그 자리에 오를 수 있었을까 하는 이들도 꽤 있다.

경영자는 사생활이 아니라 경영 성과로 언론에 나오고, 대중에게 회자되어야 한다. 경영 능력은 보잘것없으면서 가십으로만 유명하면 안 된다. 이건 전문경영인에겐 거의 없는 일이다. 그런 능력으론 전문경영인이 될 수도 없기 때문이다. 다만 실버 스푼 후계자에겐 종종 있다.

말과 행동에선 직설적이고 카리스마 있는 듯 센 척하지만, 정작 경영 성과는 별로 없고 벌인 일마다 말아먹는 경영자라면 그건 약한 리더다. 리더에게 강함Strong은 성격이 아니라 성과가 기준이다. 자신의 손으로 이뤄본 적 없고, 싸워서 이겨본 적 없는 리더는 결코 강하다고 할 수 없다.

실력은 평소에는 잘 드러나지 않을 수 있다. 경제 상황도 좋고, 기업이 속한 산업 상황도 좋고, 특별한 외부 변수 없는 상황에선 아무 일 안 해도 기업이 잘나갈 수 있다. 태평성대일 때는 리더의 능력이 가늠이 안 되지만, 위기에선 다르다. 확실히 리더의 능력에 따라 결정적 차이가 날 수밖에 없다. 위기의 시대엔 자리가 사람을 만들진 않는다. 자리빨은 일시적이다. 능력만이 그 자리에 맞는 역할을 하게 만든다. 만약 자신의 능력이 부족하다 여겨지면, 과감히 유능한 리더에게 권한을 주고, 유능한 팀을 구성해서 기회를 주면 된다. 무능하면서도 주도하려고 하는 건 가장 약한 리더의 방식이다.

수많은 리더십에서 다양한 가치가 대두되지만, 리더십의 본질은 다 같다. 리더가 할 일은 같다. 어떤 리더십을 따르든지 리더가 할 역할, 목표가 달라지진 않는다. 조직을 성장시키고, 구성원들이 최고의 퍼포먼스를 내고 조직 생활에 만족하게 하는 것은 같다. 결코 리더십은 리더를 위한 것이 아니다. 조직을 위한 것이고, 조직구성원을 위한 것이다. 리더는 그것을 구현하는 역할이지, 조직의 미래를 망치고 조직구성원을 피폐하게 만드는 역할이 아니다.

강한 자가 살아남는 것이 아니라 살아남는 자가 강한 것이다. 강한 조직은 살아남는 조직이다. 강한 조직은 변화에 민감하고 발 빠르게 대응하는 조직이다. 이런 조직을 위해선 트렌드 안목이 있고, 과감한 실행력이 있는 리더가 필요하다. 리더에게 가장 필요한 건 스스로를 해고할 용기다. 리더가 스스로에게 신상필벌을 적용할 수 있다면, 조직구성원들의 신뢰를 얻기는 수월하다. 언행일치가 안 되고, 내로남불하는 것만큼 불신을 키우는 것도 없다.

위기를 해결하는 것이
진짜 리더다

위기가 오는 것이 문제가 아니다. 위기를 어떻게 극복하느냐가 문제일 뿐이다. 위기가 오는 걸 막을 수 없는 경우도 많다. 일개 기업이 컨트롤할 범위 바깥의 위기도 많기 때문이다. 가령 팬데믹이 온다든지, 전쟁이 나거나 재난이 닥치거나, 세계적 금융위기가 온다든지, 기술적 혁신으로 기존 산업의 판도가 바뀐다든지 등 거대한 변수는 얼마든지 많다. 위기는 돌파하면 된다. 위기가 생기지 않는 건 운의 영역이다. 생긴 위기에 대응하고 극복하는 건 실력의 영역이다.

2006년 170억 달러 적자인 포드에 구원투수로 온 앨런 멀럴리 **Alan Mulally**는 취임 2년여 만인 2009년 27억 달러 흑자를 기록하며 오랜 적자를 끝냈다. 미국 자동차 산업의 위기, 미국 금융위기라는 최악의 상황을 극복했다.

그는 취임 직후 업무보고를 받으면서 신호등을 가져가, 사업이 문제없이 잘될 것 같으면 녹색, 실패할 조짐이 조금이라도 있으면 노란색, 실패가 확실해서 위험하면 빨간색을 켜고 발표하게 했다. 초반에는 임원들이 업무보고를 하면서 녹색불을 켜며 위기의 실체를 적당히 숨기기도 했지만, 빨간불을 켠 사업에 자금을 더 투자해주고 독려해주는 것을 보고 모든 임원이 빨간불을 켜고 위기의 실체를 투명하고 세세하게 다 드러냈다. 결국 위기를 해결하기 위해선 위기의 실체를 고스란히 직면해야 한다.

멀럴리는 911 이후 위기의 보잉을 살렸고, 금융위기 이후 위기의 포드를 살렸는데, 조직 내 보고와 소통을 투명하게 만든 것이 주효했다.

미국의 알루미늄 제조회사 알코어ALCOA(1888년 설립)는 1980년대 거듭된 투자 실패로 이익이 줄고, 시장에서 제품 경쟁력마저 추락하는 최대의 위기를 맞았다. 여기에 극심한 노사갈등까지 겪는다. 최악의 사태를 해결하기 위해 1987년 영입된 CEO가 폴 오닐Paul O'Neill이다.

최악의 상황인데 신임 CEO는 구조조정이나 기업 이익이 아니라, 알코어를 미국에서 가장 안전한 회사로 만들겠다는 발표부터 한다. 그는 노동조합의 요구를 대부분 들어주면서, 단 한 가지만 요청했다. 직원들의 안전을 위한 '24시간 내 보고 체계'다. 전 세계 어

3. 부스가 되기는 쉽지만, 리더가 되기는 어렵다

디서든 안전사고가 발생하면 24시간 이내 CEO에게 보고해달라고 요청했다. 아주 사소한 요청 같지만, 빠르게 보고하기 위해 본사와 각 공장 간의 의사소통이 활발해졌고, 그 소통 채널은 경영진의 철학과 가치가 전달되는 경로가 되었다. 본사와 소통 잘하는 관리자는 좋은 평가를 받았고, 재해율이 감소하고 안전율이 증가했다.

취임 1년 후 사상 최대의 이익 달성, 재임 기간(1987~2000) 중 순이익은 5배, 주가도 5배, 주주 배당금도 2배 증가했다. 안전사고 율은 미국 평균의 1/20 정도로 가장 안전한 회사가 되었다. 여기서도 위기를 극복하는 데 조직 내 소통 시스템을 원활하게 만든 것이 작용했다.

앨런 멀럴리와 폴 오닐 모두 위기를 극복하기 위해 위기의 실체를 정확히 파악하고, 내부 구성원들의 변화가 필요함을 알았다. 회사마다 처한 위기는 조금씩 다를 수 있지만, 위기에 빠진 기업을 살리려면 조직부터 장악해야 한다. 힘이 아니라, 신뢰 관계 구축으로 장악해야 한다.

위기는 알아서 지나가지 않는다. 가만히 숨죽이고 있으면 해결되는 게 아니라 오히려 더 악화될 수 있다. 위기는 적극적으로 대응하면서 이겨내야 한다. 리더가 새로운 트렌드를 계속 공부하고 받아들이며 변화의 흐름에 올라타야 하고, 민첩하게 변화에 대응하기 위해 조직을 장악해야 한다. 모든 부서의 정보와 의견을 종합적으로 듣고 통합적으로 의사결정하는 게 필요한데, 이러기 위해서도 조직의 소통을 투명하고 신속하게 만들어야 한다. 기업이 위기일

때는 CEO를 비롯한 경영 리더에 대한 의존도가 더 높아진다. 위기에서 벗어나게 하든, 위기를 극복하지 못하고 무너지든 다 리더의 책임이다.

"중국인들은 '위기危機, Crisis'라는 말에 위험危險, Danger과 기회機會, Opportunity를 모두 포함하고 있다. 위기 상황에서는 위험을 인식하되 기회를 포착해야 한다.(The Chinese use two brush strokes to write the word 'crisis'. One brush stroke stands for danger ; the other for opportunity. In a crisis, be aware of the danger-but recognize the opportunity.)" 이는 존 F. 케네디 John F. Kennedy(1917~1963) 대통령이 한 말이다.

이 말로 인해, 사람들은 '위기는 기회다'라는 말을 쉽게 한다. 사실 위기는 위기다. 위기를 기회로 바꾸려면 강력하고 탁월한 리더십이 필요하다. 위험을 두려워하지 않고 정면 돌파하면 그 과정에서 기회가 생길 수 있고, 이 기회를 잘 살리는 자가 결국 리더다.

일론 머스크
리더십은
왜 지지받는가?

STRONG
LEADER
SHIP

일론 머스크는 현재 세계 최고 부자다. 그는 테슬라와 스페이스X의 최대 주주다. 전 세계 자동차 산업의 패러다임을 바꾼 회사이자 전기차 시장에서 리더 역할을 하는 테슬라, 전 세계에서 가장 앞선 민간 우주개발 회사인 스페이스X를 이끌고 있다.

테슬라는 2021년 10월 시가총액 1조 달러를 넘기도 했다. 역사상 시가총액 1조 달러 이상을 기록해본 기업은 마이크로소프트, 애플, 구글, 아마존, 엔비디아, 메타(페이스북), 테슬라 등 7개(사우디 아람코는 제외)에 불과하다. 테슬라가 1조 달러 돌파 시기보다 주가가 30% 정도 내려오긴 했어도 여전히 세계 시가총액 순위에선 8위(2024년 1월 기준)다. 일론 머스크는 테슬라 주식 4억 1,100만 주를 보유하고 있고, 지분율로는 13%다.

스페이스X는 비상장 회사다. 하지만 2023년 12월 기업가치 1,800억 달러 평가를 받았다. (2023년 6월 투자 유치 과정에서 1,500억 달러로 평가받았고, 2023년 12월 주식 공개 매수 논의에서 1,800억 달러로 평가받았다.) 당장 상장한다면 미국 상장 기업 시가총액 순위 50위권에 들어갈 정도로 인텔, 나이키 등과 맞먹는 수준이다. 일론 머스크는 스페이스X의 지분 42%를 가졌다.

이밖에도 솔라시티, 하이퍼루프, 뉴럴링크, 스타링크, 더 보링컴퍼니 등도 그가 설립하거나 인수해 지분율이 높은 기업이다. 돈만 많은 게 아니라, 산업적·사회적·정치적 영향력도 높다. 그가 남긴 트윗 메시지 한 줄에 주가가 출렁이거나, 전 세계 언론의 헤드라인이 바뀔 정도다.

일론 머스크가
유능한 리더인 이유는?

일론 머스크는 앞뒤 계산하지 않고 속마음을 거침없이 발언하는 것처럼 보이기도 한다. 하지만 그는 제멋대로인 폭군이나 괴짜가 아니라 자신이 확신하는 비전을 현실로 실현하는 사람이자 강력한 비즈니스 리더다. 결과적으로 그가 세계적으로 산업적 흐름을 바꿨다고 해도 과언이 아니고, 그의 경영 방식은 아직까진 잘 통하고 있다. 가끔 불협화음이 나오긴 해도, 그렇다고 대세적 흐름이 꺾이진 않았다. 운일까? 아니다. 그의 경영 방식이 계속 통하는 것을 보면 운이라고만 할 수도 없다. 실력이다. 결과가 말해주기 때문이다.

2024년 1월, 테슬라의 발표에 따르면 2023년 테슬라는 184

만 5,985대를 생산하고, 180만 8,581대를 인도했다. 2022년에 137만여 대를 생산했고 131만여 대를 인도한 것과 비교해, 생산량은 35%, 인도량은 38% 성장했다. 2022년은 2021년 대비 인도량 40% 성장했다. 분명 매출은 시장의 기대치보다 성장률이 아쉬웠다. 그래서 전기차 시장의 캐즘Chasm(수요의 정체기)이라는 소리도 나왔는데, 사실 테슬라가 가격을 대폭 인하하지 않았다면 매출은 더 늘었을 것이다. 전기차 판매를 통한 수익이 전부라고 여겼다면 그랬을 것이다. 전기차 판매 외에도 다양한 수익 모델을 구축해가는 곳이 테슬라다. 여전히 생산 시스템과 인도량(판매량)에선 그들이 세운 목표치와 가깝게 가는 중이다.

테슬라는 2025년까지 연간 300만 대, 2030년까지 연간 최대 2,000만 대 생산과 인도가 가능한 생산 시스템을 구축하겠다는 목표를 세웠다. 참고로, 2023년 연간 차량 판매 대수에서 1위 토요타가 1,070만 대, 그 뒤로 폭스바겐그룹이 920만 대, 현대자동차그룹(현대, 기아)이 730만 대 순이었다. 판매 대수에선 테슬라보다 높은 자동차 기업이 많지만, 전기차 판매량에선 테슬라가 단연 앞선다.

2023년 전 세계 전기차 시장의 성장률은 26%로, 2021년 117%, 2022년 65.2%에 비해 낮지만 2024년에도 20%대의 성장을 예상할 정도로 여전히 자동차 산업에선 성장성 높은 시장이다. EU는 2035년부터 내연기관 신차 판매를 중단하기로 결정한 상태이고, 2030~2040년 사이에 전 세계적으로 내연기관 신차 판매가 중단되는 것이 대세다. 글로벌 자동차 업체 중에선 2030년 이후부터 내연기관 신차를 만들지 않겠다는 곳도 속속 나온다. 결국 전기차 시장이 전체 자동차 시장의 주류가 되는 건 시간문제일 뿐이다.

자동차 시장에선 아주 늦은 후발주자지만, 전기차 시장에선 선발주자인 테슬라, 단지 선발주자라고 해서 그들이 시장을 이끌어갈 수 있는 건 아니다. 결정적인 원동력은 자동차 산업의 패러다임을 바꿨기 때문이다.

첫 번째 패러다임 변화가 바로 생산 공정의 혁신이다. 일론 머스크는 생산 공정에서 완전 무인화, 자동화로 전체 생산량은 늘리면서, 차량 대당 생산 시간은 단축하고 생산 비용도 줄여, 다른 자동차 회사들보다 압도적인 영업이익을 도모했다.

| 테슬라 연간 인도량(차량 대수) 추이(2013~2023)

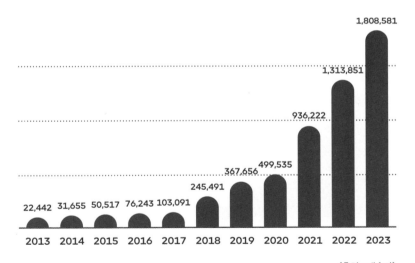

(출처 : 테슬라)

　　다른 자동차 회사들이 일부 공정에서만 로봇을 쓴 것과 달리, 처음부터 생산과 조립, 검수 등 모든 과정을 완전 자동화하려 했다. 하지만 일부 공정의 작은 시스템 오류에도 공장 전체가 멈추며 생산 차질을 겪는 등 시행착오를 겪었다. 이 과정에서 일론 머스크가 제조를 너무 모른다고 비판하는 사람도 많았지만, 기존의 자동차 회사들에 의해 오랜 기간 검증된 방식이 아니라 새로운 방식을 선택한 건 더 나은 대안이었기 때문이다.

　　관성과 혁신이 대결할 때, 초반엔 익숙한 관성이 좀 더 유리해 보여도 결국 낯선 혁신이 승리하는 것을 우린 결과로 보고 있다. 결국 테슬라는 기가팩토리를 통해 생산 시스템의 혁신을 이뤄냈고, 전 세계 어떤 자동차 공장보다 더 높은 생산성을 기록하고 있다.

　　기존 자동차 생산 방식이 수많은 부품과 금속 패널을 용접해 연결하는 것과 달리, 테슬라는 거대한 하나의 금속판을 주물 틀에 넣고 높은 온도와 압력으로 찍어내 하나로 만드는 초대형 다이캐스팅Die-Casting 공법을 쓴다. 이를 위해선 6,000~8,000톤급 초대형 캐스팅 설비가 필요하다. 이러한 제조 공장을 테슬라에선 기가팩토리라고 부르며, 테슬라의 생산 방식을 기가캐스팅(기가프레스)이라고 한다.

　　테슬라는 기존 자동차 생산 공정에 투입되는 사람을 대폭 줄이는 것은 물론이고, 투입되는 로봇도 2/3 정도 줄이고, 컨베이어 벨트 면적도 20% 줄이고, 부품 개수도 줄이고 생산단가도 40% 줄일 것이라고 했다. 당연히 생산 시간도 줄인다. 마치 붕어빵 찍어내듯 기가캐스팅으로 차를 빨리 찍어낸다고 생각해보라. 테슬라가 다른 자동차 회사보다 영업이익이 훨씬 높을 수 있는 배경에 생산 혁신이 있다.

경쟁사에 타격을 주고, 시장 점유율을 높이기 위해 가격 인하 전략을 펼칠 수 있는 것도 영업이익률에서 우위를 점하고 있기 때문에 가능하다. 이익을 좀 줄이더라도 점유율을 높이는 것이지, 손해를 보고서라도 점유율을 높이는 게 아니다. 향후 공장 자동화와 기가캐스팅 설비가 더 확대되면 영업이익률은 더 높아질 것이다.

캘리포니아 프리먼트에 만든 첫 번째 기가팩토리는 연간 65만 대 생산 용량을 갖추고 있고, 텍사스 오스틴, 중국 상하이, 독일 베를린 등에서 기가캐스팅 설비가 자동차 생산에 가동 중이다. 네바다, 뉴욕의 기가팩토리에선 배터리와 전기모터를 생산하는 기가팩토리가 가동되고 있다. 테슬라는 자동차 생산, 배터리 생산 등에서 기가팩토리를 계속 확대하고 있으며, 2030년 연간 2,000만 대 생산을 위해서도 기가팩토리가 열쇠를 쥐고 있다. 2030년까지 최소 12개의 기가팩토리를 건설할 예정이다.

기가캐스팅은 다른 자동차 제조사는 쉽게 따라하기 어렵다. 기술적 난이도가 높기 때문이다. 테슬라는 기가캐스팅을 위해 관련 기술을 직접 개발해 특허를 확보했고, 금속 물성의 균일성을 유지하기 위해 특수 알루미늄 합금도 개발했다. 특히 합금 개발은 스페이스X의 우주항공 재료공학에서 확보된 기술력이 적용되었다. 그리고 초대형 캐스팅 설비를 만들 수 있는 업체도 세계에 두 곳(이탈리아 IDRA, 중국의 임프레스플러스)밖에 없는 데다, 이들이 만들어낼 수 있는 것도 각기 연간 9대 정도다. 초대형 다이캐스팅 방식을 통한 공장 생산성 혁신의 우위를 테슬라가 한동안 유지할 수밖에 없는 환경인 셈이다.

볼보는 2025년을 목표로 테슬라와 같은 방식의 초대형 캐스팅으로 자동차를 생산하려 하고, 다른 글로벌 자동차에서도 생산라인을 혁신할 수밖에 없다. 만약 일론 머스크가 기가캐스팅 방식을 밀어붙이지 않았다면 어땠을까? 완전 자동화를 지향하는 생산 시스템이 아니라, 기존 자동차 회사들의 방식을 따라갔다면 어땠을까? 시장을 먼저 개척하고, 시장을 이끌다가도 결국은 기존 거대 공룡들의 물량 공세에 밀려 쇠퇴하는 건 이미 많이 보아온 모습 아닌가?

두 번째 패러다임의 변화는 소프트웨어가 주도하는 자동차다. 테슬라는 소프트웨어를 중심으로 시작한 자동차 회사다. 다른 자동차 회사가 하드웨어 중심으로 시작해 나중에 필요에 따라 소프트웨어를 접목한 것과 달리, SDVSoftware Defined Vehicle(소프트웨어 중심 자동차) 개발 체제로 시작해 차량의 기능 개선에 OTAOver The Air(무선 소프트웨어 업데이트) 방식을 지향했다. 이건 단지 순서의 차이가 아니라, 자동차 비즈니스의 근본적 차이를 만든다. SDV는 차량 상태와 주행 데이터를 활용해 개인화된 서비스를 제공할 수도 있고, 데이터를 실시간 활용하는 통합 데이터 플랫폼도 구축한다.

자율주행차를 비롯해, 로봇 택시, 배달 로봇 등 미래형 모빌리티의 핵심은 결국 소프트웨어다. 일론 머스크가 본 자동차의 미래가 맞다고 판단하기에, 글로벌 자동차 기업들이 모두 모빌리티 비즈니스 기업임을 천명하고 소프트웨어 퍼스트를 외친 것이다. 결과적으론 일론 머스크가 그린 자동차 시장의 미래가 모든 자동차 산업의 미래가 된 것이다.

테슬라는 자율주행 소프트웨어 오토파일럿으로 이미 수익을 만들어낸다. 자동차에서 소프트웨어를 업데이트해 지속적으로 기능을 개선하고, 소비자가 필요한 기능을 추가하기 위해 소프트웨어에 돈을 쓰는 것을 받아들이게 했다. 그리고 돈을 내고 오토파일럿 기능을 사용하는 수십만 대의 자동차에서 막대한 데이터를 확보하고, 이를 통해 자율주행 기술을 진화시켜, 결국 자율주행 관련해서 우위를 점하고자 한다. 시장 1위 업체가 가격 인하를 주도한 것도 자율주행 기술 사용자를 확대하려는 의도와 무관치 않다.

결국 테슬라는 자율주행 시스템을 다른 자동차 제조사에도 공급할 것이다. 자동차 제조사별로 자율주행과 SDV를 개발하고 있지만, 모든 제조사가 성공적인 결과를 적절한 시기까지 확보하진 못한다. 하드웨어 경쟁력을 가진 제조사들이 소프트웨어에선 테슬라에 의존할 수 있다.

테슬라는 오토파일럿 개발에 사용한 AI를 활용하는 사업으로, 휴머노이드 로봇 옵티머스도 개발한다. 테슬라의 공장과 매장에서 일하는 사람을 대신하는 역할이 옵티머스에게 기대하는 첫 번째 역할이다.

일론 머스크는 노조 설립을 노골적으로 꺼리는 입장을 계속 보여왔고, 자동화와 로봇을 통한 생산성 혁신을 지향해온 사람이다. 이런 일론 머스크가 2021년 휴머노이드 로봇을 통해 사람이 일하는 방식을 바꿔놓겠다고 한 건 우연이 아니다. 노동자 연봉보다 적은 로봇 가격(2만 달러 정도)으로 24시간 일하면서 불만도 없는 휴머노이드 로봇을 고용할 수 있다는 식의 메시지를 2022~2023년에 계속 드러냈다.

옵티머스를 비롯한 휴머노이드 로봇 업계는 노동력 부족과 높은 이직률, 재해와 위험수당 등을 고려해 사람을 대체하는 것을 염두에 두고 개발한다. 생산직, 물류직, 배송직, 건설직, 단순서비스직 등에서 활용될 수 있다. 자동차 시장을 전기차 중심으로 전환하면서 막대한 부를 거머쥔 그가, 휴머노이드 로봇이 만들 일자리 혁신이자 비즈니스 기회를 주목하는 것이다.

여기서도 핵심은 소프트웨어다. 2023년 테슬라는 자율주행과 로봇기술 개발을 책임질 글로벌 엔지니어링본부를 실리콘밸리(팰로앨토)에 만들고, 관련 인재들을 충원했다. 테슬라의 AI 본부도 이곳에 있다. 테슬라가 2021년 글로벌 본사를 텍사스 오스틴으로 옮겼지만, 팰로앨토가 사실상 본사라고 일론 머스크가 2023년에 강조한 것도 테슬라에서 소프트웨어가 중심임을 보여준 예다.

세 번째 패러다임 변화는 자동차 제조 회사가 가질 비즈니스 생태계 조성 능력이다. 기존 자동차 제조 회사는 자동차를 만들어 파는 것이 사업의 전부였다. 여기서 확장해봐야 정비와 인증중고차 시장이다. 그런데 테슬라는 자동차 제조뿐 아니라, 제조의 수직통

합구조를 만들어 배터리와 소프트웨어 사업을 통해 수익구조를 다각화하고 있다.

테슬라는 전기차 배터리의 핵심 요소인 리튬 정제 사업을 한다. 리튬은 정제하기 어렵고, 정제된 리튬의 가격은 비싸다. 전기차 시장이 커질수록 정제된 리튬의 수요도 커질 것이기에 향후 공급 문제를 겪을 수 있다. 테슬라로선 자신들이 사용하는 원자재를 직접 정제하면 전기차 제조에 필요한 리튬을 안정적으로 확보하는 것과 함께 비용 절감도 이룬다. 테슬라는 2025년까지 전기차 100만 대에 탑재될 분량의 배터리에 들어가는 정제 리튬을 생산할 계획인데, 향후 정제 리튬 생산량은 계속 증대할 계획이고 자신들이 쓸 양을 넘어서면 그때부턴 다른 전기차 제조사에 판매해 수익을 만들 수도 있다. 전기차 보급이 확대될수록, 전기차 폐차와 폐배터리 활용도 중요한 시장이 되는데, 테슬라는 리튬 정제 외에도 전기차 시장이 커지는 상황에서 필요한 사업들을 계속 확장해나갈 것이다.

전기차 시장이 커질 때 가장 중요한 시장 중 하나가 충전 시장이다. 이것도 테슬라의 미래 성장 동력이 된다. 테슬라의 전기차 충전 방식인 북미충전표준North American Charging Standard, NACS이 전 세계의 표준이 될 가능성이 크다. 미국 켄터키주를 필두로, 텍사스주, 워싱턴주 등 NACS 의무 사용을 요구하는 주가 증가하는데, 이런 흐름 속에서 GM, 포드, 혼다, 토요타, 폭스바겐, 포르셰, 아우디, 벤츠, 현대차, 전기차 회사 리비안, 폴스타 등에서 향후(적용 시점은 회사마다 다른데 대개 2024~2025년) 미국에서 판매하는 모든 전기차에

NACS 충전구를 장착하기로 한다. 전 세계에서 가장 큰 자동차 시장인 미국 시장에서 NACS가 표준으로 정착될수록, 이는 미국뿐만 아니라 전 세계로 확대될 가능성이 커진다.

전 세계 전기차 충전 규격은 일본의 차데모, 중국의 GB/T, 유럽과 미국의 콤보 방식(유럽은 콤보 중에서도 타입 1, 미국은 타입 2), 그리고 테슬라의 NACS다. 그동안은 콤보Combined Charging System, CCS가 가장 표준에 가깝게 사용되었는데, NACS가 미국을 넘어 국제 표준을 주도할 가능성이 생긴 것이다. 이는 테슬라의 슈퍼차저 사업의 성장을 이끌 원동력이 될 수 있다. 전기차 보급이 늘어날수록, 전기차 충전 사업도 커질 수밖에 없다.

스마트폰 충전 표준도 애플, 삼성 등 제조사마다 다르게 쓰다가 결국은 글로벌 표준화가 이뤄졌다. 충전 방식이 서로 다른 것은 제조사도 소비자도 손해가 될 수 있는데, 스마트폰을 충전하는 건 주류 비즈니스가 아니지만 전기차를 충전하는 건 아주 큰 비즈니스다. 현재의 주유소 비즈니스를 능가할 미래 시장인 것이다. 국내에서도 주요 대기업들이 이 시장에 뛰어들었고, 중견기업과 중소기업도 셀 수 없이 많다. 뛰어든 기업 중 상당수는 망하거나 승자에 흡수되겠지만 살아남은 승자에겐 미래가 보장되는 것이다.

미국의 시장조사 업체 글로벌 마켓 인사이트Global Market Insights에 따르면, 2022년 전기차 충전 시장은 263억 달러였고 연평균 24.7% 성장해 2032년에 2,800억 달러가 될 것으로 전망했다. 캐나다의 글로벌 시장조사 업체 프레시던스 리서치Precedence Research는 연평균 29.1% 성장해 2032년 3,446억 달러가 될 것으로 봤고, 독일의 글로벌 컨설팅 업체 롤랜드버거Roland Berger는 2030년 3,250억 달러 규모로 전망했다. 전망치가 조금씩 차이가 나긴 하지만 적어도 2030년대 초까지 400조 원대 시장이 만들어지는 데는 이견이 없다. 2040년까지로 보면 시장 규모는 훨씬 더 커질 것이다. 자동차 제조사들도 중요한 미래 시장으로 보는 것이 충전 시장인데, 여기서 테슬라가 유리한 고지를 점하게 되는 것이다.

미국 에너지부 대체연료데이터센터 통계(2023년 7월 기준)에 따르면, 미국 내 전기차 급속 충전기 중 62.9%가 테슬라의 슈퍼차저다. 충전기는 급속과 완속으로 나뉘는데, 미국 내 전기차 충전기 중 78% 정도가 완속이고, 22% 정도가 급속이다. 미국에서 급속 충전 시장의 주도자가 테슬라다. 전 세계에 슈퍼차저가 5만 개 이상인데, 그중 미국에 2만 개 이상이 있다. NACS가 미국 표준을 넘어 글로벌 표준이 되면, 슈퍼차저를 이용해 충전할 수 있는 전기차가 테슬라의 전기차 외에도 크게 늘어날 것이므로 테슬라는 슈퍼차저를 전 세계에 더 많이 설치할 것이고, 슈퍼차저를 통한 수익도 더 확대될 수밖에 없다.

앞서 언급한 세 가지 자동차 산업의 패러다임 변화를 주도한 인물은 일론 머스크다. 자동차 산업의 미래 패러다임을 20세기부터 100년간 산업을 주도하던 회사가 아니라, 21세기에 시작한 후발 주자가 이끌었다는 것은 일론 머스크가 가진 유능함의 증거가 아니겠는가? 스페이스X로 우주 비즈니스 기회를 만들어낸 것도, 스타링크로 위성 인터넷 인프라를 구축해낸 것도, 뉴럴링크로 뇌와 컴퓨터를 연결하는 것도, 하이퍼루프로 초고속 이동을 그려낸 것도, 결국 시작은 일론 머스크의 결정부터였다. 거칠고 때론 공격적이지만 그의 리더십이 계속 통하는 건 성과를 내기 때문이다.

일론 머스크는 가장 논쟁적인 경영 리더다. 놀라운 성과를 거뒀음에도 안주하지 않고 계속 도전한다. 그 과정에서 허풍도 치고, 위기를 자초하는 일도 많고, 적도 많이 만든다. 개인 일론 머스크는 인성이나 태도에서도 논란을 계속 만들어낸다. 하지만 그가 전기차 산업, 휴머노이드 산업, 우주개발 산업 등 새로운 산업에 미친 영향은 누구도 부정할 수 없다. 인류의 미래 산업, 미래 먹거리 몇 가지에 결정적 역할을 한 특별한 경영 리더라는 점은 누구나 인정한다.

일론 머스크가
시작한 대량 해고가
미국 테크 업계에 준
놀라운 영향

　　일론 머스크가 트위터를 인수하고 가장 먼저 한 일 중 하나가 대량 해고다. 2022년 10월 말 인수하자마자 11월 초부터 전체 직원 7,500여 명 중 50% 감원 방침을 발표하고 정리해고에 착수했고, 대량 해고와 사표 러시가 일어나며 결과적으로 1개월도 되지 않아 전체 직원의 70%가 줄었다. 2022년 4분기부터 2023년 1분기까지 트위터에선 최소 8회 이상 감원이 발표되었고, 80% 이상의 직원이 떠났다.

　　중요한 건 트위터 서비스는 여전히 돌아갔다는 점이다. 트위터의 이용자 수는 수년째 정체 상태였다. 직원 수는 계속 늘렸지만, 이용자 수도 매출도 정체 상태였다. 일론 머스크가 인수하고 대량 해고한 후, 광고 매출이 크게 하락했지만 인건비도 크게 줄어서 어느 정도 상쇄되었다. 전체 매출에서 75% 정도를 차지하는 광고 매출을 회복하면 경영 지표는 크게 개선되겠지만, 쉽지는 않았다. 트위터에서 X로 이름을 바꾸고 나서도 광고는 계속 줄었고, 일일 이용자 수도 줄었다.

2023년 9월 일론 머스크는 X에 소액의 월 사용료를 부과하는 유료화 전환을 발표하며 수익 구조 다변화에 나섰고, 궁극적으로는 X가 소셜미디어에서 그치지 않고, 오디오, 비디오, 메시징, 결제, 뱅킹, 쇼핑, 뉴스미디어 등 모든 기능을 제공하는 슈퍼앱을 지향하고 있다. 돈과 영향력, 마케팅 능력도 충분한 그가 아예 처음부터 새로 만들지 않고 기존에 있는 소셜미디어 서비스 트위터를 인수한 건 트위터를 슈퍼앱으로 전환하는 것이 더 적은 비용으로, 더 빨리 결과를 만드는 일이라 판단했기 때문일 것이다. 물론 자신이 트위터에서 거침없는 발언을 하며 막강한 영향력을 발휘해왔고, 그것으로 실질적인 이익을 얻어온 경험도 작용했을 것이다.

2024년 미국 대선을 비롯해 전 세계적 선거 빅뱅도 X의 광고 매출 증대에 영향을 줄 수 있고, X가 슈퍼앱으로 확장하는 전환점을 만들어줄 수도 있다. 분명한 건 일론 머스크에게 X는 핵심 비즈니스는 아니지만, 자신의 영향력을 확대하는 데 활용할 여지가 높은 비즈니스임은 분명하다.

사업은 언제나 정치, 정책과 대응 관계에 놓인다. 때론 정치와 정책의 도움을 받기도 하지만, 때론 정치와 정책이 사업의 발목을 잡기도 한다. 정치의 불확실성이 바로 이런 것이다. 그런데 정치적 영향력이 높은 경영 리더라면, 적어도 정치가 만들 불확실성에 무방비로 당하진 않을 수 있다.

과거 한국 정치사에 대기업 재벌 오너가 정당을 만들어 대통령이 되려고 시도한 것도 정치가 만드는 불확실성이 주는 폐해를 몸소 겪었기에, 이를 해결해보고자 한 것이기도 하다. 결국 정주영 회장은 성공하지 못하고, 오히려 정치계로부터 타격을 받으며 엄밀히 기업 경영에선 불이익을 봤다. 하지만 지금 시대라면 어땠을까? 정주영 회장의 정치 도전이 1990년대가 아니라 2020년대에 이루어졌다면 상황은 달라졌을 수 있다.

미국 경영자 중에서 집권 정당과 정치계에 가장 강력하게 자신의 목소리를 내는 사람은 단연 일론 머스크다. 바이든 대통령과 대놓고 설전을 벌이고, 미국 정치계를 제론토크라시Gerontocracy(노년이 정치를 장악한 체제)라며 지적하기도 했다. 분명 일론 머스크가 논란의 중심이 되는 경영자인 건 사실이지만, 그가 경영자로서 보여준 결단은 합리적인 경우가 많다.

어떤 경영자도 대량 해고 결정은 부담스럽다. 아무리 해고가 자유로운 미국이라도 대량 해고는 쉬운 결정이 아니다. 큰 기업일수록, 사회적 영향력이 있는 기업이나 경영자일수록 사회적 시선을 고려하게 된다. 일론 머스크가 2022년 4분기에 보여준 거침없는 대량 해고는 그가 폭군이어서 그런 게 아니다.

트위터의 직원 1인당 매출은 2018년 77만 6,112달러였는

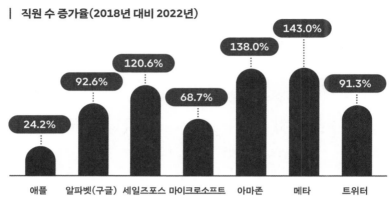

| 직원 수 증가율(2018년 대비 2022년)

24.2% 애플
92.6% 알파벳(구글)
120.6% 세일즈포스
68.7% 마이크로소프트
138.0% 아마존
143.0% 메타
91.3% 트위터

(출처 : BUSINESS INSIDER)

데, 2022년에는 31만 7,333달러였다. 전체 직원 수는 3,920명에서 7,500명으로 91%가 늘어 거의 두 배가 되었지만, 1인당 매출이 -59%로 반토막 났다. 팬데믹 기간 중 빅테크 산업은 호황을 맞아 2020~2021년 인력 충원이 많았다. 하지만 트위터처럼 생산성이 크게 떨어진 건 아니다. (일론 머스크의 대량 해고 이후 1인당 매출은 -59%에서 -18.2%로 지표상 크게 개선되었다.)

알파벳(구글)은 2018년 대비 2022년 직원 수는 92.6% 늘었고 1인당 매출은 7.3% 늘었다. 마이크로소프트도 같은 기간 직원 수는 68.7% 늘었고 1인당 매출도 6.5% 늘었다. 애플은 직원 수는 24.2% 늘고 1인당 매출은 19.5% 늘었다. 직원이 두 배쯤 늘고도 1인당 매출이 떨어진 곳으로, 아마존은 직원 수는 138% 늘고 1인당 매출은 -6.9%, 메타(페이스북)도 직원 증가 143%에 1인당 매출 -14%였다.

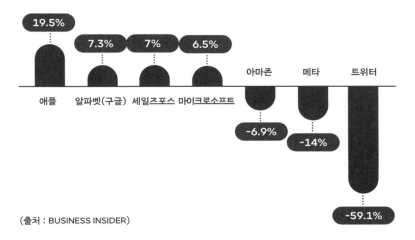

| 직원 1인당 매출 증가율(2018년 대비 2022년)

애플 19.5%
알파벳(구글) 7.3%
세일즈포스 7%
마이크로소프트 6.5%
아마존 -6.9%
메타 -14%
트위터 -59.1%

(출처 : BUSINESS INSIDER)

분명 다른 빅테크와 비교하면 트위터의 직원당 매출, 곧 생산성이 낮다. 이는 직원 수가 과하다는 얘기일 수 있고, 일론 머스크의 결정은 경영자로서 충분히 가능한 합리적 선택으로도 볼 수 있다.

일론 머스크의 과감한 대량 해고는 테크 업계에 영향을 줬다. 직원 수를 줄여 조직의 효율성을 높이는 것이 경영자가 해야 할 중요한 결단이라는 인식이 퍼져나간 것이다. 어쩌면 일론 머스크가 먼저 행동으로 보여줬으니, 그다음에 행동할 경영자들로선 부담이 덜어진 상태기도 하다. 뭐든 처음이 어렵다.

트위터의 대량 해고 직후 2022년 11월, 마크 저커버그는 메타의 구조조정을 발표하고 전체 직원의 13%에 해당하는 1만 1,000명을 대량 해고했다. 그리고 2023년 4~5월에도 1만 명을 추가로 대량 해고했다. 8만 7,000명이던 직원 수가 6만 6,000명이 되는 데 겨우 6개월 걸렸다. 반년 새 2만 1,000명 줄어든 것이다. 공교롭게도 2022년 11월 세일즈포스도 1,000여 명을 대량 해고하겠다고 발표했고, 2023년 1월에 추가로 전체 직원의 10%인 7,900명을 해고하는 구조조정 계획을 발표했다. 2개월 사이 9,000명을 해고한 것인데, 인력만 줄인 게 아니라 사무실 부동산을 비롯해 운영 비용도 대폭 줄이고 있다.

아마존도 1만 명 규모의 대량 해고를 발표한 게 2022년 11월이었고, 2023년 1월까지 총 1만 8,000명이 해고되었다. 그리고 2023년 3월 9,000명을 추가로 해고했다. 반년도 안 되는 기간에 2만

| 비농업 부문 노동생산성(시간당 생산량)

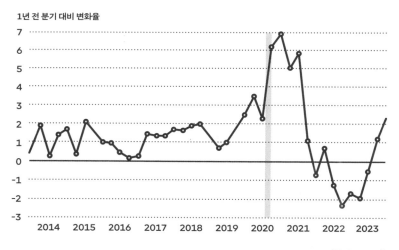

1년 전 분기 대비 변화율

(출처 : FRED)

7,000명이 해고되었다. 알파벳(구글)도 2023년 1월에 전 직원의 6%인 1만 2,000명을 대량 해고한 것에 이어 4월부터 복지 혜택을 크게 줄였다. 마이크로소프트도 2023년 1월에 전 직원의 5%에 해당하는 1만 명을 해고했다. 빅테크의 대량 해고 러시가 시작된 건 2022년 11월이고 2023년 1분기까지 이어졌다.

빅테크 외에도 셀 수 없이 많은 테크 기업이 이 기간에 대량 해고를 단행했다. 2013년 3분기부터 2023년 3분기까지 10년간 미국 노동부의 노동생산성Labour Productivity 지수를 보면 2022년이 유일하게 마이너스였다. 특히 2022년 1분기 -1.3을 시작으로, 2분기 -2.4, 3분기 -1.7, 4분기 -2.0, 2023년 1분기 -0.6까지 5분기 연속 마이너스였고, 2023년 2분기가 되어서야 플러스로 돌아섰다. 미국 정부가 노동생산성 통계를 작성하기 시작한 1948년 이후 5분기 연속 마이너스는 처음이었다. 역대 가장 길게 노동생산성이 감소한 것이다.

노동생산성이 떨어진 이 기간에 미국의 실업률이 극히 낮았다. 대퇴사의 시대를 거쳐 조용한 사직이란 말이 유행할 정도로, 구직자가 좀 더 유리한 기간이었다. 이직이 잦으면 결국 새로 뽑아 키우느라 시간과 비용을 계속 투자해야 한다. 업무에 익숙해지기 전까지 생산성이 낮은 시기도 감수해야 한다. 결과적으로 대퇴사의 시대, 조용한 이직이 생산성을 떨어뜨린 결과를 낳았다. 노동생산성 지수를 봤을 때도, 확실히 2022년 4분기~2023년 1분기의 대량 해고 러시가 영향을 줘서 이후 반등된 것이다. 빅테크뿐 아니라 금융 업계, 유통 업계로도 대량 해고가 이어졌다.

4. 일론 머스크 리더십은 왜 지지받는가?

여기서 두 가지 흥미로운 점이 있는데, 첫 번째가 실리콘밸리의 빅테크발 대량 해고 러시의 시작점이 일론 머스크의 트위터 대량 해고라는 점이다. 한마디로 일론 머스크가 독하게 본을 보인 셈이다. 이는 실리콘밸리, 아니 테크 업계 전반으로 경영 효율성을 강조하게 만들었다.

두 번째는 애플의 효율적인 경영이다. 앞서 그래프에서 언급한 2018년 대비 2022년 직원 수 증가와 1인당 매출 증가율 자료에 나오는 7개 기업 중 대량 해고가 이뤄지지 않은 곳은 애플뿐이다. 애초에 애플은 그 기간 동안 직원 수 증가도 가장 적었고, 1인당 매출은 크게 늘었다. 여기다가 애플은 실리콘밸리 기업들 중 가장 효율적이고 실용적인 경영을 해왔다. 다른 빅테크(빅테크가 아닌 기업 중 무료로 점심을 제공하는 곳도 많지만)와 달리 애플은 공짜 점심도 주지 않았다. 애초에 과잉이 없었으니 인력을 감축할 이유도, 운영비를 줄일 이유도 없다.

애플도 일부 직군에서 소규모 감축이 있었고, 신규채용을 중단하고, 출장을 최소화하고, 팀 쿡 CEO가 자신의 연봉을 40%나 스스로 감축하는 등 예산 감축을 하며 경기침체에 대응했다. 애플의 경영 방식이 더 돋보이며, 이는 테크 업계 전반에 영향을 준다. 물론 애플의 방식은 좀 더 장기적이고, 일론 머스크의 방식은 좀 더 단기적이고 과감하다. 아니 자극적이다. 어떤 것이 더 옳은지의 문제가 아니라, 두 방식 모두 성과를 만들어냈다. 두 방식은 사실 반대되는 방식이 아니라 효율성과 생산성을 중요시하는 같은 방식이다.

왜 대량 해고한
빅테크 기업의 주가는
다 올랐을까?

메타의 주가는 2023년 상반기에 130% 정도 올랐고, 2023년 전체로는 190% 정도 올랐다. 말 그대로 폭등이다. 메타는 2021년 가을을 정점으로 2022년 10월까지 최고가 대비 1/3 정도까지 추락했다. 메타버스 사업에 막대한 돈을 쏟았는데 실적이 좋지 않았고, 대내외적 악재도 많았다. 그러다 2022년 11월부터 반등했다. 공교롭게도 메타가 대량 해고를 시작한 시점이다. 메타만 그런 게 아니다. 세일즈포스도 하락세였던 주가가 대량 해고를 한 2022년 11월을 기점으로 반등해 2023년 내내 가파른 상승세를 이어갔다. 대량 해고 시점이 2023년 1월인 알파벳과 마이크로소프트도 공교롭게 1월 이후부터 주가가 가파른 상승세를 연중 이어갔다. 마이크로소프트는 애플의 시가총액을 앞서기까지 했고, 시가총액 3조 달러에 근접했다.

대량 해고를 단행한 메타, 세일즈포스, 아마존, 알파벳, 마이크로소프트 모두 대량 해고 시점이 상승세의 시작이 되는 추세를 볼 수 있다. 이들 5개 기업의 최근 5년간의 주가 추이를 다음 그래프(161쪽)로 확인해보라. 표시한 2022년 4분기~2023년 1분기 이전과 이후를 보라. 모두 2020년 팬데믹이 시작되면서 호황을 맞고 급등세를 이어갔다가 2021년 4분기~2022년 1분기를 정점으로 하락세를 이어갔다. 그러다 1년 가까이 이어진 하락세를 반등시키고 상승세를 만들어낸 시기도 비슷하다.

단지 우연이라고 할 수 있을까? 인력이 대폭 줄었으니 인건비와 운영 비용도 그만큼 줄어든 것이고, 실적이 개선되지 않았다고 해도 수익성은 개선되는 효과를 본다. 2023년 6월, <월스트리트 저널>이 S&P 500 기업의 2022년 중위 연봉 데이터(리서치회사 MyLogIQ가 집계한)를 분석한 결과에 따르면, 메타의 2022년 중위 연봉은 29만 6,320달러. 2022년 11월에서 2023년 5월까지 2만 1,000명을 줄였으니, 이 숫자만큼 중위 연봉을 곱해보면 총 62억 2,272만 달러가 된다. 한화로 8조 원 정도인데, 연봉 외 퇴직급여나 복지비용 등도 있을 테니 실제로는 2만 1,000명을 줄인 효과가 연간 10조 원 이상이 되는 셈이다. 알파벳(구글)은 2022년 중위 연봉이 27만 9,802달러인데, 1만 2,000명을 곱하면 33억 5,762만 달러. 다른 빅테크 기업들도 연봉 수준은 높으니 기업마다 대량 해고의 효과는

주요 빅테크 기업의 최근 5년간 주가 추이

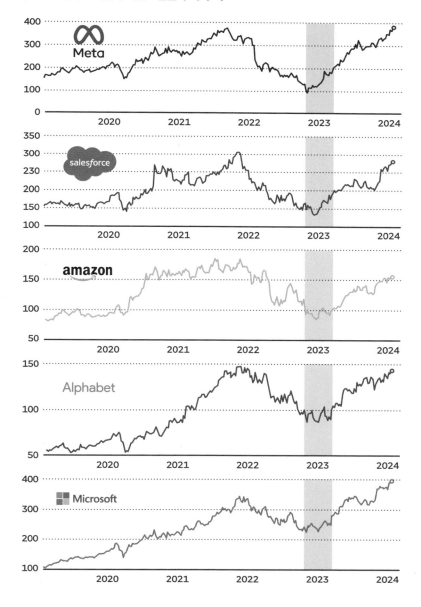

최소 수조 원대씩 본다.

　　물론 여기에 2023년을 휩쓴 생성형 AI 열풍도 이들 기업의 주가를 올리고 사업성을 높이는 데 기여했다. 이들 5개 기업 모두 생성형 AI를 직접 개발하거나, 생성형 AI를 활용하는 비즈니스를 전개하거나, 생성형 AI로 더 수요가 늘어난 클라우드 서비스에서 두각을 드러내는 기업이기도 하다. 대량 해고가 주는 직접적 효과는 단기적일 수 있지만, 절감한 비용만큼을 생성형 AI를 비롯해 유망한 비즈니스에 즉각 투입해 기업의 가치를 높이고, 기업의 경영 효율성을 높여 장기적으로도 기업가치와 투자 성과를 높여주기에 투자자들로선 긍정적으로 볼 수밖에 없다. 이는 미국 기업만 해당하는 얘기가 아니다. 국내 기업에서도 사업 재편, 구조조정, 인력 감원 등을 통해 기업의 사업성을 높이는 데 적극 나서야 한다.

당신도
일론 머스크처럼
경영할 텐가?

"실리콘밸리의 모든 CEO가 일론 머스크가 보여준 트위터에서의 경영 방식을 보면서, '자기 안에 있는 일론을 끌어내야 하는가' 라는 질문을 스스로에게 하고 있다.(Every CEO in Silicon Valley has looked at what Elon Musk has done and has asked themselves, 'Do they need to unleash their own Elon within them?')"

세일즈포스의 CEO 마크 베니오프가 2023년 3월 비즈니스 인사이더와 한 인터뷰에서 한 말이다. 일론 머스크가 대량 해고하고 과감하게 구조조정하는 것을 보며 경영자라면 다들 자신도 그렇게 해보고 싶다는 얘기다. 실제로 트위터의 대량 해고 직후 바로 세일즈포스가 창업 이후 역대 최대 규모의 대량 해고를 결단한 것도 일론 머스크 영향인 셈이다.

그동안 빅테크든 글로벌 기업이든 규모가 큰 기업의 경영자들은 늘 조심스럽고, 신중하고, 욕먹을 일은 하지 않으려 했다. 그런데 일론 머스크는 일부러 욕먹고 싶은 사람처럼 공격적이고 과감하다. 그것이 테슬라 주가에 악재가 되는 경우도 종종 있지만, 성과를 통해 결국 극복해왔다. 만약 그러지 못했다면 일론 머스크의 경영 방식은 지지받지 못했을 것이다. 그가 비즈니스 패러다임 변화를 주도하며 기술적 진화만 이끈 것이 아니라, 리더십의 진화도 이끈 셈이다.

그가 바로 스트롱 리더십의 대표 주자다. 2023년에도 여러 위기를 맞았고, 2024년에도 새로운 위기가 테슬라에 나타날 것이다. 하지만 위기가 오는 것이 문제가 아니다. 위기는 해결하고 넘어서면 그만이기 때문이다. 일론 머스크의 스트롱 리더십은 2024년, 아니 그 후에도 계속 경영자들의 벤치마킹 대상이다.

미국의 온라인 커뮤니티 플랫폼 레딧Reddit의 CEO 스티브 허프먼이 2023년 6월에 NBC와 인터뷰하면서 일론 머스크가 트위터에서 보여준 과감한 비용 절감과 대량 해고를 칭찬하며, 이 방식이 레딧도 따라가야 할 길이라고 했다. 일론 머스크가 준 교훈은 작은 규모의 인력으로도 좋은(큰) 사업을 할 수 있다는 것이라고도 말했다. 당시 레딧의 직원 수는 2,000명 정도이고 일간 활성자 수는 5,700만 명이다. 그런데 트위터의 일간 활성자 수는 2억 6,000만 명 정도다. 트위터는 7,500명의 직원을 80% 이상 줄였지만, 일간 활성자 수는 크게 줄지 않았다. 레딧이 트위터보다 직원은 더 많은데 일간 활성자 수는 1/4에 불과하다. 트위터에 일론 머스크가 와서 대량 해고를 단행하기 전까진 트위터와 레딧의 생산성은 비슷했지만, 대량 해고 이후 확 달라졌다.

레딧 입장에선 기존 인력으로 일간 활성자 수를 크게 늘리거나, 그게 아니면 인력이라도 줄여 생산성을 높여야 한다. 레딧은 기업가치 100~150억 달러로 평가받고, 2022년 상장을 시도했지만 시장 상황이 좋지 않아 상장을 유보했다. 레딧의 경영자 입장에선 일론 머스크의 (욕먹는 것을 전혀 두려워하지 않는) 거침없는 대량 해고와 비용 절감 방식이 부러웠을 것이다. 일론 머스크가 트위터에서 보여준 방식이 테크 기업 전반으로 확산되는 것을 반년쯤 지켜본 레딧의 경영자는 결국 5%의 직원을 해고하고, 일부 서비스를 유료화하는 결단을 내렸다. 여기서 끝일까? 수익성 개선을 위해서라도 일간 활성자 수를 늘리거나 직원을 줄이거나를 추가적으로 고민할 수밖에 없다.

일론 머스크가 촉발한 노동생산성 향상을 위한 거침없는 대량 해고는 빅테크뿐 아니라, 테크 업계 전반으로 번져갔다. 또한 투자 빙하기를 맞은 스타트업으로도 번져갔다. 성과를 내는 사업, 생산성과 효율성이 높은 조직을 이제 당연하게 여긴다. 미래 가치라는 말이 추상적이고, 불명확하고, 방만하게 일하는 것을 감싸는 말이어선 안 된다.

중요한 건 조직의 버블을 깨고, 효율성 극대화와 성과주의 강화를 극단적인 방식으로 보여주지만, 일론 머스크는 늘 성과를 만들어왔기에 그의 방식이 지지받는 것이다. 경영은 성과로 말한다. 한때 스티브 잡스 경영 방식이 전 세계 경영자들에게 큰 영향을 줬고, 넷플릭스 리드 헤이스팅스의 경영 방식이자 조직문화 철학에 전 세계 경영자들이 관심을 가진 건 그들이 성과를 냈기 때문이다.

경영자는 증명하는 자리다. 경영자는 연봉을 다른 직원들보다 몇십 배, 심지어 몇백 배 이상 받는 경우도 있는데 그건 그럴 만한 이유가 있어야 한다. 보스 놀이 하는 데 고액연봉을 주는 게 아니라, 과감한 구조조정을 해서라도 변화에 대응하고, 기업의 성장을 이끌어달라고 주는 것이다. 위기 속에서도 자기 평판을 신경 쓰며, 사회와 직원들의 눈치만 보느라 대응할 타이밍을 놓치거나 늦추는 경영자도 많다. 그들은 자신의 리더십을 포용적 리더십, 섬기는 리더십 등으로 얘기하는데, 솔직히 무능한 것이다. 위기가 전혀 없는 초호황 시대에나 통할 리더십을 위기 상황에서, 급변하는 상황에서 그대로 적용하는 건 나약하고 비겁하다.

국내에서도 강한 리더십을 따르려는 경영자들이 더 늘어날 수 있다. 결국 중요한 건 성과다. 결과를 내는 것이다. 성과주의, 능력주의, 효율성과 생산성 극대화를 강조하는 경영자가 많아질 것이고, 강한 리더십에 대한 관심도 커질 수 있다. 기업뿐 아니라 사회 전반에서 이런 태도가 확산되면 어떤 것까지 영향을 미칠까? 진지하게 고민하고 모색할 시점이다.

일론 머스크의 과신형 리더십 : 때론 틀리지만, 지금은 확실히 맞다

"모든 직원은 주당 최소 40시간을 사무실에서 근무해야 합니다. 사무실에서 멀리 떨어진 가짜 사무실이 아니라 실제 동료들이 있는 곳이어야 합니다. 출근하지 않으면 퇴사한 것으로 간주합니다…. 저는 생산라인에 있는 사람들이, 제가 그들과 함께 일하는 모습을 볼 수 있도록 공장에서 많이 살았습니다. 그렇게 하지 않았다면 테슬라는 오래전에 파산했을 것입니다."

2022년 6월, 일론 머스크가 모든 직원에게 보낸 메일 내용이다. 한마디로 '사무실 복귀하거나, 사표 쓰거나Return to the Office or Get Out'다. 다른 기업들이 재택근무와 출근근무를 병행하는 방법을 선택하거나, 절충 혹은 타협을 논의하던 선택과 달리 일론 머스크는 단호했다. 그동안 그가 보여준 경영적 결단은 늘 이런 식이다. 과감하고 단호하고 신속했다. 그가 결정 내린 내용을 떠나, 그가 결정하는 방식은 주목해봐야 한다.

리더는 어려운 결정을 내려야 할 때가 많다. 미룬다고 누가 대신 해줄 수도 없다. 우유부단할수록 고스란히 그 손해가 조직에 온다. 리더의 자리는 명료하고 자신감 있는 의사결정과 소통이 필요하다. 일론 머스크의 방식은 위기에 빠진 기업, 혁신을 원하는 기업, 빠르게 성과를 만들어야 하는 기업에 효과적이다.

일론 머스크는 대표적인 과신형 리더다. 과신형 리더는 자신의 능력을 지나치게 긍정적으로 평가하고, 자신이 다른 사람들보다 더 우월하다고 여기고, 자신의 신념을 확신한다. 대개 성공 경험이 많은 사람이 점점 지위가 올라가고 권력의 중심에 서면 과신형 리더가 된다. 물론 과신형 리더는 장단점이 분명히 있다. 독단적으로 조직을 이끌려다 구성원들에게서 신뢰를 잃어버리거나, 과대평가한 능력으로 기업에 손실을 줄 수도 있다. 하지만 과신형 리더는 절대악이 아니다. 독도 잘 쓰면 약이 된다. 바로 기업의 혁신 성장에는 과신형Overconfidence 리더가 유리하다. 빠르게 새로운 변화가 일어나는 상황에선 유능한 리더가 과신형 성향까지 갖고 있다면 기업은 고속성장을 하게 된다.

이를 연구한 결과가 있는데, SFISwiss Finance Institute의 루디거 파렌브라크Rüdiger Fahlenbrach 교수가 S&P500 기업을 대상으로 실증 분석했더니, 과신형 CEO가 R&D에 22%를 더 투자하고 기업의 지속 성장을 위한 자본 지출Capital Expenditures도 38% 더 많았다. 과신형 CEO가 기업을 혁신적으로 성장시키는 데 영향을 주는 것이다. 이 연구 논문은 2009년 4월, 《Journal of Financial and Quantitative Analysis》(Vol. 44)에 발표되었다.

세상에 없던 것을 만들어내는 건, 이미 있던 것을 만들어 시장 점유율을 올리는 것과는 차원이 다른 문제다. 그런데 늘 그가 벌이는 사업은 세상에 없던 것이다. 혁신이 그가 하는 비즈니스의 핵심인 셈이다. 그가 과신형 리더로서의 모습을 계속 유지하는 건, 그동안 그의 방식이 좋은 결과를 만들어줬기 때문이다.

일론 머스크는 전기차, 태양광, 자율주행, 휴머노이드 로봇, 우주인터넷, 화성 이주 등 사람들에게 낯선 미래를 아주 확신에 차서 제시한다. 이미 전기차는 그의 확신대로 현실이 되어갔고, 다른 것들도 순차적으로 현실이 되어가는 중이다. 아직 자율주행이 완전히 구현되지는 않지만, 가장 기술적으로 앞선 것은 테슬라다. 휴머노이드 로봇 옵티머스도 상용화가 다가오는 중이다. 저궤도에 1만 2,000여 대 위성을 띄워 전 세계로 인터넷 서비스를 하는 스타링크도 이미 많은 국가에서 서비스 중이고, 점점 전 세계로 확대 중이다. 이밖에 뇌신경과학 기업 뉴럴링크, AI 기업 xAI 등을 통해서도 미래를 현실로 바꿔가려 한다.

그는 자신이 벌이는 사업에 강한 성공의 확신을 갖고 있는데, 그래서 과대 혹은 허위에 가까운 발언을 종종 한다. 심지어 정치에 대해서도 거침없이 발언한다. 민주주의가 잘 작동하려면 정치 지도자 나이가 노인이 되면 안 된다며, 공직 입문 시 최고 연령 제한을 두어야 한다고 얘기하며 조 바이든, 도널드 트럼프 등 7080대 정치인을 비판했다. 러시아가 우크라이나를 침공했을 때 푸틴 대통령을 강하게 비판하고, 다보스포럼에 초대받았지만 지루할 것 같아서 참석하지 않았다며 다보스포럼을 선출되지 않은 세계 정부라고 비판했고, ESG의 S는 악마를 뜻한다고 말했다.

일론 머스크는 노동조합에 대해서도 강경하게 반대하며 노조 설립을 방해하다 법적 조치를 받았고, 노동시간에 대해서도 1주일에 80시간 이상 일해야 한다며 40시간 일해서는 세상을 바꾸지 못한다고 했다.

솔직하고, 거침없다. 때론 그의 발언이 지탄을 받고, 그의 발언 때문에 주가가 큰 영향을 받기도 한다. 분명 위험한 경영자다. 하지만 지금 시대 이런 경영자는 필요하다. 분명 일론 머스크는 성품이나 가치관, 인성에서 꽤 좋은 사람은 아닐 수 있지만, 경영자로서는 꽤 유능하고 좋은 사람이다. 우린 완벽한 리더를 원하는 게 아니다.

리더의 진짜 능력은 위기에서 나온다. 2018년은 테슬라에 최악의 위기였다. 대량 생산 문제를 드러냈기 때문이다. 아무리 전기차에서 혁신의 아이콘이 되었어도 양산해서 팔지 못하면 소용없다. 주문량에 비해 턱없이 부족한 생산량으로 파산 위기까지 갔다. 생산라인의 문제를 해결하기 위해 일론 머스크는 공장 회의실에 침낭을 두고 자면서, 전체 공정을 보는 모니터로 생산라인에 문제가 생기면 바로 달려가서 의사결정하고 즉흥적으로 문제를 풀었다. 거침없는 그의 성격상 생산라인에서 사람을 해고하기도 하고, 생산 방식을 과감히 혁신하기도 하면서 결국은 주당 5,000대 생산을 실현시켰다. 마치 전쟁터의 야전사령관처럼 침낭에서 먹고 자며, 밤낮으로 공장에서 문제를 해결한 덕분에 테슬라는 위기를 넘어섰다. 이때 자신이 즉흥적으로 내린 결정들에 대해 월터 아이작슨과 인터뷰해서 만든 평전《일론 머스크》에서 그는 이렇게 말한다.

"하루 현장을 다니면서 100개의 지휘 결정을 내립니다. 적어도 그중 20%는 잘못된 결정으로 드러나고, 나중에 다시 수정해야 합니다. 그런데 내가 결정을 내리지 않으면 우린 죽습니다."

리더가 해야 할 가장 중요한 일은 결정이다. 리더가 결정을 주저하고 흔들린다면 그건 인간적인 게 아니라 무능한 것이다. 일론 머스크의 경영 스타일과 리더십을 많은 경영자가 주목하고 따르는 건 지금이 바로 위기, 혁신, 변화가 가득한 시기이기 때문이다.

최고의 리더는 절대 AI에 대체될 수 없다. 사람은 기계가 아니라 사람을 따른다. 아무리 AI가 모든 것을 바꿔놓을 세상이 오더라도, 우리에겐 리더가 필요하고 탁월한 리더십은 더 중요하다. 지금 우리에게 가장 필요한 리더십은 스트롱 리더십이다.

샘 올트먼은
어떻게
강한 리더가
되었는가?

STRONG
LEADER
SHIP

1971년생 일론 머스크, 1985년생 샘 올트먼. 전 세계에서 가장 영향력 높은 두 명의 테크 리더다. 나이는 14년 차이가 나지만, 각기 경영자로서 29년과 19년을 살았다. 지금까지 보여준 경영자, 창업자로서의 성과도 성공적이지만, 앞으로 이들이 보여줄 성과도 많이 남았다. 일론 머스크는 1995년 24세에 첫 창업을 했고, 샘 올트먼은 2005년 20세에 첫 창업을 했다. 둘 다 첫 창업 이후 수많은 창업과 투자를 거치며 세계적 거물이 되었다.

한때 둘은 의기투합했고, 아주 친밀했으며 서로 신뢰했다. 하지만 지금은 서로에게 공개적으로 날선 비판도 하고, 앙숙처럼 보이기도 한다. 그런데 분명한 건 둘 다 과신형 리더이고, 둘 다 경영자로서 스트롱 리더십을 보여주고 있다. AI 비즈니스를 바라보는 관점은 다르지만, 비즈니스를 관통하는 관점이나 리더십은 같다. 강한 자신감으로 자신이 하는 사업을 확신한다. 사람들이 이들을 따르는 가장 큰 이유다.

어떻게 샘 올트먼은 95%의 직원을 따르게 만들었을까?

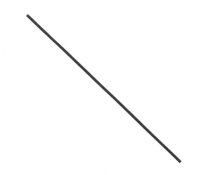

2023년 11월, OpenAI 이사회가 CEO 샘 올트먼을 해임하는 일이 발생한다. OpenAI의 공동창업자이자 CEO이고, AI 산업에서 가장 대표적인 인물이며, 2023년 전 세계를 생성형 AI 열풍에 빠지게 만든 OpenAI의 간판 격인 그를 축출한 것이다. 이사회 멤버 6명 중 4명의 결정이었다. CEO 샘 올트먼이 해임되자, 이사회 의장이자 OpenAI 공동창업자인 그렉 브록만 사장 President도 사의를 표했다. 그렉 브록만은 샘 올트먼과 함께하지 않는다면 OpenAI에 있을 필요가 없다는 입장이었다. 결과적으로 해임 5일 만에 샘 올트먼과 그렉 브록만은 복귀했고, 이사회는 새롭게 구성되었다. 샘 올트먼을 몰아낸 쿠데타가 실패한 셈이다.

그렇다면 도대체 쿠데타가 실패한 이유는 무엇일까? 해임 5일 만에 전격적으로 샘 올트먼이 OpenAI에 복귀할 수 있었던 결정적 이유는 무엇일까? 바로 샘 올트먼에 대한 직원들의 압도적 지지와 마이크로소프트의 전폭적인 지지였다.

샘 올트먼과 그렉 브록만이 나오자마자 마이크로소프트 사티아 나델라 CEO는 이들을 내부 조직으로 합류하도록 전격 제안한다. OpenAI에 110억 달러를 투자한 최대 투자자인 마이크로소프트가 샘 올트먼과 그렉 브록만을 중심으로 AI 연구조직을 만들겠다고 한 것이다. 이에 OpenAI 핵심 인력들이 속속 사의를 표하고 마이크로소프트에 합류하겠다고 선언한다. 전체 직원 770명 중 700명 이상이 이사회 전체가 사임하고 샘 올트먼과 그렉 브록만을 복귀시키지 않으면 그를 따라 마이크로소프트로 가겠다고 의사를 밝혔다. 전체 직원의 95%가량이 리더를 따라 회사를 관두겠다고 한 것인데, 이는 기존 이사회 결정을 무력화하는 강력한 힘이 되었다. 인재들이 다 빠져나가면 OpenAI는 빈껍데기가 되어 존재 가치가 사라질 수밖에 없기 때문이다.

결국 샘 올트먼 해임에 참여한 이사회 멤버인 수석과학자(공동 창업자) 일리아 수츠케버Ilya Sutskever가 자신의 결정을 후회한다며 사과했다. 결국 샘 올트먼은 복귀했고, 마이크로소프트는 샘 올트먼 영입을 없던 일로 해야 했지만, OpenAI와 파트너십을 더 강력하게 하는 계기를 만들었다.

결과적으로 샘 올트먼 축출 사건을 계기로 그의 가치가 확실히 드러났다. 그의 능력과 비전을 강력하게 지지하는 빅테크와 투자자들이 줄을 섰다는 것을 재확인했고, 무엇보다도 그가 직원들에게 강력한 지지를 받는 리더라는 점이 여실히 드러났다.

어떻게 샘 올트먼은 95%의 직원들이 사표를 쓰고 따라가고 싶은 강력한 리더십을 가질 수 있었을까? 그것도 세계 최고의 인재들이다. 지금 가장 인기가 많고, 빅테크에서 러브콜이 쏟아지는 AI 분야 최고 인재들이다. 얼마든지 더 많은 돈을 받고 이직할 수도 있지만, 그들은 샘 올트먼과 함께 OpenAI에서 자신들의 미래이자 AI의 미래를 이끌고 싶어 한 것이다. 그것이 가장 최선의 결과가 될 것이라 판단하기 때문이다. 이건 리더가 가진 능력에 대한 신뢰다. 다정하고 친밀하고 잘 어울리는 리더가 아니라, 유능한 리더가 구성원에게 더 높은 신뢰를 받는다.

조용하지만 강한 리더,
사티아 나델라의
기본기

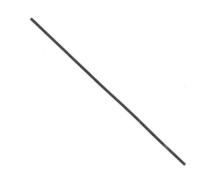

"지난 5일 동안 저는 OpenAI 직원들이 주변에서 일어나는 모든 일에도 불구하고 침착하고 의연하게 임무를 추진하는 것을 보았습니다. 그리고 마이크로소프트의 모든 사람이 우리의 사명에 집중하고 고객과 파트너에게 봉사하며 모든 방법으로 도움을 주기 위해 노력하는 모습을 보았습니다.(These last 5 days, I saw people across OpenAI remaining calm and resolute in driving their mission despite all that was happening around them. And I saw people across Microsoft remain focused on our mission and serving our customers and partners, stepping up to help in every way.)"

OpenAI에서 샘 올트먼 해임과 복귀가 일어난 5일간의 해프닝 후, 사티아 나델라는 묵묵히 자신의 자리를 지키며 해야 할 일을 해낸 사람들을 언급하며 그들의 노고를 치하하는 글을 남겼다. (출처 : X)

Satya Nadella ⦿ 📧
@satyanadella

At the end of the day, the greatest privilege of my job is working with people who are driven by mission. These last 5 days, I saw people across OpenAI remaining calm and resolute in driving their mission despite all that was happening around them. And I saw people across Microsoft remain focused on our mission and serving our customers and partners, stepping up to help in every way. This is what I'm especially thankful for going into the Thanksgiving holiday. Thank you for your resolve and for the work you do each day to advance AI safely and responsibly and distribute its benefits to all of humanity.

12:42 PM · 11/22/23 · 286K Views

510 Reposts 96 Quotes 6.1K Likes 195 Bookmarks

OpenAI에서 일어난 5일간의 해프닝 후, 사티아 나델라가 자신의 트위터에 남긴 글이다. 묵묵히 자신의 자리를 지키며 해야 할 일을 해낸 사람들을 언급하며 그들의 노고를 치하하는 내용이다. 아주 어른스러운 태도이자, 조용하지만 강인한 리더로서의 발언이다. 리더가 중심을 잡아야 조직이 흔들리지 않는다. 테크 업계에서 그가 존경받는 경영자 중 한 명인 이유가 바로 이런 점이다.

마이크로소프트는 첫 번째 CEO 빌 게이츠가 있던 1990년대가 황금기였다. 하지만 두 번째 CEO 스티브 발머가 있던 시기(2000.~2014. 1.)에 경쟁에도 밀리고 트렌드에도 뒤처지며 고전했다. 2014년, 위기 상황에서 CEO가 된 사람이 사티아 나델라다. 당시 마이크로소프트의 가장 큰 문제는 관료화된 조직, 권력투쟁, 사내 정치가 팽배한 조직문화였다.

이 문제를 풀기 위해 사티아 나델라는 회의문화부터 바꿨다.

회의 주제를 분명히 하고, 회의를 위한 사전회의를 하지 말라는 2가지를 원칙으로 삼았다. 회의에 낭비되는 시간을 줄이고, 효율성을 높이기 위해서다. 그 전까진 회의를 한다고 하면 회의용 보고서를 만드는데, 실무자가 만들어 상급자가 검토하고, 그 후 수정보완하고 다시 검토하길 반복하며 에너지와 시간을 쏟는다. 회의하고 보고서 만드느라 정작 진짜 일할 시간이 부족하다. 그리고 필요한 회의는 적게 하고, 불필요한 회의는 많이 하는 경우도 있다.

사티아 나델라는 회의에서 리더가 지켜야 할 3가지 규칙을 만들었다. 리더는 더 들어야 하고(팀원들이 더 말하도록 분위기를 만들어야 하고), 적게 말해야 하고, 때가 되면 결단력 있게 결정해야 한다. 회의는 수다의 장도, 토론의 장도 아니다. 결국 결정이 필요한 시간이다. 결정이 없으면 아무 일도 일어나지 않기에, 리더는 반드시 결정하고 결론을 내려줘야 한다. 당연히 그에 따른 책임도 져야 한다. 조직의 관료주의, 권위주의를 없애고, 자연스럽게 효율성과 생산성, 성과 중심으로 조직문화를 만들었다.

사실 조직의 관료주의와 비효율적 회의문화는 10년 전 마이크로소프트의 문제가 아니라, 일부 한국 대기업은 현재도 풀지 못한 문제다. 삼성전자도 2022년 12월, 경계현 사장이 임직원 소통 행사에서 2023년 목표 중 하나로 회의 시간 줄이기를 언급했다. 회의 시간을 25% 줄이고, 나머지 75% 시간 중 절반은 비대면으로 바꿔서 오가는 시간을 낭비하지 않도록 하겠다고 설명했다. 시작은 회의 시간 줄이기지만 결국은 노동생산성 향상과 효율성 증대, 성과 중심의 평가/보상 등일 수밖에 없다.

결과적으로 사티아 나델라가 취임한 2014년 2월 대비 2024년 1월의 주가는 11배 정도 높아졌다. 연매출도 3배 가까이 높아졌다. 지난 10년간 마이크로소프트는, 그 이전 10여 년간의 부진에 비해 완전히 부활해서 새로운 전성기를 이어가고 있다. 2030년까지 연매출을 현재의 2배가 넘는 5,000억 달러로 만들겠다는 목표를 세운 것으로 2023년 6월에 알려졌는데, 클라우드 서비스와 AI 사업이 핵심 성장 동력이다. AI에 적극 투자하고 OpenAI를 파트너로 확보한 건 마이크로소프트에는 최고의 결정이었다. 화려하진 않지만, 사티아 나델라는 늘 묵묵히 결과를 만들어낸다. 진짜 강한 건 기본을 지키는 리더다.

빅테크가 주도하는
AI 비즈니스에서의
초격차 전략

시가총액 1조 달러 이상의 기업은 마이크로소프트, 애플, 알파벳(구글), 아마존, 엔비디아, 메타 등 6개다. 이들 모두 2023년 주가 상승률이 높았다. 연간 상승률 순으로 보면, 엔비디아 237%, 메타 193%, 아마존 77%, 알파벳(구글) 58%, 마이크로소프트 57%, 애플 48%다. 공교롭게도 AI의 필수인 GPU 시장의 1위 엔비디아, LLM 개발과 오픈소스 전략, 가장 적극적인 내부 투자를 한 메타, 또 다른 AI의 필수인 클라우드 시장의 1위 아마존, 그리고 전통적인 AI 강자이자 클라우드 시장의 3위 알파벳, AI 시장의 스타기업 OpenAI와 강력한 관계이고 클라우드 시장은 2위인 마이크로소프트 순서다. 빅테크 중 늘 첫 번째로 꼽히던 애플은 AI 열풍이 주도한 2023년 주식 시장에선 수혜자가 아닌 셈이다.

마이크로소프트는 OpenAI를 통해, 알파벳(구글)과 메타는 자체 개발을 통해 AI 산업을 선도하고 있고, 아마존, 마이크로소프트, 구글은 클라우드 서비스를 통해, 엔비디아는 GPU를 통해 각기 AI 산업의 주도권을 행사하고 있다. 6개 빅테크 중 애플을 제외한 5개가 AI 산업을 이끌고 있다고 해도 과언이 아니다.

이들은 막강한 자금력으로 AI 스타트업 투자도 주도한다. 미국 투자 회사 Altimeter Capital에 따르면, 2023년 마이크로소프트, 구글, 아마존, 엔비디아 등 4개 회사가 데이터 및 AI 스타트업에 230억 달러를 투자했다. 피치북Pitchbook 데이터에 따르면, 2023년 생성형 AI 스타트업이 투자받은 270억 달러 중 60% 이상이 마이크로소프트, 구글, 아마존에서 나왔다. 모건스탠리에 따르면, 2023년 생성형 AI 스타트업이 민간 시장에서 조달한 자금 중 90%가 기업이 투자한 것이다. 여기서도 마이크로소프트, 구글, 아마존, 엔비디아 중심으로 언급된다. 확실히 시가총액 1조 클럽 6개사 중 이들 4개사가 두각을 드러낸다. 여기에 하나 더 추가하면 CRM 시장 세계 1위로 클라우드 서비스와 CRM에 AI를 적용하는 세일즈포스도 있다. 이들 5개 빅테크가 투자한 주요 AI 스타트업은 다음과 같다.

가장 많은 투자를 받은 곳은 OpenAI다. 하지만 5개 빅테크 중 마이크로소프트에서 독점적으로 받았다. OpenAI와 마이크로소프트는 긴밀한 관계이며, 마이크로소프트는 OpenAI의 생성형 AI를 자사의 모든 소프트웨어와 서비스에 적용하고 있다.

2023년 1월, OpenAI가 마이크로소프트에서 100억 달러를 투자받을 때 기업가치를 290억 달러로 평가받았다. 2023년 12월 OpenAI의 기업가치는 1,000억 달러로 평가받았다. 1년 새 3.4배 증가한 것이다. OpenAI의 2023년 매출은 15억 달러 이상이다. 앞으로도 OpenAI와 마이크로소프트는 긴밀한 관계를 유지할 것이다. 이건 샘 올트먼과 사티아 나델라가 서로에게 보여준 신뢰이자, 서로의 필요 때문이다.

OpenAI의 경쟁사로 꼽히는 곳이 앤트로픽Anthropic, 인플렉션 AIInflectionAI, 코히어Cohere 등인데, 앤트로픽에는 구글, 아마존, 세일즈포스가 투자했다. 인플렉션AI에는 엔비디아와 마이크로소프트가, 코히어에는 엔비디아와 세일즈포스가 투자했다. 통합 데이터 및 AI 플랫폼을 지향하는 데이터브릭스Databricks에는 마이크로소프트, 구글, 아마존, 엔비디아, 세일즈포스 모두가 투자했다.

세계 최대 규모의 오픈소스 AI 플랫폼인 허깅페이스Hugging Face는 AI 모델 분야의 깃허브GitHub라고 할 수 있다. 여기엔 5개 빅테크 중 구글, 아마존, 엔비디아, 세일즈포스가 투자했다. 깃허브를 소유한 마이크로소프트만 빠졌다. 런웨이Runway에는 구글, 엔비디아, 세일즈포스가 투자했고, 임뷰Imbue에는 아마존과 엔비디아가 투자했다. 이처럼 빅테크들이 AI 스타트업 투자를 주도하고 있다. 벤처캐피털이 아니라 빅테크가 AI 스타트업 투자를 주도하는 건 투자 수익 때문이 아니다. AI 시장을 선점하기 위해서다.

투자받은 AI 스타트업들은 클라우드 서비스도 필요하고, AI

회사	엔비디아	마이크로소프트	세일즈포스	구글	아마존	투자 금액
OpenAI		●				130억 달러
앤트로픽			●	●	●	72억 5,000만 달러
데이터브릭스	●	●	●	●	●	41억 8,000만 달러
인플렉션AI	●	●				15억 3,000만 달러
미스트랄			●			5억 2,800만 달러
코히어	●		●			4억 4,500만 달러
어뎁트	●	●				4억 1,500만 달러
허깅페이스	●		●	●	●	3억 9,500만 달러
런웨이	●		●	●		2억 3,700만 달러
임뷰	●				●	2억 1,200만 달러

(출처: Bloomberg News & Pitchbook)

GPU도 필요하다. 이들 빅테크로선 투자를 통해 고객을 확보하는 것이기도 하다. 스타트업의 기술과 자사의 기술 및 서비스와의 연동이자 확장을 통해, 시장 전체의 지배력을 높이는 방법이기도 하다. AI 스타트업으로서도 운영 자금과 인프라를 제공받고, 안정적인 파트너를 확보하는 건 필요하다. 서로 윈윈이 되는 셈이다. 빅테크는 AI 스타트업을 인수합병하지 않고 투자를 한다. 반독점 규제는 피하고, 협력 관계를 통한 시너지를 확보하는 것이다.

특히 엔비디아는 자사의 제품을 사용하지 않는 스타트업에는 투자한 적이 한 번도 없었고, 엔비디아 기술을 사용하고 엔비디아 기술을 기반으로 비즈니스를 구축하는 회사에 투자한다는 원칙을 밝혔다. 엔비디아는 2023년에 전년보다 10배 이상의 금액을 스타트업에 투자했고, 이들 모두 엔비디아의 GPU와 소프트웨어를 쓰는 고객사이기도 하다.

엔비디아의 투자를 받고 파트너십을 맺은 코어위브CoreWeave는 AI 서버용 GPU인 H100을 클라우드 서비스 빅 3인 아마존, 마이크로소프트, 구글과 함께 출시와 동시에 가장 먼저 출하받은 기업이기도 하다. 덕분에 2023년 급성장했다. 인플렉션AI는 2023년 6월에 엔비디아에서 투자를 받았는데, 직후에 H100을 2만 2,000개 공급받았다. H100은 돈이 있어도 못 사는 제품이기도 하고, 철저히 공급자인 엔비디아가 주도하는 시장이다.

전체 GPU 시장에서 엔비디아는 점유율 80% 이상인데, 특히 데이터센터 서버에 들어가는 GPU 시장에선 최대 98% 점유율도 기록했다. 조사기관 웰스파고리서치에 따르면, 2023년 데이터센터용 GPU 시장의 매출 점유율은 엔비디아가 98%였고, 2024년에 94~96% 정도가 될 것으로 예측했다. 이런 압도적 독점 체제가 가능한 건 CEO 젠슨 황이 AI 반도체 시장의 미래를 먼저 보고, 선제적으로 과감하게 투자하고 대응한 덕분이다. 그는 AI 반도체 시장 지배력을 이용해 AI 산업에서의 주도권도 잡으려 한다.

엔비디아는 유럽의 OpenAI로 불리는 프랑스의 미스트랄Mistral에도 투자하며 유럽 시장을 확대하고 있고, AI 기반의 신약 개발 기업 수퍼루미날메디슨Superluminal Medicines에도 투자하며 AI의 기술 적용 범위를 확장해 고객군 확대도 도모한다. 모든 산업에서 AI 기반으로 연구하고 상품을 만들어내려 한다면, 결국 AI 서버용 GPU 수요는 더 늘어날 수밖에 없기 때문이다.

결국 빅테크들은 자체적인 AI 연구를 통해 시장을 주도하는 것과 함께, AI 산업의 유력 주자들과 긴밀한 관계를 만들어 AI 산업이 만들어낼 비즈니스 기회를 장악하려 한다. 지금도 이미 우월적 지위인데, AI 비즈니스에서의 초격차를 만들어 미래에도 빅테크의 영향력을 이어갈 생각이다.

마크 저커버그는 2024년 1월, OpenAI, 구글처럼 메타도 일반 인공지능AGI(인간처럼 추론하고 지적 업무가 가능한 AI) 개발을 목표로 한다고 밝혔다. 기존의 AI 언어모델 라마와 같은 경량화 기조를 넘어 초거대 AI 경쟁에 뛰어든다는 의미다. 메타는 엔비디아가 만든 최고 성능의 AI 서버용 GPU H100(개당 4만 달러)을 2023년에 15만 개 정도 구입한 것으로 알려졌다. 그런데 마크 저커버그가 2024년에는 2배 늘려 H100 34만 개 이상을 구매하고, 기타 AI 칩과 합쳐 총 60만 개의 GPU를 구축하겠다고 했다. 결국 경쟁력은 GPU와 인재를 누가 더 많이 확보하느냐에 달렸다. 클라우드 서비스도, GPU 칩 개발도 하지 않는 메타로선 앞선 5개 빅테크들처럼 AI 스타트업에 투자하며 그들과 관계를 구축할 이유가 없다. 그러니 외부가 아니라 내부에 적극 투자하고 있다.

AI 서버용 GPU H100을 많이 확보한 상위 기업들이 결국 AI 비즈니스에서도 주도권을 가질 수밖에 없는데, 2023년에 H100을 가장 많이 확보한 회사는 메타와 마이크로소프트다. 이들이 각기

15만 대씩을 구매했다. 뒤이어 구글과 아마존, 오라클, 텐센트 등이 각 5만 대, 코어위브가 4만 대, 바이두 3만 대, 알리바바 2만 5,000 대 순이었고, 테슬라도 1만 5,000대를 확보했다고 한다. 여기서도 순서로 보면 메타, 마이크로소프트, 구글, 아마존 등 4개가 제일 앞선다.

빅테크 중 유독 애플의 행보만 조금 느리고, 상대적으로 소극적이다. 애플은 자체 대규모 언어 모델Large Language Model, LLM 에이젝스를 개발했고, 챗GPT 같은 챗봇 서비스도 구축했고, 아이폰과 애플 앱에 AI 기술을 통합하려는 계획도 있지만, 확보하고 있는 AI 서버 규모도 적고, 마이크로소프트, 메타, 구글 등에 뒤처진 건 사실이다. 인프라 투자와 인력 확보에 막대한 자금을 투자해야 하지만 애플은 가장 보수적이다.

AI 열풍에 살짝 비켜나 있는 애플이지만, 그럼에도 2023년 시가총액은 1조 달러 늘어 3조 달러가 되었고, 연매출은 4,000억 달러에 육박할 정도고, 순이익도 1,000억 달러 정도다. 심지어 아이폰 매출만 2,000억 달러 이상으로 마이크로소프트 전체 매출과 비슷했다. 애플의 현재는 아직 건재하다. 하지만 마이크로소프트의 시가총액이 3조 달러가 되고, 순위에서도 애플에 앞서기 시작했다. 현시점에서 미래 가치는 마이크로소프트가 우위다. 현재 AI 산업에서 마이크로소프트는 주도권을 쥔 선도그룹에 있고, 애플은 그렇지 못하다. 애플과 마이크로소프트의 미래에서 2022~2024년 AI를 둘러싼 리더의 결정들이 미칠 영향은 분명히 클 것이다.

왜 샘 올트먼은
AI 칩을
만들려고 하는가?

AI 기술이 모든 비즈니스를 장악할 날이 올 것이다. AI가 가장 큰 미래 산업이 될 것이다. 여기에 최고의 기업이 나서고, 엄청난 글로벌 자본이 투입되고, 최고의 인재들이 뛰어든다. 그런데 AI가 만들 미래 산업을 위해 가장 기본적으로 갖춰야 할 환경이 클라우드 컴퓨팅 서비스와 AI 칩(GPU)이다. 이 두 가지가 없으면 AI 기술을 개발하지도, 활용하지도 못한다. 골드러시 때의 청바지와 곡괭이 같은 상품인 것이다.

AI 기술에서 앞서가는 OpenAI지만, 당장 큰 돈을 번다기보다 막대한 돈을 투자하고 있는 상황이다. 클라우드 서비스 이용과 GPU 확보에 돈을 계속 쏟게 된다.

엄밀히 AI 기술을 주도하고 AI 열풍을 이끈 건 OpenAI지만, 실리는 클라우드 서비스와 GPU 생산 기업이 보고 있다. 전 세계 클라우드 서비스 시장의 점유율(2023년 3분기 기준)은 아마존 AWSAmazon Web Service 31%, 마이크로소프트 애저 25%, 구글 클라우드 10%로 빅 3가 전체 2/3 정도 차지한다. 이들 빅 3의 점유율이 분기에 따라 조금씩 변동하긴 해도, 빅 3가 전체의 2/3를 유지하는 건 아직 변함없다. 그다음으로 알리바바, IBM, 세일즈포스, 오라클, 텐센트 등이다.

클라우드 시장엔 무수한 경쟁사가 존재한다. 반면 GPU의 독보적 원탑이 엔비디아다. GPU 공급이 수요보다 크게 부족하다 보니 AI 기업에선 수급이 문제다. 결국 AI 기술 진화나 관련한 제품과 서비스 개발의 속도가 빨라지지 않는 문제가 생긴다. 엔비디아에 의존도가 높다 보니 눈치를 봐야 한다. 이미 마이크로소프트, 구글, 아마존 등이 AI 칩 자체 제작에 나섰다. 삼성전자, SK하이닉스도 이 시장을 두고 AI 칩을 개발 중이다. 물론 엔비디아의 기술력 우위와 시장 지배력으로 단기간에 엔비디아 의존도를 낮추기는 쉽지 않다. AI 칩 개발을 위해선 TSMC의 첨단 미세공정 시스템 반도체와 패키징 생산 능력, 삼성전자와 SK하이닉스의 HBM 메모리 반도체 물량도 확보해야 하는데, 이것도 가장 유리한 건 엔비디아다.

2024년 1월 말, 샘 올트먼이 방한해 삼성전자 반도체 사업을 총괄하는 DS 부문 경계현 사장, 최시영 파운드리 사업부 사장, 이정배 메모리사업부 사장 등을 만났고, SK그룹 최태원 회장과 SK하이닉스 경영자를 만났다. 직전에는 AI 칩 제조공장 설립에 필요한 자금을 유치하기 위해 중동의 여러 국가에 들러 협의하는 등 대형 투자자들과 투자금 유치를 추진하고 있다.

샘 올트먼에겐 삼성전자, SK하이닉스 같은 주요 반도체 제조사의 협력이 필요하고, 이들에게 투자금 유치도 필요하다. 분명한 건 OpenAI가 주도하는 AI 칩 동맹 구축이 성사되고, 엔비디아의 독점 상황을 해체시키게 된다면 엄청난 비즈니스 성과가 만들어진다는 점이다. 엔비디아의 위기 혹은 OpenAI의 기회, 어떤 결과가 될지는 두고 볼 일이지만, 젠슨 황과 샘 올트먼의 리더십 격돌도 두고 볼 일이다.

엔비디아가 2022년 10월에 출시한 H100은 AI 서버용 그래픽 처리장치GPU로, 2022년 11월 챗GPT가 촉발한 AI 열풍에 힘입어 품귀 현상을 겪으며 대당 가격 2만 5,000달러가 시장가 4~5만 달러로 폭등했다. 돈을 줘도 구하지 못할 정도로 수요가 공급을 훨씬 능가했으며, H100 GPU 확보가 AI 경쟁력을 좌우한다고 할 정도다. H100(9세대 모델)이 나오기 전까지 AI 서버용 GPU 시장을 독점해온 A100(8세대)도 판매가 증가했다. 엔비디아의 전체 매출 중 GPU를 기반으로 하는 데이터센터 매출 비중이 80% 이상이다. 엔비디아는 매출, 시가총액 모두 역대 최고를 기록했다. 2023년 AI 열풍의 최대 수혜자인 것이다.

H100, A100 등 엔비디아의 AI GPU는 2023년 150만 대 정도 판매되었고, 2024년에는 최대 200만 대 판매가 예상된다. 엔비디아는 2024년 3월 18일, 개발자 콘퍼런스인 GTC 2024에서 H100의

성능을 뛰어넘는 차세대 AI 칩 B100을 공개하며 자신들이 시장의 주도자임을 확인시켜줬다. AI 산업이 커질수록 GPU 시장도 계속 커진다. 엔비디아와 함께 GPU 시장을 양분하고 싶어 하는 이들이 많을 수밖에 없다. 엔비디아의 기술력을 단기간 따라가기는 쉽지 않지만 도전해볼 시장임은 분명하다. 샘 올트먼도 그중 하나다. 골드러시에서 금도 캐고, 곡괭이와 청바지도 팔고 싶어 하는 것이다.

AI 칩 시장에서 샘 올트먼이 어떻게 공격하는지, 젠슨 황이 어떻게 방어하는지 지켜보는 것도 흥미로운 관전 포인트다. AI 칩 시장에서 빅테크들의 행보, 반도체 제조 기업들의 행보도 지켜봐야 한다. 이들 각각의 행보와 상호 협력, 충돌, 견제, 경쟁 등이 AI 산업 전반에서 어떻게 작용하는지가 수많은 산업에 직간접적 영향을 미칠 수밖에 없기 때문이다.

샘 올트먼이 꼽은
자신의 성공 비결
: 지나친 자기 믿음

샘 올트먼이 2019년 블로그에 올린 글 '성공하는 방법How To Be Successful'이 흥미롭다. 그는 수천 명의 창업자를 관찰하면서 찾은 성공 방법을 13가지 제시했는데, 그중 가장 인상적인 것이 '지나친 자기 믿음too much self-belief'이다. 바로 과신형 Overconfidence 리더십을 말한 것이다.

자기 신념은 엄청나게 강력하고, 자신이 아는 가장 성공한 사람들은 망상에 가까울 정도로 자신을 믿는다고 했다. 그러면서 예로 든 것이 일론 머스크가 자신을 데리고 스페이스X 공장에 갔던 일이다. 로켓의 모든 부품 제조에 대해 자세히 설명하고 화성에 로켓을 보내는 얘기를 할 때, 일론 머스크의 표정은 절대적 확신에 찬

샘 올트먼이 2019년 블로그에 올린 글 '성공하는 방법'. 수천 명의 창업자를 관찰하면서 찾은 성공 방법 13가지를 제시했다. (출처: blog.samaltman.com)

모습이었다고 한다. 야망이 큰 사람일수록 세상의 공격을 많이 받는다. 혁신은 완성되었을 때 비로소 사람들이 인정하는 것이지, 과정에선 반신반의하고 비판도 많이 한다. 이럴 때 스스로를 믿지 못하면 미래를 현실로 만들어내는 것도 혁신도 불가능하다. 과거의 자신은 비판받는 것을 싫어하고 적극적으로 회피하려고 했지만, 이젠 자신이 확신하는 일에 대해선 힘들더라도 적극적으로 행동하려고 노력한다고 했다. 이것이 자기 믿음이라고 했다.

　자신을 믿는 건 지나쳐도 되고, 이것이 자신에게 동기부여가 되고, 자신을 따르는 사람들에게는 사기진작이 된다. 자기 신념을 가진 사람은 다른 사람을 설득하기도 쉽다. 비즈니스에서 설득은 곧 영업이고, 비즈니스 기회 창출이다. 그가 제시한 성공 방법은 결국 그가 실천하는 것이기도 하다.

성공한 사람들은 다들 자신감에 넘친다. 성공했기에 자신감이 생긴 게 아니라, 자신감이 무기가 되어 성공을 이끌어낸 것이다. 자신감은 자신의 생각, 자신의 능력을 확고하게 믿는 것에서 출발한다. 특히 기업의 리더는 사업 비전에 대한 확신이 무엇보다 중요하다. 성공하기 전까지의 과정에선 고달프고, 불안함도 크다. 결국 이 과정을 조직구성원들이 견디고 이겨내려면 리더가 가진 확신을 조직 전체가 공유해야 한다. 리더가 확신이 없다면 구성원은 결코 확신하지 못하고, 사기도 떨어진다. 당신이 지금 하는 사업이 성공하리라고 확신하는 것에서 강한 리더십이 시작된다. 강한 리더에겐 슈퍼 자신감이 있다.

샘 올트먼은 경영자, 스타트업 창업자, 프로그래머, 엔젤투자자, 억만장자, 정치운동가다. 샘 올트먼은 스탠퍼드대학교 컴퓨터공학 전공을 1년 만에 자퇴하고, 2005년 20세 때 위치기반 소셜 네트워크 루프트Loopt를 공동창업해 CEO가 되었고, 2008년 <비즈니스위크 매거진>이 선정한 '최고의 젊은 혁신 기술 기업가'에 이름을 올리기도 했다. 미국 최대 규모의 스타트업 액셀러레이터 기업 와이 콤비네이터Y Combinator에 2011년에 파트타임 파트너로 합류해, 28세인 2014년에 대표를 맡아 5년간(2019년까지) 활동했다. 그가 대표로 있는 동안 투자해서 큰 성공을 거둔 스타트업이 에어비앤비, 스트라이프, 드롭박스, 도어대시, 코인베이스 등이고, 그가 엔젤투자자로서도 에어비앤비, 레딧, 스트라이프, 핀터레스트 등의 초기 펀딩에 참여해 큰 돈을 벌었고, 2015년 <포브스>가 선정한 '30세미만의 최고 투자자'에 뽑히기도 했다.

심지어 그는 2018년 캘리포니아 주지사 출마설이 있었고, 2018년 주택 및 의료 정책 수정에 초점을 맞춘 정치운동인 유나이티드 슬레이트United Slate 캠페인을 주도했고, 2019년 민주당 대통령 후보 앤드루 양을 위한 모금행사를 열었고, 2020년 조 바이든 민주당 대통령 후보를 지지하며 25만 달러를 기부했다. 기본소득을 지지하며, 이를 위해 암호화폐 월드코인Worldcoin을 만들기도 했다.

핵융합에너지를 연구하는 헬리온에너지Helion Energy의 초기 펀딩에 투자했으며, 현재 이사회 의장이다. 재생에너지기업 오클로Oklo의 이사회 의장이기도 하다.

그의 행보가 일론 머스크와 방향성에선 차이가 있어도, 거침없이 확장하며 자기 목소리를 내고 자신의 신념을 현실로 바꿔가는 건 비슷하다.

2015년, 일론 머스크, 샘 올트먼이 주도해 구글의 인공지능 사업에 대항해, 안전한 AGI 개발을 지향하는 목적으로 만든 비영리 회사가 OpenAI 다. 스트라이프Stripe의 공동창업자이자 CTO 그렉 브록만, 와이 콤비네이터의 설립파트너 제시카 리빙스턴, 링크드인 공동설립자 레이드 호프먼, 페이팔 공동설립자 피터 틸, 구글 브레인의 연구원으로 알파고 개발을 주도하던 일리아 수츠케버 등이 초기에 합류했다. 이들의 면면을 보면 일론 머스크, 샘 올트먼과 인연이 있다. 두 사람은 확실히 인재를 끌어모으는 능력이 있다. 두 사람이 주도해서 설립하고, 두 사람이 공동의장이 된 건 우연이 아니다.

분명 시작은 돈이 목적이 아니라, 안전한 AGI 개발과 인류를 위한 인공지능 개발이 목적이었다. 하지만 목적이 어떻든 연구에는 막대한 돈이 든다.

OpenAI는 10억 달러의 기부금을 바탕으로 비영리 회사로 시작했지만, 연구 자금은 계속 더 필요했다. 공동창업자 중 한 사람인 일론 머스크가 견해를 달리하며 회사를 나가고 약속한 투자금도 넣지 않아 어쩔 수 없이 마이크로소프트에서 10억 달러를 투자받으며 자회사 형태로 영리회사를 만들어 운영하고 있다. 비영리 회사가 모회사이고 영리회사가 자회사다. 곧 비영리 회사의 이사회가 영리회사를 지배하는 독특한 지배구조다. 2023년에 마이크로소프트는 100억 달러를 추가로 OpenAI에 투자했다. 마이크로소프트의 사티아 아델라 CEO는 AI가 비즈니스의 미래라고 확신하고 AI에 올인하는 중이다. 그렇다고 OpenAI가 돈을 댄 마이크로소프트에 종속적 관계가 아니다. 적당한 거리를 두고 있다. 이런 모든 것이 샘 올트먼의 역할이자 역량이다.

당신은 누구와 일하고 싶은가?
: 샘 올트먼의 직원 채용 기준 3가지

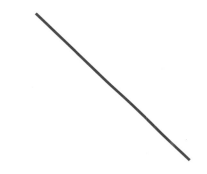

와이 콤비네이터Y Combinator가 스탠퍼드 대학교에서 운영하는 스타트업 스쿨Startup School에서 샘 올트먼이 강연한 '스타트업을 시작하는 방법How to Succeed with a Startup'◆에 흥미로운 얘기가 있다. 훌륭한 공동창업자이자 유능한 직원과 함께 하는 것이 스타트업에서 가장 중요한 일이라고 말하면서, 창업자는 채용에 자신의 시간 50% 이상을 투자해야 한다고 했다. 대기업은

◆ 강연 영상 원문은 와이 콤비네이터의 유튜브 채널(www.youtube.com/@ycombinator)에 있는 'Sam Altman-How to Succeed with a Startup(2018. 8. 30.)'이다.

샘 올트먼이 강연한 '스타
트업을 시작하는 방법'.
(출처 : 유튜브)

평범한 직원을 뽑아도 망하지 않지만 스타트업은 회사가 망할 수 있다면서, 자신이 직원을 채용할 때의 기준 3가지를 제시했다.

샘 올트먼이 직원을 채용할 때의 기준 3가지

첫째, 똑똑한가?
둘째, 일을 완수할 수 있는가?
셋째, 함께 많은 시간을 보내고 싶은가?

샘 올트먼은 이 3가지를 충족하는 사람을 고용한다고 했다. 그리고 이 3가지는 서류나 면접만 봐선 모르고, 함께 하루이틀 정도 프로젝트를 진행해봐야 안다고 했다. 사실 이건 놀라운 비밀이라기보다 지극히 당연한 얘기다. 채용뿐 아니라, 함께 일하는 조직문화에서 중요하게 다룰 부분이기도 하다.

수천 개의 스타트업을 키워낸, 세계 최고의 스타트업 액셀러레이터로 불리는 와이 콤비네이터 대표President의 인재 채용에 대한 생각이기 때문에 더 새겨들어야 하는데, 이건 스타트업이 아니라 대기업이어도 필요한 얘기다. 새로운 사업을 전개하고, 발 빠르게 시장 상황과 변화에 대응해야 할 조직이라면 마찬가지이기 때문이다.

3가지 기준을 다음과 같이 바꿔도 좋다.

첫째, 내 동료가 자신이 맡은 역할을 잘 수행할 만큼 똑똑한가? 유능한가?

둘째, 내 동료가 자신이 맡은 역할을 잘 마무리하고, 책임을 다하는가?

셋째, 내 동료가 함께 많은 시간을 보내도 좋을 사람인가?

그리고 이 기준을 자신에게도 적용해야 한다.

첫째, 나는 지금 맡은 역할을 잘 수행할 만큼 똑똑한가? 유능한가?

둘째, 나는 지금 맡은 역할을 잘 마무리하고, 책임을 다하는가?

셋째, 나는 동료들에게 함께 많은 시간을 보내도 좋을 사람으로 여겨지는가?

맹목적 복종과
충성의 시대는 끝났다
: 능력으로 장악해야!

　　이제 한국 기업에서도 맹목적 복종과 충
성의 시대는 완전히 끝났다. 5060대라면 여전히 과거의 잔상이 많
이 남아 있겠지만, 2030대에겐 없다. 버린 것이 아니라 애초에 그
들에겐 권위에 따르는 맹목적 복종과 충성이 없다. 이런 상황에서
2030대를 눈치 보는 리더들이 많다. 그들을 능력으로 장악하지 못
해서 눈치를 보는 것이다. 과거의 성공을 떠벌리는 라떼 꼰대 리더
가 아니라, 현재와 미래를 얘기하는 리더, 계속 더 도전하고 진화하
며 조직과 구성원을 성장시키는 리더를 누가 따르지 않겠나? 이런
리더는 실질적인 이득을 준다.

　　강한 리더가 필요한 시기는 위기에 빠지거나 빠르게 진화할

때다. 위기에 빠질 때도 신속하고 과감한 대응과 결단이 필요하고, 빠르게 진화하며 기회가 만들어질 때도 신속하고 과감한 대응과 결단이 필요하다. 이럴 때일수록 리더의 의사소통 능력이 필요하다. 리더의 의사소통은 화려한 언변을 말하는 게 아니다. 현 상황이나 위기를 솔직하고 투명하게 공유하고, 이를 해결할 대안과 비전을 명확하게 제시해야 한다. 구성원들이 리더를 따르게 만드는 건 위기를 돌파할 강력한 태도와 책임성, 신뢰, 그리고 비전이다.

리더의 신뢰는 어떻게 쌓일까? 신뢰는 그럴듯한 말이나 쇼로 한번에 얻어지는 것이 아니다. 행동으로, 결과로 조금씩 쌓여가며 단단해진다. 신뢰에서 투명성은 필수다. 조직 내부에서만 투명할 게 아니라, 고객과의 관계에서도 투명해야 한다. 투명성은 다른 말로 하면 책임성이다. 그리고 강한 리더는 공부를 멈추지 않는다. 자신이 틀릴 수 있다는 생각을 할수록, 더 공부하고 계속 진화한다.

2023년 12월, SK그룹을 이끄는 SK SUPEX추구협의회에 최태원 회장에 이어 새로운 의장이 된 최창원 부회장의 리더십에 대해 명상 경영, 인격 경영, 겸손 리더십 같은 말로 언론에서 조명하는데 사실 내용을 들여다보면 강한 리더십이다.

SK그룹에서 밝힌 내용을 보면, 최창원 부회장은 매일 새벽 4시에 일어나 명상을 하고, 오전 6시 40분까지 사무실에 도착한다. 오전에 하는 임원 회의도 시간을 앞당겨 오전 7시부터 시작한다. 임원들의 금요일 유연 근무제를 반납하고, 토요일 사장단 회의는 부활시켰다. 계열사 간 중복 투자 현황도 파악하게 했다. 차량은 수입차가 아니라 국산차를 선택하고, 최고위 임원을 위한 전용 엘리베이터를 타지 않고 직원 엘리베이터를 탄다. 가장 높은 리더가 권위를 내려놓고 위기경영을 위해 솔선수범하는데 경영진들도, 직원들도 변화할 수밖에 없다.

직원 간담회에선 신호와 소음을 구분해, 신호를 향해 용기 있게 나가야 한다며 '실사구시實事求是'를, 매일 성장하기 위해 노력해서 훌륭한 프로페셔널이 되어달라며 '일신우일신日新又日新'을 강조하기도 했다.

직장 생활은 술 안 먹어도 능력 있고 성실하면 된다고도 얘기했는데, 이런 메시지들은 결국 직원의 기본이자 기업의 기본을 강조한 것이다. 성장과 성과, 능력이 바로 기본이다. 불확실성과 위기, 변화의 시기에 기업이 내실을 다지고, 성공 가능한 사업 위주로 재편하고 구조조정도 하겠다는 메시지다.

위기에는 변화가 필요하다. 위기의 기업도, 혁신이 필요한 기업도 인재가 더 필요하고, 인재를 이끌고 기회를 창출할 강력한 리더가 필요하다. 지금 이 시대의 강한 리더는 옛날의 강한 것과는 질적으로 다르다. 강한 리더를 떠올리며 조직 장악력, 카리스마, 큰 목소리, 권위가 떠올랐다면 당신은 과거에 머물러 있다. 관성을 지워라. 과거가 아니라 현재를 살고 미래를 지향해라.

강한 리더는 유능한 리더다. 리더가 유능하고, 자기 확신을 조직 전체로 확산시킬 때, 조직구성원들은 각자의 역할에 집중한다. 조직을 하나로 만드는 건 모두가 같은 일을 하는 게 아니다. 모두가 충성 구호를 외치는 것도 아니다. 오직 각자가 맡은 역할을 최고로 수행하는 것, 그에 따라 조직의 목표를 위해 성장해가는 것이 바로 조직을 하나로 만드는 것이다. 이를 위해 가장 필요한 것이 리더의 각성, 리더의 진화다.

강한 리더가 되려면
격투기를
배워야 할까?

STRONG
LEADER
SHIP

강하다는 말에서 드러나는 가장 직관적인 이미지가 체력, 전투력 같은 게 아닐까? 리더에게 체력은 아주 중요하다. 정신력만큼 중요하다. 비즈니스는 치열한 전쟁과도 같고, 경영 리더는 수시로 전투를 치르는 장수다. 그런 점에서 격투기나 고강도 운동은 체력과 정신력, 승부욕과 집중력을 키우는 데 도움이 된다.

바쁜 시간을 쪼개서 운동하고, 건강 관리, 체력 관리하는 건 리더의 기본이다. 강한 리더의 필수 조건이 격투기는 아니지만, 강한 체력은 필수 조건이 맞다. 흥미로운 건 실리콘밸리 테크 기업의 경영진이나 리더들이 격투기나 고강도 운동에 대한 관심이 최근 들어 크게 늘어났다는 점이다. 왜 그럴까? 어떤 계기, 어떤 이유가 있을까?

일론 머스크 vs 마크 저커버그, 격투기 대결의 진짜 의도는 무엇일까?

세계 부자 순위 1위와 5위가 격투한다고 생각해보라. 사람들이 제일 좋아하는 게 싸움 구경인데, 세계적 기업의 경영자이자 세계 최고 부자들이 주먹다툼을 한다면 얼마나 재미있겠는가? UFC 회장까지 나서서 대결이 성사되면 격투기 역사상 최고 금액인 10억 달러를 벌어들일 수 있는 싸움이라고 부추겼고, 격투기 선수들도 누가 더 유리할지 분석하고, 둘 다 격투기 훈련하는 사진과 영상을 공개하며 분위기를 고조시켰다.

일론 머스크는 UFC 챔피언 출신인 조르주 생 피에르와 훈련한 사진을 트위터에, 마크 저커버그는 UFC 챔피언 이스라엘 아데산야, 알렉산더 볼카노프스키와 훈련한 사진을 인스타그램에 공개

2023년, 세계 부자 순위 1위 일론 머스크와 5위 마크 저커버그가 격투기를 한다고 해서 몇 달간 뉴스와 인터넷을 뜨겁게 달궜다. (출처 : 유튜브)

했다. 둘의 부모나 가족이 싸움을 말리는 인터뷰가 나오자 사람들은 더 실감하게 되었고, 전 세계 언론은 둘이 앙숙이라며 둘의 대결 얘기를 트래픽 많이 일으키는 콘텐츠로 여겨 계속 쏟아냈다. 정말 그 둘은 피 끓는 사내로서 진짜 현피를 원했을까?

　2023년, 싸운다는 얘기만 수없이 하며 뉴스와 인터넷을 몇 달간 뜨겁게 달궜지만 그들은 2024년이 되어서도 싸우지 않았다. 싸울 마음이 전혀 없다는 게 맞을 것이다. 이 둘에게 격투기 대결은 피 끓는 남자들의 혈기 왕성한 감정 다툼이 아니라, 비즈니스 이해관계에 따라 적절히 계산된 행동일 가능성이 크기 때문이다. 싸우지 않고서도 이겼다. 싸운다는 말만 했음에도 그들은 이득을 봤다.

그렇다면 이 둘의 격투 얘기가 번져가며 가장 수혜를 본 사람은 누구일까?

바로 스레드Threads와 X(트위터)다. 둘의 결투 얘기가 고조되는 시점에서 스레드는 서비스를 런칭했고, 트위터도 X로 이름을 바꿨다. 결과적으로 스레드는 몇 달 만에 월간 활성 사용자 수(MAU) 1억 6,000만 명의 서비스가 되었고, X는 MAU 5억 5,000만 명의 서비스가 되었다. 둘의 싸움 얘기의 발단도 트위터와 유사한 서비스인 스레드를 공개한다는 얘기가 나온 직후. 2023년 6월, 둘의 격투기 대결 선언이 뉴스와 인터넷을 도배한 후 스레드는 런칭했고, 공개 5일 만에 1억 명 돌파라는 역사상 최단 기간 1억 명을 넘긴 서비스가 된다. 결과적으로 쇼케이스이자 런칭 마케팅으로선 이보다 더 좋을 수가 없다.

스레드가 런칭하자 둘의 싸움 얘기가 수면 아래로 가라앉았다. 그러다 스레드가 초기 관심이 줄어들고, 트위터는 이름을 X로 바꾼 후 얼마 지나지 않아 일론 머스크가 다시 격투기 대결 얘길 수면 위로 끌어올렸다. 대결의 수익금은 재향군인 단체에 기부하고 X에서 생중계한다는 내용인데, 여기서 확실히 X의 홍보 효과를 노리는 티가 난다. 이에 마크 저커버그도 '투명한 자선 모금을 위해 더 신뢰할 만한 플랫폼을 이용해야 하는 거 아닌가?'라는 메시지를 전했는데, 생중계는 X 말고 스레드, 아니면 페이스북이나 인스타그램에서 하는 게 낫다는 뉘앙스다. 뭐가 되었건 둘 다 X와 스레드를 띄우는 데 이보다 더 좋은 이벤트가 없다고 생각한 것이다.

X는 광고 매출이 하락세이고, 스레드는 일일 활성 사용자 수가 초기보다 급감 상태다. 둘이 격투기 대결 한 번 해서 엄청난 돈을 벌어 자선 기부하는 것도, 전 세계적 관심을 이끌며 마치 월드컵이나 올림픽 중계처럼 높은 주목을 받는 것도, 모두 일론 머스크와 마크 저커버그에게도, X와 스레드에도 이득이다.

사실 둘은 비즈니스에서 큰 앙숙도 아니다. 일론 머스크에게 X는 주력 사업이 아니고, 마크 저커버그에게도 스레드가 주력이 아니다. 그들 각자 주력이 따로 있고 그 영역에선 여전히 독보적이다. 앙숙보다는 오히려 서로에게 득이 될 수 있는 관계다. X도 스레드도 단문 텍스트 중심의 소셜네트워크 서비스에 그치지 않고, 쇼핑과 결제, 숏폼 동영상까지 모두 가능한 서비스가 되는 게 목표다. 숏폼 동영상의 대표주자 틱톡도 단문 텍스트 서비스와 쇼핑 서비스를 시작했다. X와 스레드는 서로 경쟁자지만 때론 연합군이 되어 다른 경쟁자들을 물리칠 수도 있다. 세기의 쇼를 벌일 만큼 둘은 탁월한 비즈니스 승부사다. 추정하건대 둘은 개인적으로 친할 가능성도 크다.

주짓수 최상위급 블랙벨트 보유자인 렉스 프리드먼은 마크 저

일론 머스크와 마크 저커버그의 격투기 대결을 X에서 생중계한다고 올린 일론 머스크의 트윗. (출처 : X)

커버그가 자신과 주짓수를 훈련하는 모습, 일론 머스크가 주짓수로 자신을 제압하는 모습을 둘 다 자신의 트위터에 올렸다. 대결을 벌이겠다는 두 사람이 렉스 프리드먼과 동시에 연결된다. 사실 렉스 프리드먼은 운동선수가 아니라 컴퓨터 과학자로 MIT의 AI 연구원이며, 유튜브 구독자 수 300만 명이 넘는 유튜버이자 유명 팟캐스트 운영자이기도 하다. 테크 기업 창업자이자 경영자들과 교류가 많은 사람이고, 마크 저커버그와 일론 머스크 둘과도 친하다. 어쩌면 이 셋이 친할 수도 있고, 적어도 빅테크 리더이자 세계 최고 부자라는 그들만의 리그에서 서로 교류하지 않겠나?

그들의 결투 얘기가 계속되는 중에도 둘의 재산은 계속 늘었고, 그들의 사업도 잘되고 있다. 결투 이슈로 둘은 전혀 손해본 게 없고 오히려 이득만 봤고, 자신들의 영향력이 얼마나 큰지 재확인했을 것이다.

마크 저커버그는
이미지 반전의
계기가 필요했다

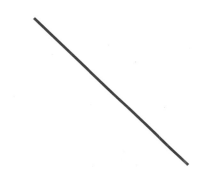

　격투기 대결의 최대 수혜자는 사실 마크 저커버그다. 결과적으로 일론 머스크가 마크 저커버그를 위해 판을 깔아준 셈이다. 그동안 일론 머스크는 늘 공격적이고 거침없는 언행을 보였지만, 마크 저커버그는 그렇지 않았다. 일론 머스크는 강한 이미지, 싸움꾼 이미지였지만, 마크 저커버그는 똑똑한 공대 너드이자 모범생 이미지였다. 늘 회색 반팔 티셔츠만 입고 다니는 듯한, 권위와는 거리가 멀고 조용하고 스마트한 이미지였다.

　일론 머스크는 세계 부자 순위 1위의 경영자면서, 세계에서 가장 돈 많은 인플루언서기도 하다. 일론 머스크의 X(트위터) 계정 팔로워 수는 1억 7,000만 명 이상이다. X의 월간 활성 사용자가 5억

5,000만 명이니 전체 사용자 3명 중 1명이 일론 머스크의 팔로워인 셈이다. X에서 가장 영향력이 높은 인기 스타다. 일론 머스크의 언행에 호불호는 있지만, 그가 경영에서 보여준 성과는 인정받을 일이다.

SNS에서 거침없이 소신을 드러내어 자신의 목적대로 세상의 관심과 여론을 이끌어내는 데 일론 머스크는 탁월하다. 구설수에 휘말리는 경우가 있긴 해도 크게 보면 자신의 영향력이나 비즈니스에선 득이었다. 마크 저커버그뿐 아니라 모든 경영자가 일론 머스크의 방식이 아무나 쉽게 따라할 수 없는 방법이라는 건 안다. 하지만 그럴 수 있는 상황이 생긴다면, 시도해보고 싶긴 할 것이다.

마크 저커버그는 렉스 프리드먼의 팟캐스트에서 일론 머스크가 트위터에서 보여준 과감한 경영 방식을 칭찬했다. "그가 추진한 많은 원칙은 기본적으로 회사 내 엔지니어들과 관리 계층 간의 거리를 줄이면서 조직을 더 기술적으로 만들려는 것이었다. 나는 그것이 좋은 변화이고, 업계에도 좋았다고 생각한다"라고 얘기했는데, **대량 해고로 조직의 몸집을 크게 줄인 것에 대해 아주 긍정적으로 평가했다. 실제로 일론 머스크의 대량 해고에 영향을 받아 마크 저커버그도 대량 해고를 결단했다고도 볼 수 있다. 그리고 테크 업계 전반으로 일론 머스크의 경영 방식이 확산되는 것에 대해서도 긍정적으로 본 것이다.** 마크 저커버그에게 일론 머스크는 업계 선배 혹은 업계의 인정할 만한 리더로 인식되었을 가능성이 크다. 자신과 정반대라고 해도 과언이 아닐 일론 머스크의 스타일을 따라해보고 싶었을 수도 있다.

마크 저커버그에게 2022년은 최악의 해다. 페이스북과 인스타그램의 사생활 침해 이슈로 생긴 부정적인 여론을 돌파하려 2021년 회사 이름을 메타로 바꾸고, 메타버스 사업에 막대한 투자를 했지만 성과가 나지 않았고, 2022년 주가는 최악으로 추락했다. 2012년 상장IPO 이후 승승장구해 전 세계 시가총액 Top 10 기업에 들며 마크 저커버그 자신도 세계 최고 부자 순위 10위 안에 자리 잡았지만, 2022년 메타의 시가총액은 뒤로 한참 밀려났고 그는 부자 순위에서도 크게 밀렸다. 페이스북도 활성 사용자 수가 정점을 지나 줄어들고 있으며, 페이스북과 인스타그램은 올드한 이미지로 인식되기도 했다.

1984년생인 마크 저커버그는 30대 후반인데, 더이상 젊은 혁신가 이미지가 아니다. 그는 2004년 페이스북을 창업하고, 테크 업계의 스타 창업자로 등극한다. 2010년대 중반까지만 해도 그는 하버드대학교를 중퇴한, 세계 최고의 기업을 만든 젊은 혁신가 이미지가 있었다. 2010년 <타임TIME> '올해의 인물Person of the Year'에도 선정되었다. <타임>은 1927년부터 올해의 인물을 선정했는데, 주로 대통령이나 정치인이 선정되었고 기업인이 선정되는 건 아주 드물다. 1999년 제프 베이조스, 2010년 마크 저커버그, 2021년 일론 머스크 등이 올해의 인물로 선정된 대표적 기업인이다.

2022년 마크 저커버그에겐 이미지 변신도, 사업의 변화도 필요했다. 그런 시점에서 트위터의 시장을 뺏을 기회를 마련하기 위해 스레드를 만드는 결단을 하고, 메타버스 사업은 과감히 축소하고, AI 사업에 적극 투자하면서 대규모 언어 모델Large Language Model, LLM은 무료로 모두에게 공개하는 오픈소스 전략을 결단한다. 그리고 2022년 4분기부터 대량 해고를 단행하는 결단도 내린다. 2022년이 마크 저커버그에겐 최악의 시기이자 동시에 최고의 결단을 내린 시기다.

위기에서 과감하게 결단을 내린 것이 결과적으로 2023년 메타의 반등을 만들어냈다. 2023년 1년간 주가는 193% 올랐고, 시가총액은 2024년 1월 1조 달러가 되었다. 그는 세계 부자 순위에서도 5위로 올라갔다. 결과적으로 2023년 마크 저커버그의 이미지 반전은 성공적이었다.

그런데 왜 하필 격투기일까?

건강을 위해서라면 할 만한 운동이 많은 데 왜 격투기일까? 마크 저커버그는 브라질 격투기 주짓수 유단자다. 대회에 나가서 메달도 땄다. 일론 머스크도 주짓수를 한다. 심지어 페이팔 댄 슐먼 CEO는 이스라엘 군대에서 시작된 격투기 '크라브 마가'를 한다.

공교롭게도 대량 해고를 단행한 이후 마크 저커버그가 주짓수나 고강도 훈련을 하는 강인한 이미지가 확대되었다. 주짓수는 오래 해왔지만, 실제 대회(규모는 작지만)에 나가서 금메달을 딴 것은 2023년 5월이고, 9kg 무게의 중량 조끼Weighted Vest를 입고 고강도 운동을 한 후의 모습을 스스로 찍어서 인스타그램에 공개한 것도 2023년 6월의 일이다. 그는 중량 조끼를 입은 채로 매일 1마일 (1.6km)을 달리고, 턱걸이 100회와 팔굽혀펴기 200회, 스쿼트 300회를 이어서 하는데, 이것을 40분 만에 완주하는 도전을 머프 챌린지라고 한다. 도전자 중 1% 정도만 성공하는데 마크 저커버그도 해당한다.

대량 해고 이후 해고된 직원뿐만 아니라 조직 내에서도 불만을 가진 직원들이 있을 것이다. 유약한 이미지가 아니라 강인한 이미지로 자신을 포지셔닝하려는지 마크 저커버그는 계속 격투기와 고강도 운동을 적극적으로 노출했고, 그런 상황에서 일론 머스크와의 결투 이슈가 나왔다. 어쩌면 일론 머스크가 '형이 도와줄까'라며 이런 상황을 만들어냈을지도 모른다. 물론 확인할 방법은 없지만, 심증은 그렇다. 우연이라면 마크 저커버그는 천운을 만난 것이고, 둘이 계산한 행동이라면 둘은 확실히 스마트하고 강한 리더가 분명하다.

2023년 6~7월에 뜨겁게 결투 얘기가 확산된 이후, 두 사람은 9월에 공개 석상에서 만났다. 일론 머스크와 마크 저커버그는 미국 워싱턴 D. C.에서 민주당 척 슈머 상원 원내대표가 비공개로 개최한 'AI 인사이트 포럼AI Insight Forum'에 참석했다. 일론 머스크는 AI가 엄청난 잠재력과 함께 문명에 대한 위험도 있다면서 양날의 칼이라고 강조했고, 마크 저커버그는 AI 오픈소스를 통해 경쟁의 평준화로 혁신을 촉진한다고 강조했다. 일론 머스크가 AI의 위험성을 경고한 반면, 마크 저거버그는 AI의 순기능이자 기술 혁신 중심으로 얘기했다. AI를 바라보는 관점 차이일 수도 있는데, 두 사람 모두 AI 비즈니스를 중요하게 바라보고 투자하고 있다. 포럼에서 긴 테이블에 참석자들이 앉았는데, 흥미롭게도 주최 측은 두 사람의 자리를 양쪽 끝에 배정했다. 옆자리에 앉게 했더라면 격투기 대결 이슈가 다시 불거졌을 것이다.

포럼에는 빌 게이츠, 샘 올트먼, 사티아 나델라, 젠슨 황, 순다르 피차이 등 주요 빅테크의 CEO이자 테크 리더 20여 명이 모였었고, 이들 모두 AI에 대한 정부의 규제가 필요하다는 데 동의했다. 사실 AI는 2023년 빅테크 기업의 시가총액도, 리더들의 자산도 크게 늘려줬고, 2024년에도 AI가 비즈니스 흐름을 주도하는 건 변함없다. 어쩌면 일론 머스크와 마크 저커버그가 AI 비즈니스에서 어떤 방식이든 서로 대립 혹은 대결하는 상황이 재현될 수도 있다.

흥미롭게도 실리콘밸리 테크 경영자 중 격투기를 배우는 사람이 많아졌다고 한다. 한때 명상, 참선에 관심 갖는 CEO가 많아졌던 것과 대조적이다. 골프 치거나 책 읽거나 위스키 마시는 CEO 이미지에서 마크 저커버그나 일론 머스크처럼 격투기하거나 고강도 운동하는 CEO 이미지로 옮겨가는 걸까? 더 치열해진 비즈니스 구도, 더 빨라진 기술 산업과 새로운 도전자에 의해 얼마든지 파괴적 혁신이 일어나는 시대엔 경영자들도 머리뿐이 아니라 육체적으로도 강해야 된다고 여겨서 그럴까? 이건 개인의 문제가 아니라 경영 방식의 문제로 해석해야 한다. 과감하게 결단하고 거침없이 행동하는 강한 리더십을 요구하는 시대가 되었기 때문이다.

스레드^{Threads}가 X(트위터)와 대결에서 졌다고? 아니다!

    이미 수억 명이 오랫동안 사용해온 서비스와 만든 지 1년도 안 된 서비스를 두고 승패를 단정하는 건 성급하다. 분명 사용자 수는 X(트위터)가 높긴 하다. 2024년 1월 기준, 스레드 월간 활성 사용자 수Monthly Active User, MAU는 1억 6,000만 명, X의 월간 활성 사용자 수는 5억 5,000만 명 정도다. 스레드는 런칭한 지 5일 만에 가입자 수 1억 명을 돌파하는 무서운 기세 끝에(열풍은 사그라들었어도) MAU는 1억 6,000만 명 수준을 유지하고 있다. 2023년 12월부터 유럽에도 서비스를 시작했기에 MAU가 올라갈 여지는 충분하다. 여기에 스레드 서비스를 하는 모회사 메타가 가진 SNS 서비스 중 페이스북의 MAU는 30억 명, 인스타그램은 20

억 명 정도다. 페이스북과 인스타그램과 스레드가 연동하며 시너지를 올릴 여지도 충분하다.

X는 2022년 5월 2억 3,000만 명 정도였던 MAU가 2023년 6월 5억 4,000만 명 정도로 1년 새 두 배 이상 늘었다. 물론 2023년 하반기에 광고수익이 급감하고, 활성 사용자 수 감소를 겪긴 했지만, 그럼에도 MAU 5억 명대, 일평균 사용자수Daily Active User, DAU는 2~3억 명이다. 2024년 미국 대통령 선거를 계기로 MAU를 높여갈 여지가 크다. X 사용자 중 18~34세가 58% 정도다. 젊은 유권자들의 표심이 X를 통해 드러날 수밖에 없다.

스레드와 X 모두 2024년이 중요하다. 한 단계 상승하느냐 그렇지 못하느냐의 분기점이기 때문이다. 어쩌면 두 서비스의 대결에서 누가 이겼다, 졌다고 할 수 없을 수 있다. 둘 다 이길 수 있기 때문이다. 오래된 서비스의 장점은 유지한 채 단점을 극복하며 탈바꿈해서 가치를 높이는 것과 틈새시장을 보고 발 빠르게 대응해 가치를 만들어가는 것 모두가 비즈니스에서 승리가 될 수 있다. 그러니 이들 대결의 평가는 더 미뤘다가 해도 좋다. 중요한 건 두 리더가 보여준 과감한 결단이다.

현재 SNS 서비스의 최강자는 메타다. 페이스북, 인스타그램, 스레드를 갖고 있다. 트위터는 여기 비할 수 없다. 하지만 트위터도 나름의 입지와 상품성이 있다. 2022년 10월 일론 머스크가 트위터를 인수한 후, 트위터가 가진 시장을 빼앗을 생각으로 인스타그램 대표에게 경쟁 앱을 만들라고 지시한다. 일론 머스크 때문에 광고 주가 많이 떨어져 나갔듯이, 사용자들도 많이 이탈할 것으로 봤다. 이 시장을 빼앗을 기회로 본 것이다.

마크 저커버그는 2022년 10월에 앱 제작을 지시하고, 2023년 1월에 서비스가 완성되길 원했을 만큼 속도전을 요구했다. 글로벌 서비스를 한두 달 만에 완성한다는 게 불가능하기에, 시간을 좀 더 투자해 결과적으로는 6개월 정도 걸렸다. 인스타그램 대표 주도 아래, 인스타그램과 페이스북에서 60명이 개발팀을 만들어 스레드를 개발했다. 겨우 60명으로 글로벌 서비스를, 그것도 6개월 안에 만들어서 운영한다는 것은 놀라운 일이다. 일론 머스크가 트위터를 인수하며 대량 해고로 조직을 아주 슬림하게 만든 결단도, 스레드 개발 과정에 아주 적은 인력과 개발 시간으로 서비스를 완성한 것도 모두 효율성의 극대화 사례다.

이제 마크 저커버그의 경영 스타일도 일론 머스크 스타일과 크게 다르지 않다. 조직을 과감히 구조조정하고, 자신의 사업에 대해서도 적극적으로 목소리를 낸다. 2022~2023년을 기점으로 강한 리더십을 드러내고 있으며, 결과로 증명하고 있다. 마크 저커버그와 일론 머스크는 서로 싸우는 게 아니라, 비즈니스 전쟁에서 치열하게 각자 싸우고 있다.

당신은 아직도 골프로 운동을 하는가? 골프를 리더의 필수라 여기는가?

골프 치며 비즈니스를 논하고, 골프로 영업하는 걸 중요하게 여기는 이들이 있다. 때론 골프가 필요할 때가 있지만, 골프는 시간은 많이 쓰면서도 운동 효과는 별로 없다. 한번 가면 하루를 다 쓰기도 하고, 시간 투자 대비 칼로리 소모나 운동효과도 가성비가 최악이다. 그럼에도 골프를 선호하는 이유는 골프의 사교효과 때문인데, 이 또한 점점 떨어진다. 골프를 취미나 여가로 친다는 얘기만 해야지, 골프로 비즈니스 한다는 소리는 이젠 그만해도 된다. 격투기나 고강도 운동으로 강인한 체력을 만들지는 못할지언정, 적어도 피트니스나 수영, 달리기 등 시간 대비 효과를 따져 운동을 선택해야 한다.

리더의 몸은 온전히 리더 개인의 것이 아니다. 리더의 건강도 개인의 문제가 아니다. 기업에서 경영자의 건강, 국가에서 지도자의 건강은 조직 전체에 영향을 미치는 중요 문제다. 리더라면 꾸준히 운동해서 육체 건강과 정신 건강을 모두 지켜야 한다. 운동도 싫고, 과식도 폭음도 상시적으로 하는 리더라면 리더 자격이 없다.

CEO의 골프 라운딩 횟수와 경영 성과의 관계를 연구한 논문이 있다. 리 비거스태프Lee Biggerstaff(마이애미대학교), 데이비드 C. 시세로David C. Cicero(오번대학교), 앤디 퍼켓Andy Puckett(테네시대학교)의 공동 연구로 S&P 1500 기업 CEO 중 골프 실력이 어느 정도 유지되는 363명을 미국골프협회와 함께 선정하고, 2008~2012년까지 이들의 라운드 횟수와 스코어 기록이 담긴 미국골프협회의 4년치 데이터를 조사했다.

결론적으로, 골프 핸디캡을 낮추기 위해(골프 실력을 향상시키기 위해) 많은 시간을 사용하는 경영자가 속한 회사의 주가 수익률이 상대적으로 낮았다. 골프 라운드 횟수가 상위 25%의 CEO는 연간 최소 22회 이상(평균으로는 40회) 골프 치러 골프장에 갔는데, 이들 기업의 평균 자산 총수익률Return on Assets은 전체 조사 대상보다 20% 포인트 정도 낮았다. 표본 전체의 평균 자산 총수익률은 5.3%인데, 골프 자주 치는 상위 25% 그룹은 1.15% 포인트 낮았다. 산술적으로 계산해보면, CEO가 골프장 가는 횟수가 한 번 증가할 때마다 기업의 자산 총수익률이 0.023% 포인트만큼 감소했다. 심지어 골프 자주 치는 상위 25% 그룹에 속한 기업의 기업가치(자산의 시장가치를 장부 금액으로 나눈 값으로 계산)는 다른 경영자들의 기업보다 10.9% 포인트 낮았다. 골프 자주 치는 경영자는 회사의 가치도, 주주의 가치도 훼손시킨 셈이다. 그리고 이들 상위 25% 경영자가 교체될 확률도 다른 경영자들에 비해 26.47% 포인트 높았다. 이쯤 되면 골프 자주 치는 경영자가 일 못하는 게 확실하다.

심지어 조사 대상 CEO 중 1년에 100회 이상 골프장에 간 경우도 있고, 최고 기록은 146회라고 한다. 자영업자나 개인사업자도 아니고, S&P 1500 기업으로 어느 정도 규모가 있는 기업의 CEO가 2~3일에 한 번씩 골프장에 갔다는 점도 놀랍다. 1주일에 한 번씩 간다고 해도 사실 놀라운 일이긴 하다. 이렇게 자주 골프를 치러 가는 경영자는 과연 골프장에서 얼마나 회사 업무에 기여하는 시간을 보낼까? 골프장 가는 횟수 상위 50% 경영자가 받은 보너스는 하위 50% 경영자가 받은 보너스의 1/4에 불과했다. 골프장에 자주 가지 않은 경영자가 경영 성과를 더 냈고, 성과에 따른 보너스도 훨씬 더 많이 받아간 셈이다. 물론 적당한 횟수로 골프장에 가는 건 상관없을 것이다. 하지만 경영자가 여가를 이유로 회사를 자주 비운다면, 그건 태만이자 무능이다.

국내 대기업에서도 골프장 좋아하는 경영진, 간부급이 꽤 있다. 2023년 카카오에서 일부 부서의 골프장 출입 과잉이 조직개혁의 이슈로 떠올랐다. 솔직히, 당신의 기업이 시장을 주도하며 경쟁사를 압도하고, 주가도 실적도 최고 수준이라면 골프 실컷 치며 일해도 된다. 그런데 당신의 기업이 위기에 빠진 상황이고, 주가도 실적도 악화된 상황이면 골프 치러 갈 시간에 일을 하라. 아주 바쁘고, 치열하게 시간을 쪼개서 보내야 하는 이들에겐 골프는 시간 아까울 때가 있다. 은퇴하고 시간 많을 때 해도 늦지 않다.

강한 리더가 되려고 격투기를 할 필요는 없다. 진짜 강한 리더를 만드는 힘 중 하나는 근육이 아니라 책임지는 태도다. 책임지지 않는 리더를 누가 믿고 따르겠는가. 언행일치도 필요하다. 자기가 한 말도 못 지키는 사람을 어떻게 믿고 따르겠는가. 리더의 책임은 신뢰의 기반이다. 믿고 따를 수 있는 리더라고 각인시키는 것만큼 강한 리더십이 또 있을까? 결국 리더는 기본이 강해야 한다. 기본이 모두에게 일관되게 통하는 조직을 만드는 것이 필수다. 그것이 바로 성과 중심, 능력 중심으로 역할과 권한, 보상이 주어지는 조직이기도 하다.

기후위기 대응은
경영 능력의
문제다

STRONG
LEADER
SHIP

앞서 <세계 위험 보고서 2024The Global Risks Report 2024>에서 2024년 인류에게 닥친 최대 위험으로 꼽힌 것이 '극한 기상 Extreme Weather'이고, 단기(2~5년), 장기(5~10년) 모두 가장 큰 위험이 기후환경 문제임을 다뤘다. 이는 막연한 불안감을 갖자는 게 아니다. 정치 리더는 더더욱 그렇고, 기업의 경영 리더들도 기후위기 대응에 적극 나서야 한다. 이건 미래 산업의 문제이기도 하고, 전적으로 경영 능력이자 리더십의 문제다.

파리 협정은
결국 실패할 것이다.
기업은 대비하고 있는가?

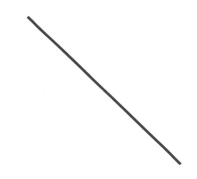

　　2024년 1월, 세계기상기구World Meteoro-
logical Organization, WMO는 지구 평균 기온 상승폭을 1.5℃ 이내로 제한
하자는 합의가 사실상 실패하기 직전이라는 내용을 발표했다. 지
구 기온 모니터링에 사용하는 6가지(NOAA, GISS, HadCRUT, Berke-
ley Earth, ECMWF, JMA) 주요 국제 데이터 세트와 WMO의 통합 데
이터에 따르면, 2023년 지구의 연평균 기온은 산업화 이전 수준
(1850~1900년)보다 1.45±0.12℃ 높다. 오차 범위 ±0.12℃인 걸 감안
하면 최대 1.57℃가 되어 1.5℃를 넘어선 것이 된다.

　　특히 6월부터 12월까지 매달 전 세계 기온이 월별 신기록을 경
신했고, 7월과 8월은 기록상 가장 더운 두 달이었다. 2023년이 역대

| 지구 평균 기온차(1850~1900년 평균과 비교)

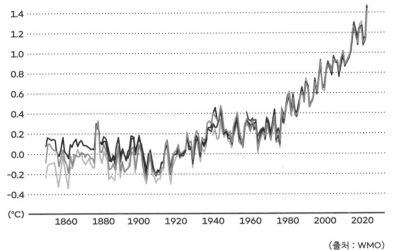

(출처 : WMO)

● HadCRUT5(1850~2023년)
● NOAAGlobalTemp(1850~2023년)
● GISTEMP(1880~2023년)
● Berkeley Earth(1850~2023년)
● JRA-55(1958~2023년)
● ERA5(1940~2023년)

가장 더운 여름이 된 것에 탄소배출로 인한 영향뿐 아니라, 엘리뇨 영향도 있다. 하지만 엘니뇨 영향이 강했던 2016년과 2020년에 각기 1.29℃±0.12℃, 1.27℃±0.12℃였던 것과 비교해도, 확실히 2023년이 크게 높다. 엘리뇨라는 기상변수를 상회하는 기후 가열화인 셈이다. 통상 엘리뇨는 정점을 찍고 내려오며 기후에 더 영향을 미쳤기에, 2024년의 폭염과 기후 재난은 더 심각할 가능성이 있다.

| 전 세계 평균 기온

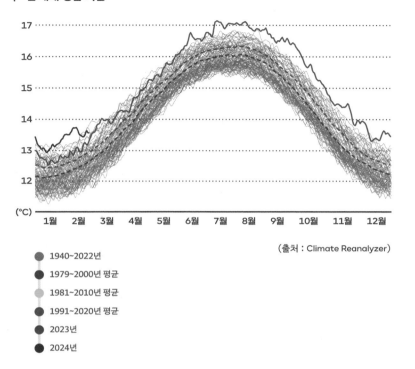

(출처 : Climate Reanalyzer)

- 1940~2022년
- 1979~2000년 평균
- 1981~2010년 평균
- 1991~2020년 평균
- 2023년
- 2024년

　　미국 메인대학교 기후변화연구소에 따르면, 2023년 7월 3일 세계 평균 기온이 17.01℃가 되며 관측을 시작한 1979년 이래 처음으로 전 세계 평균 기온이 17℃를 넘어섰다. 가장 높은 날은 7월 6일로 17.23℃였고, 기상학자들은 과학적 데이터 분석으로 12만 5,000년 중에서 가장 더운 날로 추정하고 있다. 2023년 7월 중 단 5일을 빼고 무려 26일이 17℃ 이상이었다. 8월에도 17℃ 이상인 날이 이어지며, 역대 처음 맞은 세계 평균 기온 17℃ 이상인 날이 한 달 이상이나 되었다.

2023년 연중 세계 기온 그래프를 보면 확연히 드러난다. 기록을 시작한 1940년 이후 어떤 해보다도 여름철과 하반기에 기온이 높다. 2023년 만년설 지역 면적, 극지방 해빙 면적도 역대 가장 적었다. 해수면 온도가 이례적으로 높았고, 2023년 7월 마이애미에서 바닷물 온도가 최고 38.4℃를 기록하기도 했다.

지구가 더워질수록 물도 문제가 된다. 세계기상기구는 <2022년 세계기상기구 세계수자원 관리실태 보고서>에서 지구 온난화가 물 순환을 예전보다 가속해 가뭄, 홍수 피해 가능성이 이전보다 높아지고 있다고 분석했다. 더 따뜻한 대기는 수분을 더 많이 머금을 수 있는데 이 때문에 우리는 예전보다 심각한 홍수와 가뭄을 겪고 있다. 유엔워터UN Water가 세계기상기구에 제공한 자료에 따르면, 2022년 기준 전 세계에서 1년에 한 달 이상 물 부족을 겪는 인구가 36억 명이 넘는 것으로 집계됐고, 2050년에는 물 부족을 겪는 인구가 50억 명을 넘어설 것으로 전망했다.

2015년 파리에서 열린 제21차 유엔기후변화협약 당사국총회 COP21에서 195개국이 함께 기후변화협약을 채택했다. 그것이 파리협정이고, 산업화(1850~1900) 이전을 기준으로 해서 그때에 비해 지구 평균 기온 상승폭을 1.5℃ 이내로 제한하자고 합의했고, 각 국가는 국가 온실가스 감축목표Nationally Determined Contributions, NDC를 제출해 이행하고 있다. 하지만 합의한 대로 잘 이행되지 않는다. 재생에너지 설비를 늘리는 데 막대한 투자를 해야 하는데도, 아직 더디다. 분명 1.5℃ 제한은 실패할 것이다. 이미 2023년 5월, 유엔 산하 기상학 전문기구인 세계기상기구는 2027년 이전에 1.5℃ 이상으로 높아진 해가 나올 확률이 66%라고 밝혔고, 2023~2027년의 5년 중 1년 이상 혹은 5년 모두 관측 사상 최고 기온이 나올 가능성은 98%라고 예측했다.

만약 지구 평균 기온 상승폭이 1.5℃ 이상이 되면 식물 8%, 척추동물 4%, 곤충 6%, 산호초 70~90%가 사라진다. 2℃ 이상이 되면 산호초 99%가 소멸하고, 식물 16%, 곤충 18%, 척추동물 8%의 서식지가 사라지고, 북극 빙하는 소멸하여 복원 불가능해진다. 과학자들은 북극 빙하가 모두 녹으면 전 세계 해수면이 7m 상승할 것으로 예측한다. 2023년 10월, <네이처Nature>에 실린 논문에서 북극 빙하가 다 녹는 한계점을 1.7℃~2.3℃ 사이로 제시했다. 과학자들은 남극 빙하가 다 녹으면 해수면이 57m 이상 상승할 것으로 예측한다. 남극 빙하가 다 녹을 일은 없겠지만, 북극 빙하가 다 녹는 건 우리가 살아 있는 동안 겪을 가능성이 있다.

이런 최악의 상황에서도 인류는 살아가겠지만 심각한 고통을 겪을 것이다. 식량, 물, 거주, 건강 등에서 전방위적 위기가 불가피하고, 이는 안보와 국가 간 갈등 및 전쟁, 식량난, 기아, 국내 폭동 등으로 악화될 수도 있다. 이는 기업에겐 가장 가혹한 위기 상황이자 불확실성이 된다.

기후재난과 기후소송,
기업은 리스크에
대비하고 있는가?

독일의 재보험사 뮤닉리Munich Re에 따르면, 2023년 전 세계적으로 기후재난(지진, 폭풍, 가뭄, 산불 등)으로 입은 재산 피해 손실액이 2,500억 달러, 한화로 330조 원 정도다. 이 중 북미에선 약 660억 달러의 손실이 발생했는데, 그중 500억 달러가 보험에 가입되어 있었다. 유럽도 100억 달러(91억 유로)의 손실 중 80억 달러(73억 유로)가 보험에 가입되어 있었다. 상대적으로 선진국은 기후재난에 대비가 더 잘 되어 있다는 의미다. 반면 튀르키예 남동부와 시리아에서 발생한 지진으로 500억 달러 정도의 손실을 봤지만, 이중 보험에 가입된 건 55억 달러 정도였다. 뮤닉리는 보험 보상액을 근거로 손실을 추정했는데, 2023년만 유독 손실이 많은 건 아니다.

매년 새로운 기후재난이 예상치 못한 상황에서 닥친다. 우린 2024년에도, 2025년에도 예상치 못한 기후재난을 겪게 될 것이고, 손실은 더 늘어날지언정 줄어들지는 않을 것이다. 사실 기후재난이 초래하는 손실은 더 크다. 물질적 재산 피해에 대해서만 가늠한 것이지, 식량난이 생겨서 밥상 물가가 오르거나 기아를 겪는 것, 이상기후로 발생하는 사상자 등 사회적 손실까지 계산한 건 아니다. 따라서 연간 330조 원의 손실은 최소 금액인 셈이다.

지구 온난화가 아니더라도 기후는 인류가 통제할 수 있는 것이 아니기에, 기후재난은 언제든 생긴다. 그로 인한 피해도 불가피하다. 하지만 탄소배출 증가로 이상기후가 빈번해지고, 기후재난도 더 확대되는 건 사실이다. 탄소감축을 위해 재생에너지 설비에 투자하는 비용이 아무리 크다고 해도, 기후위기가 초래하는 재난이 만들어낼 전지구적 손실에 비해선 크지 않을 수 있는데, 전 세계는 각국의 이해관계, 정치적 지향성의 차이 등으로 스스로 이행하겠다고 한 목표치도 달성하지 못하고 있다. 미루고 미룰수록 결국 나중에 감당할 피해와 비용은 더 커질 수밖에 없다.

기후재난에 대한 대응이자 대비는 기업의 리스크 관리다. 위기와 불확실성을 대비하는 방법이다. 식품, 농업, 제조, 건설, 물류, 운송 등 이상기후의 영향을 직접적으로 받는 사업을 하는 기업이라면 기후 리스크 관리를 재점검해야 한다. 아울러 일부 기업에는 이런 리스크 관리가 중요한 비즈니스가 된다. 곧 누군가는 기후재난으로 가혹한 손해를 보겠지만, 누군가는 이를 비즈니스 기회로 만들어내기도 한다.

유엔환경계획UNEP의 <글로벌 기후소송 보고서 : 2023년 현황 Global Climate Litigation Report: 2023 Status Review>에 따르면, 2017년 884건 이었던 기후소송이 2022년 2,180건으로 5년간 2배 이상 증가했다. 특히 기후소송은 미국에서 압도적으로 많았는데, 세계 기후소송의 70% 정도가 미국에서 제기되었다. 기후소송이 북미, 유럽을 중심 으로 이뤄지는 건 당연하다. 하지만 점점 중남미, 아시아 등으로도 확산될 것이다. 개별 기업에 대한 소송과 함께 정부에 기후 책임을 묻고 정책을 요구하는 소송도 증가할 것이다. 결국 이 문제는 기업 과 정부 모두 대응해야 할 과제다. 기후소송은 점점 증가할 것이고, 판례도 더 명확하게 구축될 것이다.

유엔환경계획UNEP의 <글로벌 기후 소송 보고서 : 2023년 현황Global Climate Litigation Report: 2023 Status Review>. (출처 : UN)

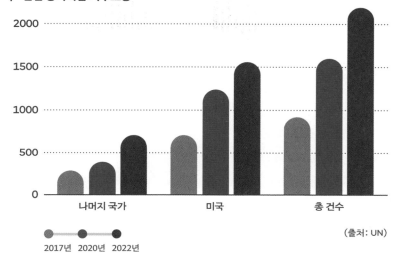

| 점점 증가하는 기후소송

2000

1500

1000

500

0

나머지 국가   미국   총 건수

● —— ● —— ●
2017년 2020년 2022년

(출처: UN)

　　영국 런던정경대LSE 그래덤 기후변화 환경연구소의 <기후소
송 글로벌 트렌드 2023Global Trends in Climate Change Litigation 2023> 보고
서(2023. 6.)에 따르면, 판결이 내려진 549건 중 55% 정도가 기후행
동에 유리한 내용의 결과를 얻었다고 밝혔다. 최근에 벌어지는 기
후소송에서 기후 활동가들이 벌이는 소송이 많다. 그리고 그린워싱
에 대한 소송은 점점 더 늘어날 것이다. 이는 국내에서도 마찬가지
다. 기업의 마케팅에서 그린워싱이 만연해 있고, 정부의 대응도 미
비하다. 나무 좀 심는다고, 일회용품 좀 안 쓴다고, 포장지를 재생용
지로 만든다고 그 제품을 친환경이라고, 그 기업이 지속가능성을
추구한다고 얘기하는 건 엄밀히 기만이다. 결국 한국에서 정부, 지

자체, 기업 모두 기후 리스크가 법적 리스크가 되는 상황을 더 자주 겪게 될 것이다.

2023년 5월, 나이키와 델타항공은 각기 그린워싱으로 기후소송을 당한다. 미주리주의 한 소비자가 나이키 지속가능성 컬렉션에 나열된 2,452개 제품 중 실제 재활용 소재 제품은 10%에 불과한데도, 지속가능하고 친환경적인 제품으로 '허위 및 오해 소지가 있는 마케팅을 하고 있다'는 사유로 미주리주 상품화 관행법Missouri Merchandising Practices Act을 위반했다고 주장했다. 이를 위해 미국 연방거래위원회Federal Trade Commission, FTC의 그린 가이드Green Guides를 인용했다. 델타항공은 '세계 최초의 탄소중립 항공사'라고 홍보하고 있으나, 실제로는 거금을 들여 탄소배출권을 구매하는 것에 그친다는 점을 문제 삼아 소비자 기만을 사유로 10억 달러 규모의 소송을 당했다.

H&M과 월마트도 그린워싱으로 소송당했는데, 2022년 월마트는 이 일로 FTC에서 250만 달러 벌금을 부과받았다. H&M은 히그 지수Higg Index를 사용해 기후소송을 당했고, 그 후로는 히그 지수를 사용하지 않는다. 지속가능한의류연합Sustainable Apparel Coalition, SAC은 나이키, 아디다스, 리바이스, H&M, 아마존, 월마트 등 250개 기업이 참여하고 있는데, 여기서 2011년 히그 지수를 만들었다. 의류 산업이 생산 과정에서 발생시키는 물 사용, 온실가스 배출, 화석연료 사용 등을 평가해서 만든 친환경 지수가 히그 지수다. 점점 지속가능성과 친환경이 비즈니스에서 중요해지는 상황이 되면서 히

그 지수를 이용하는 그린워싱 논란이 계속 제기되었다. 결국 2022년 6월 지속가능한의류연합은 히그 지수 사용을 중단하기로 했다.

2024년 1월, EU 의회는 '친환경', '천연', '에코', '기후중립' 등을 명확한 증거 없이 광고에 사용하는 것을 금지했다. 이런 용어를 광고에 사용하려면 EU의 검증과 승인을 받아야 한다. 법으로 기업의 탄소중립 마케팅을 규제하는 것이다. 과학적 검증이 부족한 탄소상쇄 제도를 이용하면서 그것을 기후중립이나 친환경으로 주장하는 것도 전면 금지했다. 탄소상쇄는 직접 탄소를 줄이지 않고, 돈으로 탄소배출권을 사서 그만큼 상쇄하는 것이다.

FTC는 2023년 3월, 그린 가이드를 개정하겠다는 발표와 함께 그린워싱 감시 강화도 강조했다. 이 시점 이후 그린워싱에 따른 기후소송도 늘었다. 2024년 미국에선 더 강화된 그린워싱 감시가 이뤄지게 된다. 이제 그린워싱으로 기후소송을 당하는 기업은 무능한 것이다. 미국과 유럽에서 그린워싱 하지 말라고 계속 경고하고 법을 바꾸는데도, 여전히 시대착오적으로 그린워싱을 하다가 문제가 된다면 그건 전적으로 경영 리더의 무능이다.

안티 그린워싱과 안티 ESG는 완전히 다르다. 안티 그린워싱은 더욱 강화된 기준의 지속가능성을 지향하지만, 안티 ESG는 지속가능성의 속도를 늦추거나 멈추려 한다. 지극히 정치적이고, 근시안적이다. 트럼프가 대통령이 되고 파리협정을 탈퇴했듯이, 다시 트럼프가 바이든을 제친 후 그 선택을 반복할 수도 있지만, 탄소감축을 둘러싼 기후테크, 클린테크가 만들어낼 비즈니스 기회는 가져가려 할 것이다. 미국에서 안티 ESG 관련 정책은 주로 공화당이 주지 사인 주에서 일어났다. 이건 민주당 정부에 대한 반작용이지, 만약 공화당 정부가 들어서면 달라질 수 있다.

ESG를 바라보는 시각에 따라 환경주의자들의 관점, 시민단체의 관점, 노동조합의 관점으로 보기도 할 텐데, 적어도 기업의 경영 리더라면 기업인의 관점, 경영자의 관점으로 이 문제를 바라봐야 한다.

어떤 관점으로 문제를 보느냐에 따라 목표와 행동이 달라지고, 투자 규모와 사업 분야가 달라질 수 있기 때문이다. ESG 중에서 SG는 정치적 상황 변화에 따라서 달라질 여지도 있고 기업도 상황 변화를 반길 수 있겠지만, E는 다르다. 비즈니스 기회이자 클린테크 산업과 연결되기 때문에, 더더욱 비즈니스 관점으로 E를 봐야 한다.

법, 제도가
뒷북을 친다고?
아주 가끔 앞북도 친다!

법, 제도가 새로운 사업의 발목을 잡거
나, 뒷북을 치는 것을 경험한 적이 있을 것이다. 아니 이런 경험이
아주 많을 수도 있다. 그래서 경영자의 관성에는 법, 제도가 걸림돌
이 되고, 뒷북만 친다고 생각하는 경우가 많다. 늘 법과 제도는 과거
에 만들어졌고, 새로운 사업과 기술은 미래를 지향하다 보니, 과거
나 미래를 담아내지 못해서 생기는 일이다. 하지만 수십 년에 한 번
씩은 법, 제도가 뒷북이 아니라 앞북을 칠 때가 있다. 이때가 비즈
니스 판도가 바뀌는 시기이고, 누군가에겐 기회지만 누군가에겐 심
각한 위기가 닥친다. 바로 지금이다. 2024년에도 앞북 치는 걸 많이
목격할 것이다.

뉴욕시는 2024년 1월부터 7층 이하 신축 건물을 지을 때 난방 (열)과 온수를 위한 천연가스 사용이 금지된다. 2021년에 만든 조례 가 적용되기 때문이다. 화석연료인 천연가스를 사용하는 조리기기, 난방기기를 금지하는 건 탄소감축 때문이다. 뉴욕시뿐 아니라, 뉴 욕주, 캘리포니아주 등으로 관련 법과 제도는 확산되고, 결국 가스 레인지나 가스스토브 시장은 죽고, 인덕션, 전기레인지 같은 시장 은 더 커진다. 탄소감축이 목적인 법과 제도지만, 결과적으로는 사 업에서 희비가 엇갈린다. 이건 소비자의 변심도 아니고, 기술력의 문제도 아니다. 단지 법제도 때문이다. 어떤 사업을 접을지, 어떤 사 업을 벌일지, 투자를 더 할지 이런 판단을 할 때 우린 시장 트렌드, 소비자 트렌드만 볼 게 아니라, 법제도 트렌드도 봐야 한다.

우리가 살아갈 집과 건물도 탄소감축을 중심으로 변화를 맞는 다. 유럽과 미국, 일본에서 신축 건물에서 에너지 효율성과 탄소감 축에 대한 법제도는 계속 나오고, 노후 건물이나 기존에 있던 건물 에 대한 법제도도 계속 나온다. 건물에서 사용하는 에너지를 줄이 고 탄소배출을 줄이기 위해 건물 리노베이션을 요구하고, 기준에 충족되지 않는 건물은 징벌세를 부과할 수도 있다. 이미 뉴욕시는 2020년에 징벌세 법안이 통과되었다. 건물주로선 돈을 써서라도 의무적으로 건물의 에너지 효율성을 높이고 탄소배출을 줄여야 하 는데, 이는 시간문제이지 결국 전 세계에 확산될 법제도다.

캘리포니아 주의회가 2023년에 통과시킨 법안에 따라, 캘리포 니아주에선 2024년 1월부터 트럭 운송회사와 트럭 소유주는 단계적으로 전기차 트럭으로 전환을 시작한다. 시간을 두고 순차적으로 전환되겠지만, 나중에는 아예 트럭 중 내연기관 트럭은 판매를 금지할 것이기에 결국은 미래에 모든 운송 트럭은 전기차가 된다. 당연히 이런 차량을 충전하고 관리, 정비할 곳도 필요하다. 그래서 발빠른 사업자들이 큰 부지를 확보에 트럭을 위한 충전 설비와 차량 유지보수, 청소까지 포함한 시설을 만들고 있다. 법제도의 방향을 알고 있는 사람은 이처럼 발 빠르게 대응할 수 있는 것이다.

미국과 유럽에서 최근 만들어지는 법, 제도 중에서 '탄소감축', '기후위기'가 반영되는 것이 많은데, 기존의 오래된 산업에는 위기를, 탄소감축에 부합하는 새로운 산업에는 기회와 미래를 안겨준다. EU에서 내연기관 자동차 신차 판매 금지 시점을 2035년으로 정한 것도, 전 세계적으로 자동차 산업이 전기차로 전환되는 것도 결국 탄소감축 때문이다. 탄소감축 이슈만 없다면 내연기관차를 버릴 필요는 없다. 프랑스에서 2023년 5월, 기차로 2시간 30분 이내로 이동 가능한 거리에는 국내선 비행기 취항이 금지되는 법이 만들어진 것도 같은 이유다. 이런 법 때문에 저비용 항공사와 항공산업은 타격을 받겠지만, 기차산업은 새로운 성장 기회를 얻어 투자를 확대하고 있다.

한국의 조선 빅 3가 11년 만에 동반 흑자를 기록한 것도, 수주 실적이 확대된 것도 엄밀히 탄소감축 때문이다. 해운사를 통제하는 UN 산하 국제해사기구International Maritime Organization, IMO가 탄소감축에 대한 법제도를 만들고 전 세계 해운사들이 저탄소 선박 발주를 해야만 하는 상황에서, 한국의 빅 3 조선사가 저탄소 선박 건조에 경쟁력을 확보해둔 덕분이다.

국내 기업 중 ESG 경영을 가장 적극적으로 하는 업종을 꼽으라면 단연 조선 업계라고 할 수 있다. 이유는 ESG(특히 E)를 평판관리가 아니라 생존의 문제로 인식하고 R&D와 비즈니스 전략에 적극 투자하고 있기 때문이다. 이렇듯 글로벌 탄소감축 패러다임이 새로운 법제도를 만들게 하고, 이런 흐름에 적극 대응한 기업들이 어떤 기회를 누리는지 인식해야 한다. 부디 ESG 경영 한다면서 쇼만 하는 경영자는 사라지길 바란다. 돈만 쓰는 게 아니라, 돈을 버는 게 ESG 경영이라는 인식이 리더에겐 필요하다. 과연 여러분은 자신이 속한 산업에서 탄소감축 기조에 따라 어떤 새로운 법, 제도가 미국과 유럽에서 만들어지는지, 만들려고 준비 중인지 얼마나 관심 갖고 보는가? 이미 방향은 정해졌다.

그동안 법제도를 문제가 생겼을 때 대응하는 식으로만 접근했다면, 이제 법제도를 새로운 기회가 만들어질 창구로 인식하고 접근해야 한다. 로펌들도 너나없이 ESG 사업을 벌이면서 기업들의 ESG 지표 작성 문제나 풀어주고 평판관리를 위해 리스크 관리만 해줄 게 아니라, 미국과 유럽을 중심으로 탄소감축을 위해 어떤 법제도가 만들어지고, 그것이 우리의 의식주와 일상적 비즈니스 기회에 어떤 변화를 줄 수 있는지 분석하는 정보를 더 만들어줘야 한다. 기업들도 그것을 요구해야 하고, 법제도를 만드는 정치에서도 이 점을 중요하게 다뤄야 한다.

미래 먹거리를 만들어내는, 기존에 해오던 수많은 사업을 새롭게 전환하는 변화의 중심축이 될 법제도, 바로 지금이 법제도가 뒷북이 아니라 앞북을 칠 수 있는 시기이고, 그만큼 탄소감축과 기후위기 관련한 변화는 지구와 환경을 위한 거창한 '명분'이 아니라 '비즈니스 기회'라는 현실적인 '실리'를 따져보는 게 경영자의 일이다.

　　참고로 LG그룹의 2024년 임원 인사에서 AI, 바이오, 클린테크, 소프트웨어 등 구광모 회장 체제에서 미래 먹거리로 강조된 신성장동력 분야에서 R&D 승진이 많았고, 그중에서 클린테크 분야가 2/3 정도 차지했다. 다른 대기업에서도 클린테크에 대한 투자는 확대될 수밖에 없다. 탄소감축과 기후위기가 초래한 비즈니스 기회이기 때문이다.

2024년 클린테크/기후테크 투자가 확대되는가?

2023년 스타트업에는 가혹한 해였다. 2024년이라고 다르지 않다. 하지만 이 과정은 거품이 빠지고 옥석을 가리는 과정이다. 일부 기술 분야는 거품이 크게 빠지며 관련 기업들이 사라질 정도가 되었지만, 클린테크/기후테크 분야는 다르다. 2023년 적당히 거품이 빠졌고, 2024년부터 투자가 확대될 것이다. 2015년 빌 게이츠가 주도해 시작된 브레이크스루 에너지 벤처스Breakthrough Energy Ventures, BEV는 1차 펀드에서 10억 달러, 2차 펀드(2021)에서 12억 5,000만 달러, 유럽 기업 중심의 펀드 1억 유로를 운용하고 있고, 98개 기업에 투자하고 있다. 2023년 10월, 빌 게이츠는 <파이낸셜 타임스>와 한 인터뷰에서 10억 달러 규모의 3차

246

펀드를 조성하는 중이며, 이를 통해 기존의 투자 회사 수의 40% 정도를 더 늘려 향후 총 140여 개 기업에 투자할 것이라고 밝혔다.

빌 게이츠는 BEV를 통해 그동안 투자한 회사 중 15% 정도 실패했는데, 이들은 모두 자신들의 이론을 테스트하기 위해 직접 설립한 회사다. 시행착오를 위한 기회비용을 쓴 셈이다. 따라서 3차 펀드를 기반으로 2024년 BEV의 투자 리스트를 지켜보는 것도 흥미로울 것이다. 다음 그림(248쪽)은 기존 BEV가 투자한 회사 리스트다.

"다음 1,000개의 유니콘 기업은 검색 엔진이나 소셜미디어 기업이 아닐 것이다. 이들 중 상당수는 지속가능하고 확장가능한 혁신 기업, 곧 전 세계의 탈탄소화를 돕고 모든 소비자에게 합리적인 가격의 에너지 전환을 제공하는 스타트업일 것이다."

| BEV가 투자한 100여 개 기업

(출처: BEV)

세계 최대 자산운용사 블랙록BlackRock의 래리 핑크 회장이 2022년에 한 말이다. 바로 클린테크 비즈니스가 만들 기회를 얘기한 것이다.

유엔 산하 '기후변화에 관한 정부 간 협의체Intergovernmental Panel on Climate Change, IPCC'는 지구 평균 기온 상승폭 1.5℃ 목표를 위해

2030년까지 연평균 탈탄소 투자액을 현재보다 3~6배 올려야 한다고 주장했다. 만약 이렇게 된다면 비즈니스 측면에선 큰 기회가 될 수 있다. 재생에너지 시설을 짓는 데 더 많은 돈을 투자하고, 전기차 산업도 더 커질 것이고, 건축에서 에너지 효율성을 높이는 기술과 사업에도 돈이 더 들어갈 것이고, 클린테크 기술 기업에 더 많은 돈이 투자되는 것이기 때문이다. 아울러 유럽과 미국을 중심으로 탄소감축을 전제로 하는 법, 제도는 더 많이, 더 강력하게 시행될 수 있다. 리더는 이런 상황에 대응해야 한다. 대응 과정에서 회사의 사업을 재편할 수도, 인력을 재편할 수도 있다. 구조조정이 필수적인 것이다.

기후위기를
환경운동가가 아니라
경영자의 시각으로 보라!

"지속가능성에 초점을 맞추는 것은 환경론자이기 때문이 아니라 자본가이기 때문이다."

2022년 1월, 세계 최대 자산운용사 블랙록의 회장이자 CEO 인 래리 핑크가 발표한 2022년 CEO 연례서한의 제목은 '자본주의의 힘The Power of Capitalism'이다. 이해관계자 자본주의가 정치적 논의도, 사회적·이념적 논의도 아닌 자본주의를 위한 것이라는 점을 명확히 밝혔다. 자본주의가 가진 지속적 진화와 재창조를 하지 못하는 기업은 도태되는 위험에 처할 것이라는 메시지와 함께 팬데믹이 바꾼 기업의 운영 환경, 고용주와 직원의 관계를 주목했고, 주주, 직원, 고객, 지역사회, 규제기관 등 이해관계자들이 기업의 탈탄소화 역할을 기대하는데, 이를 어떻게 대응하냐에 따라 자본 배분과 기업의 장기 가치가 좌우될 것이라고 했다.

그리고 블랙록이 지속가능성에 초점을 맞추는 것은 환경론자이기 때문이 아니라 자본가이기 때문이고, 고객(투자자)에 대한 신의성실 의무 때문이라고 말한다. 아마도 블랙록이 ESG를 주도하거나 지속가능성을 강조하는 것을 두고 환경론자냐는 얘길 들었나 보다. 얼핏 보면 블랙록의 행보가 환경운동가, 사회운동가의 행보와 비슷해 보이지만, 자세히 보면 근본적으로 다르다. 기후위기 대응이자 지속가능성, ESG 등은 가장 투자가치가 높은 기회이자 돈이 되는 방향이어서지, 블랙록이 돈 벌길 포기한 게 아니다.

ESG 공시가 강화되는 것도 투자자를 위한 일이다. 투자자의 돈을 안전하게 잘 지키기 위해서라도, 기업이 가진 리스크를 최대한 자세히 공시해야 한다. 그래야만 리스크 있는 기업에 투자하지 않을 수 있다.

기후위기는 실체가 있는 위험이다. 존재하지 않는 허상이 아니다. 외면한다고 사라질 위기도 아니다. 결국 정면 돌파하며 해결해야 할 위기이고, 이 과정에 막대한 돈이 들어간다. 이 돈은 기업에는 비즈니스 대상이 된다. 기후위기를 해결하는 것은 고스란히 비즈니스가 된다. 탄소 포집이나 제거, 탄소배출권 거래도 비즈니스 기회다. 자동차 산업이 전기차 중심으로 재편되고, 조선 업계도 저탄소, 장기적으로는 무탄소 선박으로 재편되고, 항공 업계, 건설 업계, 제조 업계 등도 탄소감축 기조로 재편된다. 재생에너지로 에너지 전환을 하는 것도 막대한 비즈니스 기회다.

경영자가 환경운동가처럼 군다면 그는 경영자로서 자격 없다. 눈치를 보지 말고 미래를 보라. 평판 관리하듯 소극적으로 친환경하지 말고, 비즈니스 기회가 될 친환경을 적극적으로 공략하라. 경영 리더가 소심하고, 눈치만 보고, 과거 관성으로만 문제를 보면 무능한 것이다. 이런 무능함이 리더의 약점이 되고, 이런 약점을 가질수록 나약해진다. 강한 리더는 약점을 지운 리더이자, 약점을 극복할 수 있는 리더다. 그러기 위해서라도 과감히 버릴 것은 버리고, 새롭게 흡수할 것은 받아들여야 한다. 계속 공부하지 않으면, 새로운 전문성에 대해서 전문가를 적극 받아들이지 않으면 경영자의 관점은 진화하지 않는다. 기후위기 대응에 환경운동가가 아니라 경영자의 관점을 가지듯, AI 기술이 몰고 올 위기와 기회 앞에서도 연구자의 관점이나 정책가의 관점이 아니라 경영자의 관점을 가져야 한다.

결국 승부는
인재전쟁에서
나온다

STRONG
LEADER
SHIP

경영은 시작도 끝도 다 인재다. 같은 사람들을 데리고서도 경영자에 따라선 다른 결과를 만들어낼 수 있다. 인재라는 자원을 최대한 잘 활용해서 최대의 효과를 이끌어내는 것이 리더십의 핵심이기도 하다. 인재전쟁의 핵심은 '잘 데려오고', '잘 키우고', '잘 내보내는' 3가지다. 이 3가지를 위해 리더의 강력함이 필요하다.

한번 인재는 영원한 인재가 아니다. 인재로서의 유효기간은 정해져 있다. 계속 공부하고 성장하는 사람은 그 유효기간이 길어지고, 안주하는 사람은 짧아진다. 인재로서 유효기간이 끝난 사람은 과감히 내쳐야 한다. 기회를 줘도 변화를 받아들이지 않고 성장하지 않는 사람을 '온정주의'로 방치해두는 건 리더의 책임 회피이자 무능이다.

AI가 일자리를 대체하는 시대?
오히려 기업은 인재난을 겪는다

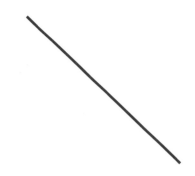

아이러니가 아닐 수 없다. 한쪽에선 AI가 촉발한 일자리 대체에 위기감을 느끼고 불안해하는데, 한쪽에선 쓸 만한 인재를 확보하지 못해 안달이다. AI를 비롯한 기술적 진화가 더 가속화될수록 인재의 중요성은 더 커진다. 모든 직원이 인재는 아니다. 채용할 때는 인재였지만, 일하면서 점점 인재의 가치를 상실한 이들도 있다. 과연 누가 진짜 인재일까? 리더는 인재를 바라보는 관점의 변화가 필요하다. 과거의 관점이 아니라 지금 시대 필요한 관점으로 업그레이드해야 한다.

세계경제포럼World Economic Forum, WEF에서 2023년 5월에 발표한 <직업의 미래 보고서 2023Future of Jobs Report 2023>에 따르면, 2022

년에는 인간 의존 직무는 66%, 기계 의존 직무는 34%였으나, 2027
년에는 인간 의존 직무는 57%, 기계 의존 직무는 43%로 전망했다.
전 세계 직업에서 기계 의존 직무 비중이 5년 새 34%에서 43%로
높아지는 것이다. 아마 2030년이면 기계 의존 직무 비중이 50%를
넘어설 수도 있다. 기계 의존 직무가 늘어날수록 인간의 일자리에
영향을 미칠 수밖에 없다. AI나 고도화된 로봇만 있는 게 아니다. 단
순한 자동화 도구로도 일자리가 대체된다. 결국 생산성과 효율성
혁신이 바꾸는 일자리 변화다.

《로봇의 부상Rise of the Robots》을 쓴 미래학자 마틴 포드Martin Ford
는 "합리적인 기업가라면 인력을 절감할 수 있는 기술이 나올 경우,
거의 예외 없이 그 유혹을 뿌리치지 못한다"라고 했다.

일자리를 유지하기 위해 기술적 진화가 생산성, 효율성을 높이
는 것을 막아야 할까? 과연 막을 수는 있을까? 그리고 엄밀히 따지
면 사람이 AI 혹은 로봇과 일자리를 두고 싸우는 게 아니다. 사람은
기술적 진화가 만들어낸 생산성과 효율성 혁신을 통해 줄어든 일자
리를 두고, 일자리가 필요한 다른 사람과 싸울 뿐이다. AI를 비롯해
기술적 도구를 잘 활용해 자신의 능력을 극대화할 수 있는 사람이
주로 일자리를 차지하게 된다.

<직업의 미래 보고서 2023>에는 2023~2027년 신규 일자리
및 실직자 수가 많은 직업에 대한 내용도 있다. 신규 일자리가 많은
순서와 실직자 수가 많은 순서를 보면 성장세 높은 미래 산업과 그
에 속한 관련 직업군이 무엇인지 알 수 있다. 동시에 생산성 낮은 혹

2023~2027년 신규 일자리 및 실직자 수		

향후 5년 내 증가할 직업 Top 10		향후 5년 내 감소할 직업 Top 10	
1위	인공지능과 머신러닝 전문가	1위	은행 창구 직원
2위	지속가능성 (에너지 및 기후) 전문가	2위	우체국 직원
3위	사업 지능 분석가	3위	계산 및 매표 직원
4위	정보 보안 분석가	4위	데이터 입력 직원
5위	핀테크 엔지니어	5위	행정 업무 전담 비서
6위	데이터 분석가와 과학자	6위	자재 기록 및 재고 관리 직원
7위	로봇 엔지니어	7위	회계, 부기, 급여 담당자
8위	전자공학 엔지니어	8위	국회의원과 공무원
9위	농기계 전문가	9위	통계, 재무, 보험 직원
10위	디지털 전환 전문가	10위	방문 판매원, 신문 및 노점 관련 종사자

(출처: 세계경제포럼)

은 자동화와 로봇에 대체 가능성이 높은 직업군이 무엇인지도 알 수 있다.

특히 향후 5년 내 증가할 직업 상위 10개와 감소할 직업 상위 10개를 확인해보면 극명히 구분된다. 만약 노동자 입장이라면, 자신의 직업이 어디에 해당하는지, 어떤 직업을 선택하는 것이 좀 더 유리할지 따져볼 것이다. 반면 경영자 입장이라면, 조직 내에서 어떤 직군의 사람을 더 뽑을지, 어떤 역할을 하는 사람을 우선 정리해고할지를 따져볼 것이다.

이건 기술이 바꾸는 인적 구조 개편의 문제이지, 결코 감정적으로 볼 문제가 아니다. 경영자는 온정주의를 버리고 냉정하게 봐야 한다. 그리고 일자리가 대체되어 실직자가 될 사람을 구제하는 문제는 기업보다는 정부, 정치권이 고심하고 대안을 찾아야 한다. 기업이 자사 직원의 재교육, 이직 등을 지원하는 건 도의적이거나 책임감 차원이지, 의무가 되거나 어떤 보장을 해주기는 어렵다.

<직업의 미래 보고서 2023>에는 2023~2027년, 기업에서 우선순위로 꼽은 재교육 항목에 대한 내용도 있다. 앞선 내용이 일자리가 늘어나고 역할이 더 많이 필요한 직업이 무엇인지(그렇지 않은 직업은 무엇인지)를 보여줬다면, 재교육 우선순위를 통해서는 인재에게 요구하는 능력과 자질을 보여준다.

결국 인적 구조 개편의 핵심이 AI, 로봇 등 기술적 진화이니, 이것에 대체되지 않은 인간의 고유한 능력 중 비즈니스에서 필요한 것들을 재교육받는 사람이라면 미래에도 인재로서 가치가 유효할 것이다. 최상위에 있는 분석적 사고력, 창의적 사고력, 리더십 및 사회적 영향력 등은 AI가 대체할 수 없는 역량이다. 그리고 AI 및 빅데이터 활용이 3번째로 높은 우선순위라는 점도 주목하라.

과연 여러분의 기업에서 직원 교육으로 다음 리스트(259쪽)의 상위 항목들을 중심으로 교육하고 있는가? 혹시나 가장 하위 항목들로 교육하고 있지는 않은가? 대개 전자라면 경영자가 유능하고, 교육부서가 힘이 있고, 예산이 충분한 경우일 것이고, 후자라면 그 반대일 것이다. 직원들이 재교육을 통해 계속 진화하고 성장하는 조직은 리더의 역할이 크다. 익숙한 관성만 지키고, 새로운 변화를 받아들이기 꺼리는 이들이 많기에 기업 교육에서 형식적이거나 시

| 2023~2027년 기업에서 우선순위로 꼽은 재교육Reskilling 항목

1	분석적 사고력	14	자원 관리 및 운영
2	창의적 사고력	15	마케팅 및 미디어
3	AI 및 빅데이터 활용	16	품질 관리
4	리더십 및 사회적 영향력	17	네트워크 및 사이버 보안
5	탄력성, 유연성 및 민첩성	18	신뢰성 및 세부 사항에 대한 주의력
6	호기심과 평생 학습	19	시스템적 사고
7	기술 활용 능력	20	프로그래밍
8	디자인 및 사용자 경험	21	교육 및 멘토링
9	동기부여와 자기 인식	22	다국어
10	공감과 적극적인 경청	23	손재주, 지구력 및 정밀성
11	인재 관리	24	글로벌 시민 의식
12	서비스 오리엔테이션 및 고객 서비스	25	읽기, 쓰기 및 수학
13	환경 관리	26	감각 처리 능력

(출처: 세계경제포럼)

간 때우기 교육도 꽤 많다. 교육 효과를 높이려면, 더 실질적이고 필요한 내용을 교육하고, 철저하게 평가해야 한다. 기업 교육을 업무 중 잠시 보내는 여가시간이 아니라, 가장 치열한 시간으로 만들어야 한다. 이런 문화를 기업에 뿌리내리게 하는 데는 인사, 교육을 담당하는 HRD 부서의 역할도 필요하지만, 근본적으로 경영자, 조직의 리더가 크게 각성해야 한다.

기업의 HRD 부서는 돈을 버는 부서가 아니라 쓰는 부서라 여겨 조직에서 힘이 없었다. 만약 앞으로도 그러는 기업은 결국 AI의 역습에서 인재난을 심각하게 겪을 수밖에 없다. 어떤 인재도 계속 학습하며 진화해야지, 계속 뽑아내기만 하다가는 오래가지 못한다. 인재들이 퇴사하는 가장 큰 이유 중 하나가 자신이 성장하지 않는 다고 느꼈을 때다. 한번 배운 것을 평생 써먹어도 되는, 산업적 변화 속도가 느린 과거 시대의 사람들에겐 없었던 태도다. DEI(다양성 Diversity, 형평성Equity, 포용성Inclusion)를 글로벌 기업들이 중요하게 여기고 대응하는 이유도 인재를 확보하기 위해서다. 우수한 인재일수록 DEI가 갖춰지지 않은 기업에서 일하길 꺼린다. 이는 곧 투명한 평가와 공정한 보상과도 연결되기 때문이다. 기업에서 교육도, 다양성 활동도 복지가 아니다. 조직의 혁신과 성장을 위한 인재 전략의 일환이다. 리더가 해야 할 가장 시급한 일이 인재를 우대하고 구성원을 인재로 성장시키는 시스템을 구축하는 일이다.

애사심이 있는 리더라면
결코 적당히 타협하지
않아야 한다

아무리 좋은 방법이라도 조직구성원들이 거부하면 소용없다. 거부하는 이유는 다양하다. 관성 때문에도 거부하고, 개인적 불이익 때문에도 거부하고, 변화가 두려워서도 거부한다. 이런 상황에서 리더는 대개 타협한다. 정면 돌파하다가 조직구성원들과 갈등이 커지고, 욕 많이 먹는 상황을 맞는 걸 꺼린다. 하지만 조직의 미래를 위해 싸우기보다 적당히 타협하는 리더는 조직에 대한 애정이 없다. 적어도 리더라면 애사심이 필수다. 조직을 위해 존재하는 것이 리더다. 리더를 위해 조직이 존재하는 게 아니다.

국내 기업 중 아주 특이한 인사시스템을 구축한 곳이 있다. 스타트업도 아닌 대기업인데, 한국에서 어떻게 이것이 가능할까 생각하는 사람도 있을 텐데 강한 리더십이 보여준 결과다. LG CNS는 2019년 나이와 직급에 상관없이 역량이 뛰어난 직원에게 더 많은 보상을 해주는 기술 역량 레벨 평가제를 도입했다. 역량 레벨(1~5)은 사내 기술인증시험인 TCTTechnology Certification Test로 평가해 정한다. AI를 비롯해 24개 과목의 기술 평가 시험을 친다. 사내 최고 기술 전문가와 기술 임원이 평가하는데, 기술은 답이 명확하고 평가 결과를 객관화하기도 쉬워 명확히 받아들이기 좋다. 최종 역량은 기술 역량에 산업, 리더십 역량을 합쳐 산출하는데 기술 역량의 비중이 60% 이상(IT 기술이 핵심인 부서에선 기술 시험 비중이 80% 이상)이다. 산업, 리더십 역량은 각 조직의 리더들이 매기는 정성 평가다.

직원들은 매년 TCT에 응시하고 역량 레벨은 매년 갱신된다. 절대 평가인 역량 레벨에서 좋은 성적을 받으면 연봉이 크게 오른다. 기술 역량 레벨은 외부 프로젝트 수주 시 투입하는 서비스 인력 단가에도 반영된다. 그동안은 투입 인력의 연차, 직급 등을 기준으로 인력 단가를 산정했는데, 기술 역량 기준으로 바꿨다. 아직 업계에선 과거 방식을 여전히 쓰지만, 실력 있는 기술 전문가를 우대하기 위해선 바꿀 필요가 있다.

LG CNS는 기술 역량 평가 제도를 2019년에는 인사와 연봉에 50% 반영했고, 2020년 75%를 거쳐, 2021년부터 100% 반영한다. 2020년부터 역량이 더 뛰어난 'S급 인재'를 골라 더 많은 보상을 주기 위해서 '패스트 트랙'까지 추가했다. 역량 레벨을 도입한 후에는 연차와 상관없이 모두 승진 대상자가 되었다. 기존에 만 58세부터 임금 피크제를 적용했지만, 기술 역량 레벨이 높으면 정년 이후에도 별도 계약을 맺고 일할 수 있다. 기술 역량이 높은 직원에겐 임금 피크제, 정년제가 사실상 폐지되는 셈이다.

결과적으로 기술 역량 레벨 평가제 도입 이후, 최상위 등급인 레벨 4 이상이 계속 증가하고, 매년 매출과 영업이익도 최고치를 경신하고 있다. 성과급도 늘고, 퇴사율도 크게 줄었다. 연공서열이 아니라 역량 평가 중심으로 바꾸니 30대 초반의 최연소 팀장, 20대 후반의 최연소 엑스퍼트(총괄 컨설턴트)가 등장했고, 역량 평가 시험이 절대평가다 보니 서로 경쟁하는 것이 아니라 스터디그룹을 만들어 함께 공부하고, 연차와 관계없이 역량이 뛰어난 고수에게 배우고 도움 주는 문화도 만들어졌다. 이것이 바로 수평화다. 능력과 성과 중심으로 수평화한 것이 구성원들에게 동기부여로 작용하고, 인사시스템의 강점이 된 것이다.

참고로 2010년대 내내 매출이 3조 원대이던 LG CNS는 2021년 처음 4조 원대에 진입했고, 2023년 5조 원대(5조 5,000억 원)에 진입했다. 영업이익도 5년 새 2배 정도 늘었고, 영업이익률은 SI 업계 1위다. 2021년 크게 약진했고, 2022년, 2023년에도 가파른 성장을 이어갔다. 특히 SI 업계 1위 삼성SDS가 계열사 대상의 내부거래 비중(2023년 3분기 기준)이 62%인 반면, 2위 LG CNS는 54%다. SI 업계 상위권 기업인 현대오토에버가 내부거래 비중 88%, 포스코DX가 89%인 것과 비교하면 확실히 LG CNS가 그룹사이자 계열사 내부에 의존하지 않고도 성과를 내는 경쟁력이 있다. 업계 3위부터는 매출이 2조 원대이니 압도적 2위가 LG CNS다. 최근 5년간의 성장률로는 단연 독보적이다.

LG CNS에 기술 역량 레벨 평가제를 도입하고 인사시스템에서 수평화를 정착시킨 일등 공신은 2016년 3월부터 2023년 3월까지 7년간 CEO를 역임한 김영섭 대표이사다. 디지털 트랜스포메이션이 필수가 되고, 모든 산업이 IT 기술 중심으로 돌아가는 시대에 기술력은 최고의 경쟁력이다. 이런 결론까진 누구나 쉽게 내린다. 하지만 같은 결론이어도 실행은 같지 않다.

다른 리더들은 과감한 조직 시스템 변화를 도모하지 못했는데, 김영섭 CEO는 과감하게 실행했다. 기술 중심 회사로 전환하려고 기술 역량 평가제를 제기했고, 직원들의 반발, 반대를 돌파했다. 분기별 정례모임, 사보, 사내 게시판 등을 통해 제도의 장점과 비전을 알렸고, 30회 이상 공청회를 열어 직원들의 의견을 듣고 설득해나갔다. 사원 대표로 구성된 노경협의회, 젊은 직원들로 구성된 미래구상위원회의 의견을 듣고 협의해나갔다.

반대하는 사람을 설득하는 건 아주 고단하고 힘든 일이다. 일방적으로 밀어붙이지 않고, 끈질기게 설득했다. 어떤 회사가 새로운 제도를 도입하기 위해 30회 이상 공청회를 할까? 이런 끈질기고 힘든 과정을 감수한 건 회사에 대한 애정 때문이다.

김영섭 CEO는 1984년 럭키금성(LG의 전신)에 입사해 30년 이상을 일했고, 결국 LG그룹 계열사의 CEO까지 되었다. 애사심에선 그 누구보다 높았을 것이다. 자신이 욕먹더라도, 자신을 싫어하는 사람들이 생기더라도, 회사의 미래를 위해 모든 걸 감수했고 정면 돌파했다. 아주 강력한 애사심이자 비전에 대한 강한 확신을 가진 리더다.

국내 SI 업계나 다른 IT 기업에서 LG CNS의 기술 역량 레벨 평가제를 벤치마킹하려는 곳이 있었지만, 성공적으로 실행하고 정착시키진 못했다. 강한 리더십이 부재해서 그랬던 건 아닐까? 시작부터 완벽한 제도는 없다. 각 기업마다, 각 조직마다 맞는 제도가 다를 수도 있다. 아무것도 하지 않으면 아무 일도 생기지 않는다. 결국 리더가 나서야 한다.

다음은 김영섭 CEO가 2023년 8월, KT 대표이사 취임식 때 한 말이다.

"나이와 직급에 관계없이 뛰어난 역량이 있으면 핵심 인재로 우대하겠다."

"고수다운 방식으로 일해야 한다. 시간이 걸리겠지만 혁신하고 성장하는 기업 문화를 만들기 위해 최선을 다하겠다."

"나이, 직급과 관계없이 역량, 실력이 중요하다. 자기가 맡은 분야에서 최고 전문가가 돼야 한다."

LG CNS의 조직을 혁신한 김영섭 CEO는 지금 KT의 CEO다. 아마 전문경영자에게 한국에서 가장 어려운 미션 중 하나가 KT의 경영자가 되어 조직을 혁신하고 사업을 성장시키는 일 아닐까? 분명 KT는 자산도 많고, 잠재력도 있는 회사다. 동시에 정치권 낙하산도 존재하고, 조직도 방대하다. 갑자기 그런 게 아니라, 늘 그랬다. 공기업의 속성을 완전히 탈피하지 못했다. 평균 근속연수가 가장 긴 기업이기도 하고, 변화나 혁신보다는 안정과 관성이 더 잘 어울리는 회사다.

그동안 KT의 경영자가 된 수많은 리더가 한결같이 조직과 사업에서의 혁신, 곧 구조조정을 시도했지만 잘 안 되었다. 사내정치, 권력투쟁, 기득권 다툼 등이 존재하는 회사이고, 조직 저변에 깔려 있는 거대한 저항과 반발은 결코 돌파하기 쉽지 않다. 그래서 김영섭 CEO가 어떻게 조직을 바꿔갈지, 성장시켜갈지 (아니면 잘 안 될지) 지켜보기 좋은 사례다.

조직의 수평화는
쉽게 이뤄지지 않는다.
리더가 싸워서 쟁취할 일!

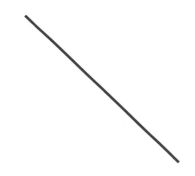

조직의 수평화를 누구나 얘기하지만, 아직도 수평화를 제대로 정착시킨 기업은 많지 않다. 말로는 수평화인데, 여전히 수직적 위계구조 문화가 남아 있다. 수평화는 특정 세대에게 유리, 혹은 불리한 이슈가 아니다. 그럼에도 이를 세대 이슈로 연결해 보는 것도 이젠 경계해야 한다. 세대가 달라서 일이 안 되는 게 아니다. 세대가 달라서 서로 갈등하는 게 아니다. 다만 세대와 나이를 중요하게 여기다 보니, 세대와 나이로 서열이나 집단을 만들다 보니, 불필요한 갈등이 생기고 일이 안 되는 것이다. 나이가 어리든 후배 세대든 상관없이 누가 더 유능하고, 누가 조직에 더 성과를 만들어주느냐에 따라서 조직의 권한, 역할, 보상이 주어져야 한다. 결국 위계구조 중심에서 수평적 조직으로 가려는 목적은 나이 서열 문화가 만드는 경직된 상하관계를 지우기 위해서다.

수평화는 성과와 능력 중심주의, 위계가 아니라 역할주의다. 능력 없는데 나이와 연차가 많다고 더 많은 연봉을 받고, 더 많은 권한을 갖는 게 과연 타당한가? 오랫동안 그렇게 해왔다고, 익숙하고 관행적으로 해왔다고 그것이 틀렸음에도 계속 고집하는 건 참 고약한 태도다. 조직의 미래 따윈 안중에도 없고, 자신의 밥그릇만 챙기면 된다는 태도다. 이런 고약한 사람들이 애사심이나 주인정신을 애기하는 게 얼마나 가증스러운가? 우리 좀 솔직하자. 기업은 성과를 내는 곳이고, 업무로 평가되어야 한다. 사내정치와 기득권 다툼으로 조직문화를 오염시켜선 안 된다. 이 기본 원칙이 절대 흔들려선 안 된다.

수평화는 노력 없이 쉽게 얻어지지 않는다. 가만 놔두면 알아서 조직에 정착되는 게 아니라, 일부 구성원들의 관성과 저항에 맞서 리더가 치열하게 싸워야만 얻을 수 있다. 수직화에 익숙한, 수직화가 자신에게 좀 더 유리한 이들은 순순히 수평화를 받아들이지 않는다. 개별 구성원들에겐 조직의 대의보다, 개인의 입장이 더 중요할 수 있기 때문이다.

강한 리더십이 발휘되어야 할 필수 영역 중 하나가 바로 조직문화와 인사제도에서의 수평화다. 일하는 방식과 보상방식에서 투명성, 수평화가 확보되지 않는 한 한국 기업의 미래는 회의적이다. 일은 사람이 아니라 유능한 인재가 더 잘한다. 성과도 인재가 더 낸다. 인재가 모여드는 기업으로 만들지 못하면 미래가 불안해질 수밖에 없다.

잡코리아와 알바몬이 MZ세대 직장인 1,114명을 대상으로 공동 조사한 '선호하는 직장상사 및 기업문화' 조사(2023. 3.) 결과(복수 응답)에 따르면, 피드백이 명확한 상사(42.0%), 솔선수범하는 상사(25.6%), 실무에 능숙한 상사(18.4%), 동기를 부여하는 상사(18.0%), 공정한 상사(17.4%), 공사 구분이 철저한 상사(13.4%), 유연한 상사(13.2%), 다정한 상사(13.1%) 순으로 이상적인 상사를 꼽았다. 확실히 일 잘하는 상사를 선호한다.

반면 너무 원칙적인 상사(2.0%), 친목을 도모하는 상사(3.2%)가 가장 호감도가 낮았다. 너무 원칙적인 상사를 선호하지 않는 건 과거에도 그럴 수 있었겠지만, 친목을 도모하는 상사를 꺼리는 건 확실히 변화한 일이긴 하다. 직장에서 상사와 친분을 쌓기보다 업무 실력을 더 쌓고, 자신의 업무 성과에 따른 보상을 공정하게 잘 받고 싶다는 태도다. 확실히 조직에 속해 있지만 과거처럼 집단주의적 태도가 아니라 개인주의적 태도가 우선되고 있다. 이는 평생직장이 사라진 시대에 지극히 당연한 태도다.

KMAC와 리멤버가 공동으로 국내 상장기업 재직자 중 경력 3년 이내 사원급 신입사원 1,000명을 대상으로 조사(2022. 12.)한 결과에서도 유사한 트렌드가 드러났다. '내 사수가 멋있어 보인 순간'에 대한 답변에서 '업무적으로 뛰어난 역량을 보여줄 때(47.4%)'가 압도적으로 높았다. 그다음으로 '실수를 커버해줄 때(18.7%)',

| MZ세대 직장인 1,114명 대상 '선호하는 직장상사 및 기업문화' 조사(2023. 3.)

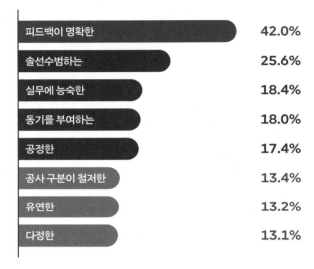

이상적인 직장상사를 표현하는 가장 중요한 단어는? (복수 응답)

피드백이 명확한	42.0%
솔선수범하는	25.6%
실무에 능숙한	18.4%
동기를 부여하는	18.0%
공정한	17.4%
공사 구분이 철저한	13.4%
유연한	13.2%
다정한	13.1%

(출처: 잡코리아, 알바몬)

'업무 지시를 명확하게 내릴 때(15.0%)' 순이었다. 확실히 앞선 조사와 비슷하게 일 잘하는 상사를 선호했고, 특히 '명확한 피드백(업무지시)'은 공통적으로 상위에 꼽힌 내용이다. 이런 상사와 일하면 업무에서 시행착오나 시간 낭비를 줄일 수 있고, 불필요한 야근도 줄일 수 있다.

한국리서치 주간리포트 제230-1호(2023. 5.)의 '직장 내 세대차이에 대한 오해와 진실'에서 전국 18세 이상 임금 근로자 1,044명을 대상으로 조사(2023. 3.)한 결과에 따르면, '고용안정성'이 40, 50, 60대에겐 아주 중요했지만, 20대에겐 상대적으로 중요성이 아주 낮

**내 사수가
멋있어 보인
순간은?**

업무적으로 뛰어난 역량을 보여줄 때	**47.4%**
실수를 커버해줄 때	**18.7%**
업무 지시를 명확하게 내릴 때	**15.0%**
친구처럼 소통이 잘 될 때	**6.1%**
아무런 간섭이 없을 때	**5.3%**
칼퇴근 시켜줄 때	**4.8%**
맛난 거 사줄 때	**2.7%**

(출처 : KMAC, 리멤버)

았다. 얼마나 오래 근무할 수 있느냐 혹은 해고당하지 않고 계속 일할 수 있느냐가 아니라, 일하는 동안 얼마나 편하게 일할 수 있느냐, 일하면서 업무 능력을 쌓을 수 있느냐 등을 더 중요시한다. 모든 연령대에서 연봉이 가장 중요한 요소였는데, 특히 20대, 30대가 상대적으로 더 중요성이 높았다.

요즘 세대는 자주 이직하며 다양한 업무 경험과 능력을 쌓아가는 것을 합리적으로 여긴다. 과거 기성세대처럼 회사에 충성하며 자신의 모든 것을 바치는 것은 불가능한 일이다. 애사심, 충성심, 장기근속, 평생직장 같은 키워드는 그때는 맞았지만, 지금은 틀릴 수 있는 말이 되었다. 충성심 없어도 되니까, 있는 동안 자신이 가진 업

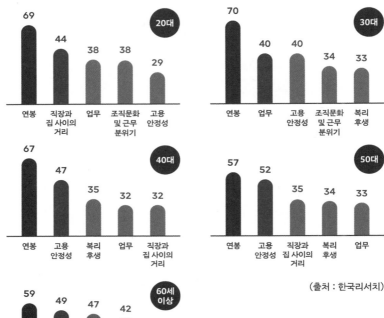

| 평소 직장을 선택할 때 고려하는 것(복수 응답 3개) (단위: %)

20대
- 연봉 69
- 직장과 집 사이의 거리 44
- 업무 38
- 조직문화 및 근무 분위기 38
- 고용 안정성 29

30대
- 연봉 70
- 업무 40
- 고용 안정성 40
- 조직문화 및 근무 분위기 34
- 복리 후생 33

40대
- 연봉 67
- 고용 안정성 47
- 복리 후생 35
- 업무 32
- 직장과 집 사이의 거리 32

50대
- 연봉 57
- 고용 안정성 52
- 직장과 집 사이의 거리 35
- 복리 후생 34
- 업무 33

60세 이상
- 고용 안정성 59
- 연봉 49
- 직장과 집 사이의 거리 47
- 업무 42
- 조직문화 및 근무 분위기 26

(출처 : 한국리서치)

무 능력을 계속 키워내고 그것을 업무에 최대한 반영하는 것이 필요하다. 성과에 따라 보상이 주어지고, 평가에 대해 투명한 시스템이 구축되어야 조직을 신뢰할 수 있다.

이제 애사심은 애틋한 감정이나 희생정신이 아니라 구체적인 기브 앤 테이크다. 경영자 입장에서도 자길 잘 따르고 충성하는 직원보다 성과를 내는 유능한 직원이 더 좋다. 아니 그래야 한다. 이 기본 원칙이 흔들리면 수평화, 성과주의는 다 허사가 되고, 사내정치와 기득권 싸움만 계속한다.

기업에서 수평화는 선택의 문제가 아니라 필수다. 과연 당신이 생각하는 조직의 수평화는 무엇인가. 어떻게 일하는 것을 말하는가. 수평화에 대해 착각하면 안 된다. 모두가 똑같다? 서로 맞먹는다? 이런 게 아니다. 기업에서 지향해야 할 수평화의 본질은 역할주의와 책임주의, 그리고 능력주의다! **능력(성과) 있는 사람이 우대받는 것이 수평화의 핵심이다.**

조직의 수평화로 가야 할 이유가 많다. 세대의 변화, AI/자동화로 인한 생산성 변화, 노동관과 직장관의 변화, 성과/능력주의 중심으로 변화, 산업구조와 사회의 변화 등 모든 변화가 결국 조직의 수평화를 원한다. 선택의 문제가 아니라 필수의 문제, 무조건 지금 조직의 리더는 이 문제부터 풀어야 한다. 이걸 회피하고 외면한다면 그건 리더의 직무유기다.

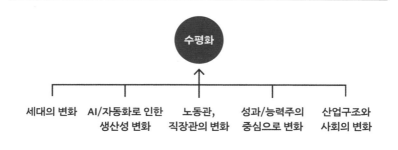

수평화를 위해선 '능력에 따른 차별'이 필수다. 일 잘하나 못하나 같은 평가를 받는다면 누가 일 잘할 동기부여가 되겠나? 연차, 나이, 성별, 인종 등은 차별 요소가 되어선 안 된다. 하지만 능력에 따른 차별은 필요하다. 성과를 더 많이 내고 역량이 더 뛰어난 이들에 대한 보상이 충분히 주어지는 걸 두고, 그렇지 못한 다른 이들이 상대적 박탈감을 느낄 수 있다는 시각도 있다. 하지만 어쩌겠는가? 기업은 인재를 우대해야 하고, 인재를 빼앗기지 않고 지켜야 한다. 능력 있는 인재일수록 갈 데가 많다. 능력에 따라 우대해주지 않는 조직은 결국 주기적으로 인재 유출을 겪을 수밖에 없다. 지금은 기업이 인재를 선택하는 시대가 아니라, 인재가 기업을 선택하는 시대다.

인재가 기업을
선택하는 시대
: 기업은 어떻게
인재를 지킬 것인가?

　　구직자는 많지만, 기업에선 원하는 인재 찾기가 점점 어렵다. 힘들게 구한 인재를 계속 잘 지키는 것도 중요하고, 인재를 계속 성장시켜 더 나은 인재로 키워가는 것도 중요하다. 젊은 직원들의 퇴사율, 직원 전체의 이직률이 높은 조직일수록 인재를 교육하고 성장시키는 투자에 취약한 경우가 많다.

　　조용한 사직과 조용한 고용, 조용한 해고 모두 인재가 기업을 선택하는 시대의 산물이다. 자발적으로 회사를 그만두는 것이 사직(퇴사)이다. 새로운 기회가 있다고 여기고, 일자리가 많다고 여길수록 사직이 늘어난다. 팬데믹 기간 중 대퇴사의 시대가 온 것은 팬데믹으로 IT 산업을 비롯해 호황을 맞은 산업이 많아서다. 특히 미국이 그랬다. 구직자에게 칼자루가 주어진 셈이었다. 이런 상황에서 조용한 사직이 등장했다. 조용한 사직Quiet Quitting은 언제든 더 좋은 일자리로 이직할 기회를 보며 해고당하지 않을 정도로만 일하는 것이다. 일을 하고는 있지만 몰입하지는 않는다.

조용한 사직은 경영자나 인사담당자 입장에선 아주 불편한 일이다. 월급은 다 받아가면서 생산성은 낮은 직원이 많아지는 건 기업으로선 손해다. 인건비 손해보다 기회비용 손해가 크다. 최선을 다하지 않는 직원 때문에 최선을 다하는 직원의 사기도 떨어진다. 조용한 사직이 엄밀히 태업은 아니지만 조직에는 잠재적 위험 요소다. 이런 사람들에게 뭘 맡기고, 뭘 기대할 수 있을까? 결국 조용한 사직을 없애는 게 기업 입장에선 필요하다.

물론 노동자 입장에선 다르다. 지금 회사가 자신을 성장시켜주고 기회도 많다면 최선을 다하겠지만, 그렇지 않다면 더 좋은 기회가 있는 곳을 호시탐탐 노리는 게 합리적인 선택이다. 여기서 중요한 힌트가 나왔다. 조용한 사직을 없애기 위해서도 결국 조직은 능력 중심으로 우대하고, 인재를 계속 성장시켜야 한다. 인재를 키우기 위한 교육도, 조직의 사업 구조조정과 혁신도 필요하다. 결국 수평화로 조직을 리셋해야 한다. 능력이 없는 사람이 사직하는 건 환영한다. 능력 있는 인재를 잡는 게 미션이다. 해고와 실직이 두렵지 않은 사람에게 과연 어떤 조직관리를 해야 할까? 이것이 지금 리더에게 주어진 새로운 시험대다.

2022년 하반기부터 시작된 대량 해고 바람이 2024년에도 거 세계 다시 불고 있는 미국에서 대퇴사Great Resignation 시대가 가고 대잔류Big Stay 시대가 올 것이란 전망도 크다. 하지만 여전히 인재들에겐 퇴사의 권리, 조용한 사직의 권리가 주어진다. 그리고 2030대들에게 직업관, 직장관, 노동관, 인생관이 4050대들의 관점과 결코 같지 않다.

아무리 대량 해고와 구조조정이 확산되어도 인재가 기업을 선택하는 시대임은 바뀌지 않을 수 있다. 특히 AI를 비롯해, 산업 패러다임 변화의 주도권을 쥐고 있는 분야의 인재는 수요 대비 너무 부족하다. 아직 그들은 대체불가다. 과거와 같은 맹목적 애사심, 충성심은 없다. 장기근속할 생각도 별로 없다. 더 좋은 기회가 주어진다면, 자신이 더 성장할 수 있는 환경이라면 언제든 옮겨갈 수 있다. 과거와 달리 실직, 이직에 대한 불안감도 두려움도 없다. 긱 고용에 대해서도 관대하다. 과거의 조직문화, 과거의 평가나 보상 체계로는 이들을 사로잡기 어렵다.

결국 여기서도 결론은 인재 우대, 능력에 따른 보상이다. 이를 위해서 투명성은 필수다. 스트롱 리더십이라고 쓰고 투명성 리더십으로 읽어도 좋다. 2030대 인재들일수록 더더욱 투명하고 공정하게 평가받고 보상받길 원한다. 성과급도 윗선에서 알아서 결정하는 게 아니라, 투명하게 성과급 기준을 공개하고 그에 따라 책정되어야 한다.

조용한 사직이 노동자에게 주어진 칼자루라면, 조용한 해고는 기업에 주어진 칼자루다. 해고 대신 직원 재배치나 직무평가 강화,

급여 인상 거부, 승진 기회 박탈 같은 간접적인 해고 사인을 주는 것을 조용한 해고Quiet Cutting라고 한다. 조용한 사직에 대응하는 말이다. 기존 직원을 해고하고 필요한 직원을 새롭게 채용하는 방식보다 기존 직원을 재배치하는 게 기업에는 이득이기도 하다. 직원을 해고하면 퇴직금과 구조조정 비용이 들어갈 수밖에 없는데, 직원 재배치는 비용도 덜 들고, 구조조정 효과도 본다. 조용한 고용Quiet Hiring도 있다. 신규 직원을 뽑기보다, 직원 재배치로 역할을 전환하거나 단기계약직을 고용하는 것을 의미한다.

조용한 사직 Quiet Quitting
언제든 더 좋은 일자리로 이직할 기회를 보며 해고당하지 않을 정도로만 일하는 것이다. 기업엔 부담스러운 태도다.

조용한 해고 Quiet Cutting
직원을 해고하면 퇴직금과 구조조정 비용이 들어갈 수밖에 없는데, 직원 재배치는 비용도 덜 들고, 구조조정 효과도 있다.

조용한 고용 Quiet Hiring
신규 직원을 뽑기보다, 직원 재배치로 역할을 전환하거나 단기계약직을 고용하는 것이다.

한국은 해고하기 어려운 나라다. 기업이 망하거나 인수합병되거나 하는 등 아주 심각한 경영 위기가 아니라면 해고하지 못한다.

산업 재편에 선제적 대응으로 수익성 없는 기존 사업을 접고, 새로운 사업으로 넘어가는 과정에서도 해고는 쉽지 않다. 저성과자, 무능한 무임승차자 해고도 쉽지 않다. 저항하고 반발하며 갈등 상황이 만들어지고 법적으로 다투게 되다 보니, 조직의 과감한 인적 개편이자 구조조정, 정리해고는 리더들이 기피하게 된다. 고용과 해고 관련한 편법만 난무한다. 그 결과 비정규직을 선호하게 되었고, 정규직 전환율도 아주 낮다.

한번 취업한 회사에서, 설령 업무 성과가 낮더라도 계속 버티면서 월급 받는 것이 과연 최선일까? 왜 무능한 동료, 무임승차하는 동료 때문에 자신이 손해 볼 땐 억울해하다가, 막상 자신이 무능해지면 과감히 사표 쓰고 나가지 않을까?

노동자가 절대적 약자일까? 분명 노동자를 보호해야 하지만, 생산성 낮고 제 역할을 다 하지 못하는 사람까지 무조건 다 보호해야 할까? 우리 사회는 이제 직장관, 직업관, 노동관 등에서 1970~1980년대가 아니라 2020년대에 맞는 변화가 필요하다. 해고가 자유로운 미국이 과연 우리나라보다 더 노동자가 취약한 환경인가?

미국에서 급여투명화법Pay Transparency Law이 확산되고 있다. 미국의 50개 주 중에서 GDP 규모가 가장 큰 Top 10 중 4개 주에서 급여투명화법을 시행하고 있다. GDP 규모가 압도적 1위인 캘리포니아가 2018년 이 법을 가장 먼저 만들었다. 그리고 3위인 뉴욕, 5위 일리노이, 공동 9위인 워싱턴이 이 법을 시행 중이다. 공동 9위인 뉴저지는 이 법을 도입할 예정이고, 7위인 오하이오는 일부 지역에서 시행 중이다. 이들 6개 주의 GDP 총합이 미국 전체 GDP의 1/3 정도다. 급여투명화법을 시행 중인 10개 주, 법을 도입할 예정인 14개 주를 다 합치면 미국 GDP의 절반을 훌쩍 넘는다.

법 시행과 도입 예정인 주가 대거 늘어난 것은 2022~2023년이고, 2024년에도 흐름이 이어진다. 이 법에 따라 기업에서 같은 역할(업무)을 하면서 인종, 성별, 연령 등이 다르다는 이유로 급여가 다르면 불법이 된다. 벌금이 부과되고 기업이 불이익을 받게 된다. 하지만 같은 역할을 하더라도 능력 차이, 성과 차이에 따라서는 급여 차이가 나더라도 문제 되지 않는다.

그동안 미국 연방 정부와 주 정부들은 임금, 급여의 평등화를 위해 노력해왔다. 직원의 연령, 인종, 국적, 성별 정체성, 장애, 결혼 등의 이유와 상관없이 유사한 업무를 하는 다른 직원과 동일한 급여를 받을 권리The Right to Equal Pay for Substantially Similar Work를 보장하고 있다.

아울러 2023년 3월에는 미국 의회에 모든 사람을 위한 급여 형평성 법안으로, 공정근로기준법Fair Labor Standards Act, FLSA을 개정해 공개 직책의 임금 범위Wage Range 공개를 의무화하는 '급여 투명화법Salary Transparency Act'이 발의되었다. 만약 이 법안이 통과되면 미국의 모든 고용주는 모든 고용과 승진 등에서 임금 범위를 공개해야 한다. 개별 주에서 법안이 계속 확산되는 데다, 연방 정부에서도 논의가 확대되고 있기에 미국에서 급여 투명화법은 대세가 될 가능성이 크다. 2022년 11월부터 시행 중인 뉴욕시New York City는 위반 건당 25

만 달러의 벌금을 부과한다.

이런 법의 핵심은 차별을 없애는 것이지 일괄적 평등이 아니다. 한국은 나이와 연차가 급여 책정에 영향을 미친다. 남녀 임금 격차도 OECD에서 가장 크게 나는 나라다. 결혼하고 양육하는 직원이 암묵적으로 불이익을 받는 경우도 비일비재하다. 한국 기업에서 벌어지는 일들이 미국에서 벌어진다면 그 기업은 벌금을 엄청나게 물어야 한다.

사실 이 법이 다양성, 평등성, 포용성이라는 DEI의 일환이기도 하면서, 궁극적으로는 성과주의, 능력주의 강화에 기여할 가능성도 크다. 급여 격차를 만드는 유일한 이유는 능력 차이여야 하기 때문이다. 최고의 복지는 아침밥 주고 사무실 인테리어 멋지게 해주는 게 아니라, 능력대로 평가하고 보상해주는 신상필벌이 확실히 지켜지는 것이다. 프로 스포츠 선수는 신상필벌이 확실하고, 그것이 가장 큰 동기부여다. 기업 조직을 프로 스포츠팀처럼 운영하기는 어렵지만, 기본 방향은 같아야 한다.

인재전쟁에서
이기기 위한
리더십은 무엇일까?

신상필벌信賞必罰은 공이 있는 사람에게는 상을 주고, 죄가 있는 사람에겐 반드시 벌을 준다는 의미다. 공정하고 엄중하게 평가해 그에 따라 상과 벌로 보상하겠다는 것이다. 기업에선 지극히 당연한 기본 원칙이어야 한다. 하지만 신상필벌이 지켜지지 않는 경우가 많았다. 성과를 냈어도 제대로 평가받지 못하거나, 문제를 일으켰어도 제대로 책임지지 않는 일이 있다. 행동이자 결과 그 자체만 보고 대응하지 않고 '누가' 했느냐에 따라 기준이 왔다갔다하기도 한다. 내로남불도, 리더의 무책임도 연공서열 중심의 조직에선 비일비재했다.

아인슈타인이 한 "사람을 움직이는 유일한 수단은 내가 먼저 모범을 보이는 것뿐이다"라는 말과 존 맥스웰이 한 "반성하지 않는 리더는 따를 가치가 없다"는 말은 지금 시대 더 되새길 리더의 태도다. 리더의 가장 기본기다. 뭐든 기본이 튼튼해야 위기에서 흔들리지 않는다.

경험이 많고 나이가 많은 리더일수록, 편견도 관성도 갖고 있다. 경험의 함정이다. 이걸 인정하고 시작해야 한다. 인정해야 바꿀 수 있고, 버릴 수 있다. 변화를 인정하고 받아들여야 용기 있고 강한 리더다. 그런데 우린 아직도 관성을 붙잡고 있다. 2000년부터 많은 대기업이 수평화 시도를 했지만 조직 내 저항세력에 부딪혀 계속 무력화되었다. 그로부터 20여 년이 지난 지금, 일부 기업은 겉으론 수평화에 가까워졌지만, 속으론 여전히 과거의 행태가 존재한다.

만약 여러분의 조직에서 MZ세대로 인한 갈등이 이슈라고 여겨진다면, 그건 수직적 위계구조에서 벗어나지 못했다는 전형적 증거다. 사람은 나고 자란 환경, 시대에 따라 경험과 가치관이 다를 수밖에 없다. 세대 차이는 불가피하다. 하지만 세대 차이가 모두 세대 갈등이 되지는 않는다. 서로 다르다는 걸 인정하고 존중하면 갈등이 될 여지가 없다.

그리고 업무 능력과 세대는 상관없다. 어떤 세대여서 일을 잘하고, 어떤 세대여서 일을 못하는 것이 아니다. 어떤 세대에서 그렇게 행동하고, 어떤 세대에서 저렇게 말하는 것도 아니다. 이건 세대가 아니라 각자 사람의 차이일 뿐이다. 그 사람이 그렇게 생각하고 행동하는 것이지, 그 사람이 특정 세대여서 그러는 게 아니다.

그럼에도 MZ세대 때문에 세대 갈등이 생긴다고 여기는 기업의 경영자나 임직원이 여전히 있다. 그동안 이 문제를 풀겠다며 MZ세대를 이해하고 소통하겠다며 커뮤니케이션 교육과 화합 행사 같은 걸 수시로 했는데, 아주 어리석은 접근이다. 산업구조도 바뀌고, 시대도 바뀌고, 기술도 바뀌었다. 결국 일하는 방식과 조직문화도 지금 시대에 맞는 것으로 바꿔야 한다. 그런데 이걸 바꾸지는 않고 세대가 서로 달라서 갈등이 생겼다며 이 문제를 풀겠다고 하니 얼마나 어리석은가?

기업은 친목 단체가 아니다. 철저히 업무와 성과, 책임으로 만들어지는 조직이고 관계다. 과연 일하는 데 상대의 나이, 상대의 세대가 어떤지 알아야 할까? 업무 능력 자체만 보면 된다. 나이와 세대는 아무런 상관도 없다.

후배 눈치 본다는 상사는 생각을 바꿔라. 선배 눈치 본다는 후배도 생각을 바꿔라. 사람 눈치가 아니라, 성과에 대한 눈치를 보는 조직을 만들어야 한다. 조직에서 윗사람, 아랫사람이란 개념은 없다. 각자의 전문성과 역할이 있는 동료일 뿐이다. 과거엔 선배, 선생이 중요했다. 먼저 배우고, 먼저 일을 해본 사람이 훨씬 더 많은 것을 알았다. 하지만 지금은 다르다. 수평화가 필요한 이유다. 리더는 자신이 무엇을 아는지를 알고, 자신이 무엇을 모르는지도 알아야 한다. 이제 솔직해지자. 조직의 수평화, 성과와 능력 중심의 조직으로 만드는 것이 기업의 미래를 위해서 필요하다는 것을 인정하자. 아울러 유능한 경영자, 변화에 빠르게 대응하고 조직을 성장시킬 리더가 필요하다는 것도 인정하자.

**"유능한 경영인은 결정이 아무리 힘들고 어렵더라도 결코 미루지
않는다. 실패한 결정 10개 중 8개는 판단을 잘못해서가 아니라 '제
때' 결정하지 못했기 때문에 실패한 것이다."**

경영의 명저로 손꼽히는 《좋은 기업을 넘어 위대한 기업으로
Good to Great》의 저자이자 세계적인 경영 컨설턴트 짐 콜린스Jim Collins
가 한 말이다.

만약 직원을 절반으로 줄여도 회사가 돌아간다면 당신은 어떻
게 하겠는가? 직원을 줄이거나, 아니면 직원은 그대로 둔 채 생산
성을 끌어올려 성과를 두 배로 만들어야 한다. 만약 기존 사업이 사
양세가 뚜렷하고, 새롭게 부상하는 유망 사업을 포착했다면 어떻게
하겠는가? 사업을 과감히 정리하고, 인력 개편도 하고, 새로운 사업
으로 기존 인력을 재배치하거나 정리해고할 것이다. 지금 우린 이
두 가지 질문에 스스로 답을 구하고, 구체적 행동을 할 때다. 두 가
지 질문 모두 인재전쟁에서 리더가 가질 가장 기본적 질문이다.

리더라면 끌려다니지 마라.
무조건 앞장서서 끌고 가라.
리드Lead하지 못하면 리더가 아니다.

손경식 CJ그룹 회장이 2024년 초 신년사에서 "그룹이 사상 초유의 위기 상황에 직면했다. 조직문화 근본 혁신을 위해 탁월한 성과를 달성했을 때는 파격적 보상을 하고 달성하지 못했을 경우 반드시 책임을 지는 문화를 키워야 한다"면서 신상필벌 원칙을 강조했다.

사실 한국의 주요 대기업 모두에서 신상필벌의 메시지가 쏟아졌다. 위기의식이 커져서 신상필벌을 통한 조직문화 혁신의 필요성이 커진 셈이기도 한데, 사실 위기가 아니었어도 필요한 원칙이다. 만약 신상필벌 원칙이 오래전부터 잘 지켜졌고 조직의 수평화가 이미 잘 정착되었다면, 한국 기업은 지금 위기를 얘기하지 않았을 것이다. 위기 속에 담긴 기회를 더 먼저 얘기할 것이다.

"크고 중요한 일은 이해관계를 떠나 '무엇이 올바른가?'라는 기준으로 결정을 내려야 한다."

이는 '경영의 신神'으로 불리는 마스시타 고노스케 파나소닉 창업자의 말이다. 그는 노사협조, 인재 중시, 종신고용 등 소위 일본형 경영의 창시자이고, 한국형 경영에도 큰 영향을 미쳤다. 그는 사람들의 잠재능력을 극대화하는 것, 모든 직원이 능력의 마지막 1%까지 완전히 발휘하게 하는 것을 경영의 핵심이라고 했다.

일본형 경영은 시대가 바뀌고 산업구조가 바뀜에 따라 새로운 변화가 필요한 것도 많지만, 인재 중시, 인재 양성은 여전히 유효하다. 필요한 인재를 잘 데려오고, 기존 인재를 계속 더 유능한 인재로 키워내고, 역할이 사라진 직원은 잘 보내는 것이 경영의 핵심이다. 이를 위해서도 업무 환경에서 생산성과 효율성을 높일 방법을 적극 모색하고, 인재를 우대하여 동기부여를 확실히 해야 한다. 아무리 경영자가 유능해도 직원 없이는 회사를 성장시킬 수 없다. 아무리 직원이 유능해도 회사 없이는 할 수 있는 비즈니스가 한계가 있다. 직원과 경영자, 그리고 회사는 서로에게 필요하다. 다만 이 관계는 아낌없이 주는 관계가 아니라 철저히 기브 앤 테이크의 관계여야 한다.

리더는 직원 개개인을 섬기는 게 아니라, 조직의 미래, 조직의 기회, 조직의 성장, 조직의 비전을 섬겨야 한다. 이런 리더라면 직원도 리더를 섬긴다. 리더는 어떤 경우에도 조직보다 더 우선일 수 없다. 직원 역시 어떤 경우에도 조직보다 더 우선일 수 없다. 분명 사람을 귀하게 여기는 건 중요하지만, 리더는 인성 좋은 성직자나 교육자가 아니다. 그러니 착한 리더 콤플렉스를 갖지 말라. 온정주의에 빠지지도 말라. 그리고 조직에서의 겸손은 수평화를 의미하지, 능력을 감추고 평범하란 게 아니다.

리더가 강해야 조직이 산다. 강한 리더는 말이 앞서지 않고 행동을 한다. 리더십에서 다루는 수많은 멋진 명제, 멋진 방법은 이미 다 알고 있다. 몰라서 못한 게 아니라, 알면서도 실행하지 않았다. 미루고 회피했다. 이젠 그런 리더는 사표 써라. 인재전쟁에서 이기려면 리더가 각성하고 행동해야 한다.

이건희
리더십이
다시 필요하다

STRONG
LEADER
SHIP

반도체가 없는 삼성전자는 상상할 수도 없다. 스마트폰 없는 삼성전자도 상상할 수 없다. 두 가지는 삼성전자 전체 매출에서 절대적 비중을 차지한다. 지금은 두 가지 모두 세계 최고 수준이지만, 반도체에 처음 진출할 때만 해도 가능성 없는 무모한 도전으로 봤다. 오죽했으면 삼성 내부에서도 반대했다. 삼성은 미국, 일본 기업이 주도하던 시장에 기술 격차만 20년 정도 되는 후발주자였기 때문이다. 핸드폰 시장에서도 후발주자로 시작했다. 국내에선 최고 기업이지만 세계적으로 2류 취급받았다. 두 가지 사업 모두 시작부터 성공에 이르기까지 결정적 역할은 한 사람은 이건희 회장이다. 경영자로서의 이건희는 과보다 공이 확실히 많다.

리더는 '정확하게 변화하는 업의 개념을 잡아야' 하는 사람이다

　　1987년 11월 19일, 이병철 창업회장이 작고했다. 그리고 이건희 회장이 그룹 사장단회의에서 만장일치로 추대되어 회장이 되었다. 1987년은 6월항쟁으로 일컫는 민주화 운동으로 뜨거웠던 해다. 7~9월에는 민주노조 결성, 어용노조 민주화, 대폭적인 임금 인상 등을 이뤄낸 노동자 대투쟁이 있었다. 주요 대기업에 노조가 결성되었고 파업도 많았던 해다. 군부독재를 끝내고 대통령 직선제가 되며 그해 12월 대통령 선거가 치러졌다. 1972년 10월 유신 이후 15년 만에 국민의 직접 선거로 대통령을 뽑았다. 정치적 격변의 해면서 기업에도 격변이 몰아친 해다.

　　대규모 반도체 투자를 해놓고도 수년째 적자만 쌓여 밑 빠진

독에 물 붓기라며 삼성 내외부적으로 위기감이 높았던 시기, 이건희 회장에겐 쉽지 않은 취임 첫해였다. 사장단도 주요 임원들도 이건희 회장보다 나이가 많았고, 대부분 이병철 회장이 발탁하고 등용한 사람이다. 첫해부터 이건희 회장의 목소리가 크게 나오긴 어려웠다. 하지만 경영과 조직문화에서 어떤 혁신이 필요한지 계속 방향과 답을 찾고 있었다. 결국 이건희 회장은 1993년 6월, 신경영을 선언하며 제2의 창업을 주도하고 인적 개편도 강력하게 단행했다. 이병철의 삼성에서 이건희의 삼성으로 완전히 바꿔놓은 것이다.

이건희 회장이 회장으로 취임한 1987년 삼성그룹의 자산은 10조 4,000억 원이었다. 매출은 9조 9,000억 원 정도였다. 이후 30여 년간 자산과 매출이 50배 정도 늘었다. 비약적 성장의 중심에 삼성전자가 있다. 삼성전자는 1987년 2조 3,813억 원 매출에, 영업이익

1994년 2월 28일 자 <비즈니스위크> 표지. 삼성의 경영 혁신을 다루며 이건희 회장을 표지모델로 썼다. (출처 : 비즈니스위크)

은 1,127억 원이었고, 시가총액은 4,000억 원 정도로 국내 증시 시가총액 순위에서 10위권에 겨우 들었다. 국내 기업 중 시가총액 압도적 1위인 지금으로선 상상도 안 되는 수치다. 그가 경영 일선에 있는 동안에 연매출 2조 원대 회사를 200조 원대 회사로 만들어놓았고, 이후 삼성전자는 2022년 연매출 302조 2,314억 원, 영업이익 43조 3,766억 원을 기록하며 300조 원대 회사가 되었다. 반도체 시장 침체로 실적 부진을 겪은 2023년 연매출 258조 9,400억원, 영업이익 6조 5,700억 원으로 내려갔지만, 2024년 다시 300조 원대 매출로 회복될 전망이다. 2022년 삼성전자가 300조 원 매출이던 시점 삼성그룹 전체 매출은 419조 원 정도였다. 삼성그룹의 63개 전체 회사 중 삼성전자 한 곳이 72%의 매출을 만들어낸 것이다.

삼성전자는 전체 한국의 수출액 중 18% 정도 차지한다. 반도체, 스마트폰, 가전 등이 주요 품목이다. 만약 삼성전자가 반도체와 스마트폰 사업에 실패했다면 현재의 삼성전자는 없다. 한국 경제 규모도 지금보다 줄어들었다. 한국의 수출액 중 반도체가 가장 높은 비중을 가진 품목이다. 2018년에 전체 수출액 중 20%를 넘기도 했고, 2020~2022년까지 19% 내외, 2023년 실적 부진으로 15.6%까지 떨어졌지만 여전히 수출 품목 중 1위다. 2위가 자동차인데 최근 5년간 8% 내외였는데 2023년엔 11.2%가 되었다. 자동차 수출이 늘어난 것과 반도체 수출이 줄어든 것이 합쳐서 점유율이 크게 올라갔다. 분명한 건 한국 경제와 삼성전자 모두 이건희 회장의 리더십이 영향력을 미쳤다. 그가 없는 지금까지도.

"업業의 개념은 시대와 상황에 따라 달라진다. 누가 먼저 정확하게 변화하는 업의 개념을 잡느냐가 기회 선점의 관건이다."

이는 이건희 회장의 말이다. 지금 한국 기업의 리더들이 가장 절실히 되새길 말이다. AI가 주도할 업의 개념, 기후위기가 영향을 미칠 업의 개념, 지정학적 갈등과 전쟁 리스크가 미칠 업의 개념, 우릴 둘러싼 기회와 위기 모두 어떻게 재정의하고 어떻게 접근하느냐에 따라 실행의 방향과 속도가 달라진다. 업의 개념 파악도 부족한 채 속도만 낸다고 기회를 잡을 수 있는 게 아니다. 남들이 다 파악하고 충분히 검증될 때 움직여서는 기회를 잡을 수 없다. 결국 리더는 머리는 유능하고, 몸은 과감해야 한다. 바로 스트롱 리더십이 변화와 위기의 시대엔 필수다.

리더가 가질
진짜 강력한 힘이
무엇인지 아는가?

　　이건희 회장은 오너로서의 힘과 CEO로서의 능력을 동시에 가졌다. 과감하게 투자하고, 과감하게 구조조정하고, 과감하게 미래를 만들어간 배경에 오너로서의 힘이 없었다면 한계에 부딪혔을 수도 있다. 아무리 유능한 전문경영인이라도, 위기 상황을 돌파하기 위해 과감한 결단과 행동을 하고, 막대한 투자를 결정하기란 결코 쉽지 않다. 대주주이자 오너(창업자 가문)가 가진 조직 전반을 장악하는 힘을 갖긴 어렵다. 전문경영인은 언제든 물러날 수 있고, 책임질 수 있는 데도 한계가 있다.

　　한국 대기업의 특수성, 재벌그룹의 특성이 한국 경제를 단기간에 고속성장시키고, 반도체, 조선, 자동차 등 막대한 설비 투자가 필

요한 분야에서 세계 최고 기업을 만들어내는 데 기여한 것도 사실
이다. 천문학적 규모의 투자를 한다고 다 사업이 성공하지는 않는
다. 성공이 보장된 투자가 아니기에, 투자가 부담스럽다. 실패 리스
크를 감수하지 않으면 기회도 가질 수 없다. 안전한 사업은 기회도
적다. 결국 혁신과 성장을 위해선 과감한 결단이 필요하다. 그렇기
에 경영 능력을 가진 오너는 강력하다.

현재 전 세계 시가총액 Top 10 기업 중 빅테크가 7개다. 이들
모두 창업자(대주주)가 CEO를 장기 집권했다. 애플, 마이크로소프
트, 알파벳(구글), 아마존은 창업자가 CEO로 장기 집권하며 회사를
세계적 기업으로 키워놨다. 창업자가 물러난 이후에도 회사는 더
커졌으며, 현재 CEO가 장기 집권 중이다.

제프 베이조스가 2021년까지 CEO로 있던 아마존을 제외하고,
애플의 팀 쿡(2011~)과 마이크로소프트의 사티아 나델라(2014~), 알
파벳(구글)의 순다르 피차이(구글 CEO 2015~, 알파벳 CEO 2019~) 모
두 10년여 회사를 이끌고 있다. 테슬라, 메타, 엔비디아는 창업자(대
주주)가 현재 CEO를 맡고 있다. 시가총액 Top 10 기업 중 하나인 버
크셔 해서웨이Berkshire Hathaway는 워런 버핏이 1970년부터 50년 이상
장기 집권하고 있다.

이들 8개 기업 모두 부모(가문)에게 물려받은 기업이 아니라,
스타트업으로 시작해 온전히 창업자가 자신의 경영 능력으로 세계
최고의 기업가치를 가진 기업을 만들어냈다. 이들 기업 모두 자녀
가 경영을 물려받는 게 아니다. 하지만 창업자에 이어 경영자를 맡

은 이들도 장기 집권할 수 있는 건 탁월한 결과를 만들어냈기 때문이고, 과감한 결단을 했기 때문이다. 오너가 아니어도, 스트롱 리더십을 가진 경영자라면 강력한 것이다. 오너는 아니지만 누구보다 애사심이 클 것이다. 회사를 사랑하는 것보다 더 강력한 동기부여는 없다.

**조직의 성장과 미래를 진정으로 위하는 리더와
자신의 이익과 안위를 더 위하는 리더의 행동은 다르다.
당신은 어떤 리더인가?**

리더만큼 주인정신을 크게 가져야 하는 사람도 없다. 진정한 주인정신은 돈 많이 벌겠다는 태도를 가진 사람에겐 생기지 않는다. 개인적으로 유명해지고 높은 지위, 명예를 누리겠다는, 소위 입신양명立身揚名, 영달榮達, 출세出世 등을 중요 욕망으로 가진 이들에게도 잘 생기지 않는다. 회사를 성장시키고, 회사가 세상에 기여하고, 회사의 미래를 만들겠다는 경영자에게 진짜 주인정신이 생긴다. 국가를 성장시키고, 국가의 미래를 만들고, 국민에게 혜택이 돌아가는 국가를 만들겠다는 정치인에게만 진짜 애국심이 생긴다.

경영자나 정치인 중 조직이 아니라 자기 자신이 우선인 사람은 결코 리더 자격이 없다. 조직을 이끄는 것이 리더의 역할인데, 이끌 생각보다 자신이 돋보이고 군림할 궁리만 한다면 조직을 망치는 결과를 만들기 쉽다.

"뛸 사람은 뛰어라. 바쁜 걸을 사람은 걸어라. 말리지 않는다. 걷기 싫으면 놀아라. 안 내쫓는다. 그러나 남의 발목은 잡지 말고 가만히 있어라. 왜 앞으로 가려는 사람을 옆으로 돌려놓는가?"

이건희 회장이 신경영을 선언한 1993년 6월 프랑크푸르트 회의에서 임원들에게 한 말이다. 이건희 리더십을 단적으로 보여주는 대목이다.

삼성은 수많은 혁신을 이어왔지만 삼성이라고 혁신에 대한 저항, 반발이 없었을까? 위기 없이 운 좋게 호황만 만나지 않았다. 위기를 돌파하고, 새로운 도전과 혁신을 하면서 성장해왔다. 외부의 경쟁사, 산업적 변화하고만 싸운 게 아니라, 조직 내부에서도 안주하려는 사람, 관성에 빠진 사람, 혁신의 반대자들과 싸워왔다. 리더가 강하지 않고선 이런 싸움에서 이기기 쉽지 않다. 설령 이겨도 고전하고 시간도 더뎌진다. 이건희 회장이 30년 이상 장기 집권했기에, 삼성은 빠른 혁신의 속도로 이어갈 수 있었다.

세계 최고의 빅테크 기업들이 과감한 혁신을 이뤄낸 것도 경영 능력과 힘을 동시에 가진 CEO가 장기 집권했기 때문이다. 그리고 이는 조직문화이자 리더십이 되어, 혁신을 위해 과감히 구조조정하는 것을 당연히 여기는 환경을 만들어냈다. 기술 중심의 테크 기업은 기술의 발전 속도가 경쟁사보다 더 무서운 적이다. 기술의 발전 속도를 따라잡고, 혁신으로 새로운 기회를 잡아가면서 지금까지 왔다. 그렇기에 빅테크가 앞으로도 가장 무서운 기업이다. 빅테크가 시작은 IT였지만, 바이오, 금융, 유통, 에너지, 자동차, 우주 등 전방위적으로 확장하며 모든 산업에서 주도권을 확대하고 있다. 모든 산업에서 빅테크가 기술 혁신을 이용해 사업을 확장하는 것에 대응해야 하고, 모든 경영 리더는 테크 리더로 거듭나야 한다.

이건희가 만약 반도체 사업에 관심을 갖지 않았다면?

1970년대 후계자 수업을 받던 이건희가 관심 가진 사업이 반도체다. 이병철 창업회장이 1969년 설립한 삼성전자로 전기, 전자 사업을 시작했는데, 반도체는 이병철 창업회장도 이건희(당시 중앙일보 이사)도 잘 몰랐다. 하지만 반도체 사업을 모색하던 이건희 눈에 들어온 회사가 한국반도체다. 1974년에 설립된 한국반도체는 손목시계용 IC 칩과 트랜지스터 칩을 생산했다. 하지만 오일쇼크 여파에 창업 초기 부도 위기를 겪는다. 적자 상태인 이 기업의 지분 50%를 이건희(당시 32세, 동양방송 이사)가 50만 달러를 내고 인수했다. 한국반도체는 그 후로도 계속 적자였고, 도움을 받으려고 일본의 NEC에 자문과 협력을 요청했지만 거절당한다. 이때 이병철 창업회장도 반도체 산업이 돈이 되는 중요한 산업이라고 인식했고, 한국반도체의 나머지 지분 50%를 인수해 1978년 삼성반도체로 사명을 바꾼다.

독자기술이 없던 삼성으로선 별다른 실적을 내지 못한다. 미국과 일본이 절대적 강자이고 기술격차도 크게 나던 상황에서 막대한 돈을 들여 설비 투자를 하는 건 무모하다. 그렇게 삼성의 반도체 사업은 제대로 시작하지도 못한 상황이었다.

1982년 4월, 이병철 창업회장이 보스턴대학교에서 명예 경제학박사 학위를 받게 되었는데, 이때 이건희 부회장도 함께 갔다. 학위 수여식 후 이병철 창업회장과 IBM, GE, HP 등 반도체 공장의 생산라인을 둘러보았다. 반도체 사업을 해야 한다고 아버지를 설득했고, 이때를 계기로 이병철 창업회장은 결단을 했다고 한다. 이후 청와대를 찾아 반도체 산업에 진출하겠다는 의지를 밝혔고, 1983년 2월 반도체 사업에 본격 투자하겠다고 선언한다. 이것이 이른바 도쿄 선언이다.

이후 미국과 일본에 이어 64K D램을 개발했고, 1984년 5월에 삼성반도체 기흥 1공장도 준공했다. 미국과 일본 기업들은 이런 삼성의 행보를 성공할 리 없다고 냉소했고, 한국 정부도, 삼성 내부에서도 우려했다. 이병철 창업회장은 삼성 내에서 반도체 반대론자들을 정리했고 이건희에게 힘을 실어줬다. 하지만 일본 기업들이 벌인 치킨게임과 반도체 공급 과잉으로 1986년까지 반도체 사업에서 2,000억 원의 누적 적자가 쌓였다. 그럼에도 삼성은 반도체 라인 증설에 돈을 투자했다. 이런 상황에서 1987년 이병철 창업회장이 돌아가시고, 이건희 회장이 취임한다.

1987년 말부터 회복된 반도체 경기 덕분에, 삼성은 반도체 사업에서 1988년 3,200억 원의 순이익을 냈다. 수년간의 누적 적자를 모두 제하고도 남을 성과다. 1992년 전 세계 D램 시장 1위가 된 뒤 현재까지 1위이고, 1993년 메모리 반도체 전체 시장에서도 1위가 되어 현재까지 이어진다. 무모하다고 냉소하고 우려하던 도쿄 선언 10년 만에 결국 세계 1위가 된 것이다.

반도체 산업의 원조는 미국이다. 1947년 벨연구소에서 트랜지스터 발명, 1959년 텍사스인스트루먼트에서 직접회로IC 개발, 1961년 페어차일드반도체에서 실리콘 직접회로 개발 등 반도체 산업은 미국에서 시작해 1970년대까진 세계 시장을 90% 이상 차지했다. 1980년대 급성장한 일본에(1988년 일본이 세계 시장 점유율 50% 돌파) 밀려났지만, 미일 반도체 협정으로 일본을 옥죄어 통상 압력을 가한 덕분에 일본 반도체 산업은 위기를 맞았고, 이 기회를 파고든 것이 한국의 반도체 기업이다.

반도체 산업은 기술 발전 속도가 빠르고 투자 규모도 크다. 과감하고 빠른 결단이 필요한 사업이다. 1980년대 절대 강자였던 일본 반도체 기업들이 1990년대 이후 쇠락한 이유 중 하나가 스트롱 리더십의 부재였다. 당시 일본 반도체 기업들은 모두 전문경영인 체제였는데, 막대한 돈이 투입되는 설비 투자에 빠르고 과감한 결정을 하지 못했다. 호황일 땐 큰돈을 투자하는 게 부담이 덜하지만,

불황일 땐 투자가 부담스럽다. 하지만 불황일 때 선제적 투자로 주도권을 장악하는 게 기술 발전 속도가 빠른 산업에선 중요하다.

한국 기업 중 반도체 조립공장을 더 먼저 시작한 회사는 1968년 아남산업, 1969년 금성사, 한국전자 등이다. 하지만 자체 기술이 아니었고, 대규모 투자도 없었다. 1980년대 들어 삼성전자 외에도 금성(LG반도체), 현대전자도 메모리 반도체에 본격적으로 투자했다. 하지만 결국은 구조조정을 거쳐 LG반도체는 현대전자에 인수되어 하이닉스가 되고, 이는 이후 SK그룹에 인수되어 SK하이닉스가 된다. 삼성만 1970년대 시작된 반도체 사업에 대한 관심이 1980년대 본격적 진출, 1990년대 세계 시장 수성, 2000년대부터 지금까지 지속적 성장을 이어오고 있다.

메모리 반도체 시장에서 삼성전자와 SK하이닉스가 세계 점유율 1, 2위이고, 합치면 점유율이 60% 정도인 반면, 시스템 반도체에선 한국이 3%대 점유율에 불과하다. 일본의 1/3에 불과하고 중국보다도 1/2 정도다. 시스템 반도체 시장이 더 큰 데다 성장세도 더 높다. 결국 시스템 반도체에서 점유율을 끌어올려야 하는 게 삼성전자로선 가장 큰 숙제다. 아울러 AI 반도체 개발과 양산도 숙제다.

새롭게 잡아야 할 고기도 문제지만, 기존에 잡고 있다 여기던 고기에서도 문제가 생겼다. 그동안 장기 독주하던 D램 시장점유율에서 1위가 흔들리고 있기 때문이다. 시장조사 업체 스태티스타Statista에 따르면, 2023년 3분기 매출 기준 D램 시장점유율 1위 삼성전자가 38.9%, 2위 SK하이닉스가 34.3%로 차이가 4.6% 포인트다.

2022년 1분기만 해도 두 회사의 차이는 19.5% 포인트였다. 차이가 크게 좁혀진 건 AI 반도체용 D램 반도체 신기술인 고대역폭 메모리HBM 때문이다. HBM 시장에선 SK하이닉스가 50%, 삼성전자가 40%를 차지하는데, HBM 중에서도 고성능 제품은 SK하이닉스가 더 앞선다. AI 반도체 시장의 90%를 차지하는 엔비디아의 고성능 제품에 들어가는 HBM은 SK하이닉스가 독점적으로 공급한다. AI 반도체 시장에 대한 대응에서 삼성전자가 개발과 양산에 뒤처졌기 때문이다.

시장조사 업체 옴디아Omdia에 따르면, 전체 D램에서 HBM 매출이 차지하는 비중이 2023년 9%에서 2024년 19%로 증가하고, 2024년부터 2027년까지 매년 연평균 52%씩 성장할 것으로 전망했다. D램 시장점유율 3위인 미국의 마이크론도 HBM에 적극 투자하고 있다. 삼성전자는 한발 앞선 SK하이닉스도 따라잡고, 추격하는 마이크론도 대응해야 하는 상황이 된 것이다. 이 숙제를 풀어가는 건 이재용 회장의 경영 능력이다.

여전히 세계 반도체 시장에선 미국 기업들의 점유율은 절반 정도다. 반도체 시장은 크게 메모리 반도체와 시스템 반도체로 나뉘는데, 시스템 반도체가 2.5배 정도 시장이 더 크다. 반도체 소재, 부품, 장비도 반도체 시장의 중요 부분이다. 시스템 반도체에서 앞선 TSMC를 필두로 한 대만도, 반도체 산업 부활을 노리는 일본도 투자를 확대하고 있다. 중국도 막대한 투자를 하며 계속 반도체 기업을 키우고, 미국도 반도체 시장의 주도권을 더 가지려 한다.

AI 반도체를 둘러싼 경쟁도 치열해진다. 한번 1위라고 영원히 1위가 되는 게 아니다. 일본 반도체 산업은 엄청난 성공도, 추락도 다 겪었다. 삼성전자가 메모리 반도체에서 보여준 30년 가까운 초격차가 앞으로 계속될지, 시스템 반도체에서 점유율을 끌어올리며 삼성전자의 성장을 이끌어낼지, AI 산업에서 어떤 기회를 만들어낼지 지켜볼 일이다. 다시 이건희 리더십이 가장 필요한 기업 중 하나가 바로 삼성전자다. 과감한 투자, 기술 진화 속도, 인재전쟁 등을 이끌 강한 리더가 필요하다.

손흥민 리더십, 동료들이 왜 그를 따를 수밖에 없는가?

　　축구 선수로서 손흥민보다 조직을 이끌고 위기를 돌파해가는 리더로서 손흥민을 우린 더 주목해야 한다. 스포츠팀이 선수의 역량을 끌어올리고, 경기 중 긴박한 상황에서 서로 협력하고 결과를 만들어내는 것은 기업의 비즈니스 상황과 비슷한 점이 많다.

　　손흥민은 2018년부터 2024년 현재까지 6년간 한국의 축구 국가대표팀 주장을 맡고 있다. 2018년 자카르타-팔렘방 아시안게임 금메달, 2022년 카타르 월드컵 16강 진출, 2023년 아시아축구연맹AFC 아시안컵 4강 진출을 이끌었다. 토트넘 홋스퍼 FC에선 2023~2024 시즌부터 주장을 맡고 있다. 1882년 창단한 142년 전

통의 팀인 토트넘에서 비유럽인이 주장을 맡은 건 손흥민이 처음이다. 세계 최고의 프로축구 리그 중 하나로 꼽히는 잉글랜드 프리미어 리그EPL에서 득점왕(2021~2022 시즌)을 차지한 최초의 아시아 축구선수이기도 하다.

2022~2023 시즌 EPL 8위였던 토트넘은, 2023~2024 시즌을 앞두고 팀의 에이스이자 득점 1위(EPL 역대 득점 2위) 해리 케인이 바이에른 뮌헨으로 이적(분데스리가에 가서도 단일 시점 최다 득점을 기록할 기세를 보이는)하는 등 팀의 전력이 약화되어 고전할 것이라는 예상과 달리, 시즌 초반 선두를 달렸고, 이후 성적이 조금 떨어지긴 했어도 전년도보다는 훨씬 좋은 성적을 유지했다. 분명 주장 손흥민의 리더십이 영향을 준 결과다.

손흥민이 토트넘 주장을 맡은 후 한 인터뷰에서 "난 말로 이끄

손흥민은 뛰어난 축구선수이자 조직을 이끌고 위기를 돌파해가는 탁월한 리더다. (출처 : 연합뉴스)

는 사람이 아니다. 행동하는 편이다. 팀 모두에게 좋은 본보기가 되도록 노력한다"라고 했다. 손흥민은 이 말을 실제로 지키고 있다. 솔직히 말만 저렇게 하고 실제는 그렇지 못한 리더를 우린 너무 많이 보지 않았던가? 한국의 국가대표팀이나 토트넘 홋스퍼 모두 팀에서 실력으로 가장 유능한 선수가 주장으로 리더십을 발휘해 팀을 이끌고 있다.

2023 아시아축구연맹 아시안컵(2024. 1.~2.) 16강에서 한국과 사우디아라비아는 연장전까지 120분을 치열하게 싸웠지만 1:1로 비긴다. 결국 승부차기를 해야 했다. 축구선수들이 가장 부담스러워하는 상황 중 하나가 승부차기다. 단 한 번의 실패나 실수가 치명적 결과로 이어지기 때문이다. 결과적으로 첫 번째 키커인 손흥민을 필두로, 모든 키커가 골을 성공시켰다. 반면 사우디아라비아의 3번째, 4번째 키커가 찬 공을 골키퍼 조현우가 막아냈다. 한국이 극적인 승리를 거두었는데, 여기서 손흥민의 리더십 포인트가 몇 가지 있다.

첫째, 승부차기에서 가장 부담이 큰 것이 첫 번째 키커다. 무조건 골을 넣어야만 다음 키커에게도, 골키퍼에게도 자신감과 동기부여를 준다. 손흥민은 첫 번째 키커를 자처했다. 그리고 동료 선수들에겐 "못 넣어도 된다. 모든 책임은 내가 진다"라고 말해 긴장을 풀어주며 동기부여를 했다. 모범을 보이고 책임을 지는 리더의 모습이다.

승부차기 승리 후 인터뷰에서도 골키퍼 조현우가 잘 막아서 이겼다며 동료에게 공을 돌렸다. 성공하면 내 덕분, 실패하면 남 탓하는 가짜 리더들과는 확실히 다르다. 팀에서 가장 유능한 에이스가 가장 모범적인 리더라면, 누가 따르지 않겠는가? 리더는 지위이자 역할로 존경을 사는 게 아니다. 리더가 보여준 성과와 능력, 행동으로 존경을 사는 것이다. 존경받는 리더와 그렇지 않은 리더의 차이는 크다. 위기에선 존경받는 리더가 더 탁월한 힘을 발휘한다.

둘째, 승부차기 위치를 주심이 일방적으로 결정했다. 본부석 기준 왼쪽 골대인데, 중계 카메라가 이미 설치되어 있으니 그쪽에서 하자고 했다. 하지만 손흥민은 강경하게 반대하며 규칙대로 동전 던지기로 정하자고 했다. 주심이 결정한 골대 쪽은 사우디아라비아 팬들만 가득했고, 반대편 골대 쪽에 한국 팬들이 있었고 한국 팀의 벤치도 가까웠다. 손흥민의 강력한 행동 때문에 동전 던지기를 했고, 행운의 여신은 손흥민의 편이었다. 결국 한국 팬들의 응원 소리가 승부차기 키커와 골키퍼에게 힘이 될 수 있는 환경이 만들어졌다. 리더는 빠른 상황 판단과 함께 과감한 행동을 해야 하는데, 주장 손흥민은 그것을 보여줬다.

주심에게 항의하고 반대하는 건 리스크가 있다. 분명 주심이 경기에 미치는 영향이 존재하기 때문이다. 그럼에도 손흥민이 주심에게 강력한 반대 의사를 얘기할 수 있었던 건, 그가 평소 주심과 소통을 잘 해왔기 때문이다. 사우디아라비아전에서도, 연장 후반전 양 팀 선수의 충돌로 잠시 경기가 중단되었을 때, 손흥민은 한국 벤치에 있던 물을 가져와 심판에게 건네줬다. 심판과 손흥민 선수가 같이 물을 마시는 모습이 화면에 포착되었다.

이 상황에 대해 경기 후 인터뷰에서 기자들이 질문했고, 손흥민은 "심판이 공정하게 판정하지만 사람이다 보니 그렇지 않은 상황도 나온다. 선수가 매너를 보여주면 심판도 매너 있게 선수를 존중한다. 주장으로서 심판에게 먼저 다가가 젠틀하게 얘기하는 걸 중요하게 생각한다"고 답했다. 그가 보여준 심판과의 소통은 고스란히 팀 후배들에게도 본보기가 된다. 주장은 어떻게 심판과 소통해야 하고, 이것이 경기에 어떻게 영향을 미칠 수 있는지 보여준 셈이다.

셋째, 승부차기에서 한국의 승리가 확정되자, 손흥민은 사우디아라비아 골키퍼를 한참 동안 껴안아주며 위로했고, 사우디아라비아 선수들에게 먼저 다가가 인사를 건넸다. 심지어 경기 중 손흥민의 가슴을 밀치고 머리채를 잡는 등 과도한 신체 접촉을 한 알리 알 블라히 선수마저도 포옹했고, 다른 사우디아라비아 선수들이 손흥민과 포옹하기 위해 줄 서서 기다리기도 했다. 스포츠정신이 무엇인지 보여주는 모습이다. 경기에선 서로 맞서 싸웠지만, 그들 모두 국가를 대표하는 축구선수이고, 넓게 보면 동료다. 패자를 포옹하는 태도, 스포츠의 진정한 가치를 보여준 모습에 사우디아라비아 선수와 팬들마저 손흥민에게 감동했다.

일본에서도, 영국에서도 손흥민의 이 모습은 스포츠 뉴스와 소셜네트워크에서 회자되며 손흥민이 얼마나 대단한 선수인지 공감했다. EPL 최고의 선수가 보여준 리더의 품격은 한국 선수들에게도 자부심이 되고, 한국과 대결하는 다른 팀 선수들에게도 손흥민에 대한 경외심이 들게 만드는 요소다. 상대에 대한 존중은 자신이 하는 일에 대한 자부심이기도 하다. 우리에겐 동료만큼 경쟁자도 내가 하는 일에선 중요하고 가치 있는 존재다. 이건 기업과 비즈니스에서도 마찬가지다.

아시안컵 8강에서 호주와 맞붙은 경기를 이겨 4강에 진출할 때도 손흥민은 결정적 역할을 했다. 2골 중 1골은 자신이 직접 넣었고, 1골은 자신이 얻은 페널티킥 기회를 황희찬 선수가 넣었다. 후반 막판까지 0:1로 지고 있었는데, 끝까지 포기하지 않고 마지막 결정적 찬스로 동점을 만들고, 연장전으로 가서 극적인 역전골을 만들어낸 집중력을 손흥민이 보였다. 확실히 리더는 팀을 이끌어야 한다. 그는 실력으로 팀을 이끌었다.

경기 후 최우수선수Man of the Match, MOM 인터뷰에서 기자들의 질문이 다 끝나고, 손흥민이 한마디를 덧붙였다. "늘 경기를 뛰는 선수들이 스포트라이트를 받는다. 오늘만큼은 함께 경기에 나서지 못하고 벤치에서 있던 선수들, 그라운드에 들어가지 못한 선수들에게 관심을 가져주길 바란다"고 한 것이다. 확실히 리더다. 출전 명단 26인 중에는 대회 끝까지 경기를 뛰지 못하는 경우도 있다. 오늘 지면 내일이 없는 토너먼트 속성상 베스트 멤버 위주로 기용할 수밖에 없지만, 부상이나 체력 저하를 대비해 백업하는 선수의 존재는 중요하다. 이런 선수들의 동기부여와 사기 진작을 위한 주장의 목소리였다.

한국은 사우디아라비아전, 호주전 모두 연장전까지 120분 이상의 치열한 경기를 치렀다. 압박감 높은 단기 토너먼트에서 2경기 연속 연장전이자 역전승이었다. 4강전, 결승에서 펼칠 경기력을 위해서라도 26명 모두가 집중력을 갖고 동기부여할 수 있도록 하는 게 주장의 역할이기도 하다. 경기 중 선수를 칭찬하고 다독거리기도 하고, 다그치고 화내기도 하고, 필드 안에서의 감독 같다. 아울러 그는 "나라를 위해서 뛰는데 힘들다는 핑계는 필요 없다"는 말도 국민들에게 전했다.

팀 동료도, 팀을 응원하는 국민도, 심지어 팀과 맞서 싸운 경쟁자도, 경기 중 심판도 포용하고 소통하는 손흥민이다. 토털 플레이어, 멀티 플레이어다. 축구를 바라보는 시야, 팀을 이끄는 능력은 그 누구보다 탁월하다.

"경영자는 알아야 하고 행동해야 하며 시킬 줄 알아야 하고 가르칠 수 있어야 하며 사람과 일을 평가할 줄도 아는 종합 예술가로서의 실력을 갖춰야 한다."

1995년 5월 일본에서 열린 아시아미래 국제포럼에서 이건희 회장이 한 말에 부합하는 리더가 손흥민이다. 확실히 손흥민은 월드클래스 리더십을 가졌다.

리더는
One of them이 아니라
대체 불가한
One & Only

좋은 선수들이 많다고 좋은 팀이 되는 게 아니다. 좋은 선수들이라도 이들을 하나로 묶을 리더십이 부족하다면 결코 좋은 팀이 되기 어렵다. 축구는 팀플레이다. 빌드업Build-Up과 세트피스Set Piece가 공격에서 아주 중요한데, 여기서도 핵심은 팀원 간의 호흡과 신뢰다. 개인이 아니라 팀이 되어야만 공격에서 유리하다.

출전 명단 26명 중 일본은 유럽파(UEFA 소속리그)가 20명이고, 한국은 12명이었다. UEFA 소속리그 중에서도 4대 리그(EPL, 라리가, 세리에A, 분데스리가)에는 일본이 8명, 한국이 5명이 있다. 분명 객관적 전력만 보면 일본의 우승이 유력했다. 실제 우승후보 1위였다.

하지만 8강전에서 패배하며 탈락했다. 한국보다 유럽파가 적은 중동 국가들이 선전하며 4강 진출 4개국 중 3개국을 차지했다.

한국은 아시아 최고라는 말이 무색하게 조별리그에선 고전했지만, 계속 전진한 배경엔 결정적으로 주장 손흥민이 있다. 팀 전력의 절반이라고 해도 과언이 아니다. 리더는 One of them이 아니라 대체 불가한 One & Only다. 기업에서도 리더가 누구냐, 어떤 역량을 가지고, 어떤 결정을 하느냐에 따라 같은 기업이라도 다른 결과를 만들어낸다.

세계 최고 리그인 유럽 4대 리그에서 감독의 연봉은 수백억 원대에 이른다. 세계 최고 재능을 가진 선수들만 있으면 감독이 별로 역할이 없을 것 같지만, 결코 그렇지 않다. 경기를 뛰는 건 선수지만, 그 경기의 전술을 지배하고 승리로 이끄는 건 감독이다. 한국은 아시안컵에서 좋은 성적을 거두고도 감독에 대한 평가는 긍정적이지 않다. 전술의 승리가 아니라, 전술의 아쉬움을 선수들의 능력과 손흥민의 리더십으로 극복해내며 승리했기 때문이다.

기업에서도 최고의 인재들로 최고의 성과를 내기 위해선 경영자의 리더십이 중요하다. 세계 최고 기업들에서 CEO의 연봉이 수천억 원에 이르는 것도 리더의 역할이 그만큼 중요하기 때문이다. 천문학적인 돈을 받는 건, 그에 걸맞은 역할과 성과를 만들어내기 때문이다. 복잡할 것 없다. 리더는 연봉의 값어치, 자신에게 주어진 권한의 값어치를 충족시켜내면 된다. 그러지 못하는 리더는 연봉도 권한도 대폭 내려놓거나, 아니면 스스로 해고하면 된다.

이건희 리더십만큼이나 한국 기업에 필요한 건 정주영 리더십이다. 정주영 회장도 무에서 유를 만들어낸 리더다. 결코 책임을 회피하지 않았으며, 과감하게 결단하고 행동했다. 그러고 보면 이건희 회장, 정주영 회장이 경영 일선에서 리더십을 발휘하던 시기는 낭만적인 시대였다. 그리고 그들은 강력한 스트롱 리더십을 발휘했다. 리더십을 어디서 배워서 그렇게 한 것이 아니다. 무에서 유를 만들어내며 몸으로 직접 깨우쳤기 때문이고, 변화와 위기의 시대에 스트롱 리더십이 가장 필요하고 가장 효과적이란 것을 경험으로 안 것이다.

"우리가 뒤떨어진 분야라고 해서 주저한다든지, 미지의 분야라고 두려워한다든지, 힘들다고 피한다든지 하는 것은 패배주의다."
"무슨 일을 시작하든 된다는 확신 90%와 반드시 되게 할 수 있다는 자신감 10% 외에 안 될 수도 있다는 불안은 단 1%도 갖지 않는다."
"나는 내 이름을 걸고 일하는 한 내 권한을 양보도 안 하는 대신 다른 이에게 책임 전가도 안 한다."

모두 고故 정주영(1915~2001) 현대그룹 명예회장이 한 말이다. 한국 경제는 이병철, 정주영 두 명이 거의 절반을 만들었다고 해도 과언이 아니다. 그들이 시작한 삼성그룹, 현대그룹이 이후 확장하여 범삼성가, 범현대가를 이루고 있다. 가난한 농민의 아들로 태어나 가장 극적으로 성공에 이른 정주영 회장은, 스스로를 꽤 부유한

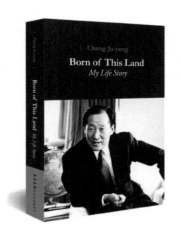

노동자라고 얘기했다. 자신은 자본가가 아니라 노동으로 재화를 생산해내는 사람일 뿐이라고 했다. 가진 것이 많아서 성공한 것이 아니라, 모든 것을 걸고 목숨 바쳐 일했기에 성공한 것이다. 그는 직원들과 스스럼없이 어울리며 술잔을 기울이고, 함께 고생하며 사업을 키워냈다. 자신감으로 뭉친 리더가 책임감도 크다면 누가 따르지 않겠는가? 리더가 대체 불가한 One & Only여야 하는 가장 큰 이유는 책임을 져야 하기 때문이다. 책임을 지는 자가 결단을 하고, 목숨 걸고 싸울 수 있는 자다.

"한 명의 천재가 10만 명을 먹여 살리는 인재 경쟁의 시대다."
"사장급 연봉이 아니라 사장의 2, 3배 연봉을 받는 인재를 스카우트하라."

"사장단의 인사평가 점수에서 100점 중 40점은 핵심인력을 얼마나 확보했느냐로 정하겠다."
"여성은 배려 차원이 아니라 기업의 생존을 위해 필요하다. 여성 인력을 안 쓰면 경쟁력을 잃게 된다."

인재 경영의 중요성을 강조하며 2002~2003년에 이건희 회장이 한 말이다. 무려 20여 년 전에 한 말이지만, 여전히 한국 기업에 유효한 메시지다. 이건희 회장은 1987년 회장이 되자 가장 먼저 내린 지시가 삼성인력개발원(창조관)을 지으라는 것이었다. 당시 세계 최고 기업이자 세계 최고의 기업 내 대학을 만든 GE의 크로톤빌연구소를 모델로 한 것이다. 이병철 회장의 경영 이념에도 인재 제일이 중요 요소인데, 이건희 회장도 인재 경영을 강조했다. 삼성인력개발원 초대 원장을 이건희 회장이 맡았다. 한국 대기업 중 인재개발원을 회장이 겸직한 최초다. 그만큼 인재의 중요성을 인식한 경영자다.

이재용 회장이 '첫째도 기술 둘째도 기술 셋째도 기술'이라고 얘기한 것도, 결국 '첫째도 기술 인재, 둘째도 기술 인재, 셋째도 기술 인재'라고 들린다. 기술의 핵심은 인재와 R&D 투자다. 지금 세계 산업을 주도하고 비즈니스의 미래를 이끌어가는 것 모두 빅테크이고, 그들의 경쟁력도 인재다. 치열한 인재전쟁의 승자가 미래의 승자다.

한국 경제의 20세기를 지배한 두 경영 리더의 말이 21세기에도 여전히 통하는 건, 그들이 가진 경영과 리더십에 대한 긴 안목이자 통찰이 미래까지 이어졌기 때문이다. 20세기 경영자들이 한 말들조차 아직도 기본으로 정착시키지 못한 기업이라면 반성할 일이다. 리더가 각성할 일이다.

지금 당신은 어떤 리더인가?
당신은 어떤 리더로 평가받고 싶은가?
어떤 리더가 되고 싶은가?

스스로에게 답을 하라. 그리고 행동하라!

_ 경제전문가 73% "한국, 1~2% 저성장 장기화", 2023.12.13, 동아일보

_ 한국 경제성장률 일본에 25년만에 밀릴듯, 2024.1.26, 한겨레

_ 중국이 대만 침공하면 한국 GDP 23% 날아가, 2024.1.27, 주간동아

_ 대만, 격변하는 글로벌 공급망 속 반도체산업 육성 노력

_ 저커버그 명령에 60인 '별동대' 꾸렸다, 긴박했던 스레드 개발 전말, 2023.7.31, 조선
일보

_ AI 열풍에 주가 상승한 빅테크, AI 투자 위해 타분야 감원 이어간다, 2024.1.27,
BLOTER

_ 이건희가 맞았다, 3류가 1류 무시하는 한국…기업인 출신 장관 20년간 단 1.7%,
2024.1.2, 조선일보

_ 뉴욕 급여투명화법(New York Pay Transparency Law)의 시행과 전망, 2023.3.23, 법률
신문

_ 구글 등에 업은 '앤트로픽', 챗GPT의 강력한 대항마로 LLM이자 AI 챗봇 '클로드 2' 발
표, 2023.7.12, 인공지능신문

_ [트렌드 리포트] 전지적 신입 시점, Vol. 245(2023년 4월호), KMAC CHIEFEXCU-
TIVE

_ [DBR] "경영자가 골프장 많이 갈수록 기업-주주에 손해", 2021.2.10, 동아일보

_ 테슬라 전기차 충전방식 '표준화' 되면 벌어질 일, 2023.7.18, 더스쿠프

_ 테슬라의 수직 통합 전략, 다각화된 성장 동력, 2023.11.24, Tech World

_ 전기차 전환의 성장통⋯기계과 대 컴공과 충돌, 2023.12.29, 조선일보

_ 일론 머스크로 본 '성공한 CEO'의 명암⋯'과신형 리더십' 혁신엔 藥 M&A 땐 되레 毒, 2021. 7. 7(제2116호), 매경이코노미

_ '격투기'하자던 머스크·저커버그 드디어 만났다⋯그러나 '현피'는 없었다, 2023.9.14, 문화일보

_ [정혜진의 Whynot 실리콘밸리] 일론 머스크와의 '현피'로 저커버그가 얻는 것, 2023.6.26, 서울경제

_ 저커버그, 주짓수 이어 비행기 조종?⋯"머스크 따라 하나", 2023.7.17, ZDnet Korea

_ "행정은 3류, 정치는 4류, 기업은 2류", 2020.10.26, 동아일보

_ "천재 1명이 10만 명 먹여 살린다"⋯초일류 삼성 키운 인재경영, 2020.10.26, 동아일보

_ 1등 할 때도 "이러다 망한다" 끊임없는 혁신 이끈 승부사, 2020.10.26, 동아일보

_ 인건비 절감 '메타'의 3차 살생부⋯AI 신사업에는 공격 투자, 2023.5.26, IT조선

_ 인도 CEO, 직원 해고하고 AI로 대체해 비판받아, 2023.7.13, BBC

_ "AI 챗봇이 더 일 잘해요."⋯상담직원 90% 해고한 인도 CEO, 2023.7.14, 한국경제

_ 챗 GPT 열풍의 진원지 '오픈AI', 휴머노이드 스타트업 'X1'에 투자, 2023.3.29, 로봇신문

_ '대량 해고' 메타·구글, 중간만 해도 '연봉 4억', 2023.6.20, 서울신문

_ 빅테크 칼바람 보고 사표 접었다, '대사직 시대'가 가고 '대잔류 시대'가 왔다, 2023.6.22, 조선일보 WEEKLY BIZ

_ 새해에도 가혹한 다이어트 계속⋯美세일즈포스 '직원 10%' 해고, 2023.1.5, 머니투데이

_ '주 3일 근무' 복지천국이었는데⋯구글, 대량해고에 혜택축소까지, 2023.4.4, 매일경제

_ 애플만 해고 칼바람 피한 이유 "공짜 점심이 없었다", 2023.1.27, 조선일보

_ 머스크의 '해고·유료화' 트위터 경영⋯저커버그도 따라 한다, 2023.6.27, SocialFocus

_ 저커버그, 주짓수 우승⋯"기권패 인정 못해" 판정 뒤집고 결국 ? 땄다, 2023.5.9, 조선일보

_ "내년 한계 中企증가⋯구조조정 주요 이슈될 것", 2023.12.19, 이데일리

- 알파벳, 주가 사상 최고치 기록…MS, 메타는 어떻나, 2024.1.26, digitaltoday
- 세일즈포스, 대량해고 이어 운영 비용도 줄인다, 2023.1.8, ZDnetKorea
- 레딧, 전체 직원 중 5% 해고비용 효율화 목적, 2023.6.7, ZDnetKorea
- 韓 노동생산성 美의 57%…"노동시장 경직, 혁신성도 떨어져", 2023.2.3, 동아일보
- 애플, AI서버 개발하나…"내년 관련예산 6조 원 지출", 2023.10.24, ZDnet Korea
- 오픈AI, 메타도 'AI 칩' 만든다. 왜?…엔비디아 독점 해체 목표, 2023.10.8, The Milk
- 성장 사라진 애플, 올해 주가는 50% 상승…더 오를 수 있을까, 2023.12.23, 머니투데이
- 생성AI 판도 변화…'뜨는' 스타트업 자금 90%는 VC 아닌 빅테크에서 나왔다, 2024.1.27, TheMilk
- 엔비디아 내년에 H100 200만 대 판매 전망, 연간 전력 소비량이 '국가' 수준, 2023.12.27, Business Post
- 엔비디아, 2023년 35개 AI 기업에 투자…투자 업계 1위 올라, 2023.12.12, AI Times
- 머스크에 물든 실리콘밸리…'행동파 괴짜'들만 가득하다, 2023, 6.29, 조선경제
- '인간 경영의 창시자' 파나소닉 창업자 마쓰시타 고노스케 리더는 '때문에'라 하지 말고 '덕분에'라고 말하라, 2017.10.25, 매일경제
- "천재 한 사람이 10만 명 먹여 살린다"던 인재경영 철학, 2020.10.25, 서울경제
- '98년 올해의 인물' 정주영. 통일 향한 소걸음…남북 모두에 신뢰의 씨 뿌리다, 1998.12.31, 시사저널
- "회의 왜 하는지…" 직장인들 불만 이유 1위는, 2023.1.19, 조선일보
- 매일 새벽명상·겸손 리더십…SK '인격 경영' 이끈다, 2024.1.29, 문화일보
- 직장인, 비효율적 업무에 하루 2시간 30분 '낭비', 2018.8.7, 한경비즈니스
- 스타트업 뺨치는 LG CNS의 파격 인사시스템, 2019.5.13, 한국경제신문
- 인류 최대위협…세계는 '극한기상', 한국은 '경기침체' 꼽았다, 2024.1.21, 한겨레
- '유럽의 병자' 전락한 독일…"닮은꼴 한국에 시사하는 바 커", 2023.9.3, 한겨레
- '열대화'로 지구촌 가뭄·홍수 등 신음…법률분쟁 증가로 이어져, 2023.8.13, 법률신문
- 경영진도 포기하랬던 삼성 반도체…30년 산증인이 돌아본 1등 비결, 2020, 7.28, 머니투데이
- "경쟁사가 처음으로 삼성 이겼다"…삼성전자, 'AI 반도체' 주도권 되찾을까, 2024.2.2,

조선일보

_ 손흥민이 직접 말한 자신의 리더십 "난 행동파, 말로 이끄는 사람 아냐", 2023.9.18,
SPOTV News

_ '머리채 잡혀도 품격' 손흥민, 日 매료 "손흥민, 세계적 선수의 품격", 2024.2.1, OSEN

_ "실수해도 동료 있다…5만 명? 오라 그래, 뿌시자고!" 손흥민 라커룸 명연설,
2024.1.31, 조선일보

_ 손흥민 뜨거운 눈물…"나라 위해 뛰는데 힘들다는 건 핑계", 2024.2.3, 중앙일보

_ 경기 도중 심판 물까지 챙긴 손흥민, 그 이유 들어보니, 2024.2.2, 조선일보

_ 엔비디아 서버용 GPU 시장점유율 98%, AMD 인텔 도전에도 지위 굳건, 2024.2.2,
Business Post

_ 손욱 전 삼성종합기술원 원장이 본 이건희 리더십, 309호(2020년 11월 Issue 2), DBR

_ [이건희 신경영 30주년] 30년 전 그가 터뜨린 '마땅한' 분노, 2023.6.7, 주간조선

_ 세상에 알려지지 않은 이건희 삼성 회장 이야기, 2020년 12월호, 월간중앙

_ 나이키, 그린워싱에 대한 소송에 직면하다, 2023.5, MADTIMES

_ 미국 ESG 트렌드와 공급망에 주는 시사점, 2023.7, KOTRA

_ 국제 경제 리뷰 제2023-4호 '최근 독일 경제 부진 배경과 시사점', 2023. 9, 한국은행

_ 한국 기업 결정적 사건 TOP 12 : 8. 1983년 삼성 이병철 반도체 진출 선언, 디지털기
업인박물관, 한국경제인협회

_ 《라이프 트렌드 2024 : Old Money》(김용섭 저, 부키, 2023)

_ 《아웃스탠딩 티처 Outstanding Teacher》(김용섭 저, 퍼블리온, 2023)

_ 《ESG 2.0》(김용섭 저, 퍼블리온, 2022)

_ 《일론 머스크》(월터 아이작슨 저, 안진환 역, 21세기북스, 2023)

_ 《초격차》(권오현 저, 2018, 쌤앤파커스)

_ 《생각 좀 하며 세상을 보자》(이건희 저, 동아일보사, 1997)

_ 《시련은 있어도 실패는 없다》(정주영 저, 제삼기획, 2009)

_ 《이 땅에 태어나서 - 나의 살아온 이야기, 정주영 자서전》(정주영 저, 솔, 2015)

_ 《좋은 기업을 넘어 위대한 기업으로》(짐 콜린스 저, 이무열 역, 김영사, 2002)

_ 《피터 드러커 어떻게 경영할 것인가》(후지타 가쓰토시 저, 나지윤 역, 비즈니스북스, 2022)

_ 《프로페셔널의 조건》(피터 F. 드러커 저, 이재규 역, 청림출판, 2012)

_ 《최강의 조직》 (벤 호로위츠 저, 김정혜 역, 한국경제신문사, 2021)

_ 《왜 리더인가》 (이나모리 가즈오 저, 김윤경 역, 다산북스, 2021)

_ In Show of Force, Silicon Valley Titans Pledge 'Getting This Right' With A.I., Sept. 13, 2023, New York Times

_ Top economists predict global growth will weaken this year as geopolitical rifts grow, JAN 15 2024, CNBC

_ BMW will deploy Figure's humanoid robot at South Carolina plant, January 18, 2024, Techcrunch

_ No job, no problem: For some, a 'funemployment' summer after quitting sounds like a perfect plan, 2023.6.6, Business Insider

_ The 'great resignation' — a trend that defined the pandemic-era labor market — seems to be over, MAY 31 2023, CNBC

_ It's time to clamp down on 'funemployment', 15 May 2011, The Guardian

_ 'Funemployment' and the Gen Z Job Market, May 30. 2023, WallstreetJournal

_ Is Your Firm Underperforming? Your CEO Might Be Golfing Too Much, November 30, 2016, Harvard Business Review

_ Proof! CEOs hurt companies by golfing too much, MAY 18 2015, CNBC

_ It's not just famous actors and big-name writers the Hollywood strikes are hurting, Aug 22, 2023, VOX

_ Insights from American Workers: A Comprehensive Survey on AI in the Workplace, May 24, 2023, Checkr

_ Xi, Biden and the $10 Trillion Cost of War Over Taiwan, January 8, 2024, Bloomberg

_ Google CEO tells employees to expect more job cuts this year, Jan 18, 2024, The Verge

_ Google cuts 12,000 jobs in latest round of big tech layoffs, Jan 20, 2023, The Verge

_ Fashion brands pause use of sustainability index tool over greenwashing claims, 28 June

2022, The Guardian

— One chart shows why Elon Musk axed half of Twitter's workforce, 2023.4.3, BusinessInsider

— The 'great resignation' — a trend that defined the pandemic-era labor market — seems to be over, MAY 31 2023, CNBC

— Elon Musk says his fight against Mark Zuckerberg will stream on X — but Zuck claps back, AUGUST 7, 2023, CBS News

— Marc Benioff says every CEO in Silicon Valley has asked themselves if they 'need to unleash their own Elon', 2023.3.1, BusinessInsider

— https://www.businessinsider.com/marc-benioff-elon-musk-ceos-unleash-their-inner-elon-2023-3

— Reddit CEO praises Elon Musk's cost-cutting as protests rock the platform,June 17, 2023, NBCNews

— Reddit CEO Steve Huffman isn't backing down: our full interview, 2023.6.15, TheVerge

— Want a Job That Pays $200,000? See How Much the Biggest Companies Pay, June 19, 2023, WSJ

— Google Plans Ad Sales Restructuring as Automation Booms, Dec. 19, 2023, The Information

— Mark Zuckerberg's new goal is creating artificial general intelligence,Jan 18, 2024, The Verge

— Big Tech's Massive AI Startup Deals, By the Numbers, 2024.Jan.25, BNN Bloomberg

— SAMSUNG a Management Revolution, Businessweek, 1994. 2.28

— After 2023's wild ride, climate venture capital poised for strong 2024, 21 December 2023, CANARY MEDIA

— OECD Employment Outlook 2023 - ARTIFICIAL INTELLIGENCE AND LABOUR MARKET, 2023.07, OECD

— OECD Employment Outlook 2023, OECD

— The First Battle of the Next War : Wargaming a Chinese Invasion of Taiwan, January 2023, CSIS(Center for Strategic and International Studies)

- Record thunderstorm losses and deadly earthquakes: the natural disasters of 2023, 2024/01/09, Munich Re

- <Lifting financial performance by investing in women>, 2023.11, BlackRock

- 「2023 IMD World Competitiveness Yearbook」, 2023.6, IMD

- WMO confirms that 2023 smashes global temperature record, 12 January 2024, WMO

- New EU law empowers consumers against corporate greenwashing, 17 January 2024, EEB

- Future of Jobs Report 2023, May 2023, The World Economic Forum

- Korea's Next S-Curve : A new economic growth model for 2040, 2023.12, Mckinsey & Company

- FORE! An Analysis of CEO Shirking, Lee Biggerstaff, David C. Cicero, Andy Puckett, 13 Sep 2014(Vol. 63, No. 7), Management Science

- Founder-CEOs, Investment Decisions, and Stock Market Performance, Rüdiger Fahlenbrach, The Journal of Financial and Quantitative Analysis Vol. 44, No. 2 (Apr., 2009)

- https://www.gatesnotes.com/The-Year-Ahead-2024?WT.mc_id=20231218210000_TYA-2024_BG-EM_&WT.tsrc=BGEM

- https://wmo.int/news/media-centre/wmo-confirms-2023-smashes-global-temperature-record

- https://www.theverge.com/2023/1/20/23563706/google-layoffs-12000-jobs-cut-sundar-pichai

- https://blog.google/inside-google/message-ceo/january-update/

- https://blog.samaltman.com/how-to-be-successful

- https://ir.tesla.com/press-release/tesla-vehicle-production-deliveries-and-date-financial-results-webcast-fourth-quarter-2023

- https://www.bloomberg.com/news/features/2024-01-09/if-china-invades-taiwan-it-would-cost-world-economy-10-trillion

- https://www.businessinsider.com/taiwan-war-impact-us-economic-growth-first-year-china-chips-2024-1

- https://www.insurancejournal.com/news/international/2024/01/11/755295.htm

- https://www.theverge.com/2024/1/17/24042417/google-layoffs-2024-internal-employee-memo-sundar-pichai

- https://www.theinformation.com/articles/google-plans-ad-sales-restructuring-as-automation-booms

- https://www.autoblog.com/2024/01/18/bmw-humanoid-robot-figure/

- https://eeb.org/new-eu-law-empowers-consumers-against-corporate-greenwashing/

- https://www.munichre.com/en/company/media-relations/media-information-and-corporate-news/media-information/2024/natural-disaster-figures-2023.html

- https://www.wsj.com/articles/funemployment-and-the-gen-z-job-market-career-student-gap-year-exploration-5be452bb

- https://hrcopinion.co.kr/archives/26698

- https://checkr.com/resources/articles/ai-workplace-survey-2023

- https://fred.stlouisfed.org/series/JTSQUR

- https://www.asaninst.org/contents/born-of-this-land-my-life-story/

- https://hbr.org/2015/09/how-samsung-became-a-design-powerhouse

- https://www.wsj.com/articles/median-pay-salary-rankings-ba452511

- https://www.fki-emuseum.or.kr/main/themeHall/incident_08.do

- https://www.bnnbloomberg.ca/big-tech-s-massive-ai-startup-deals-by-the-numbers-1.2026662

- https://pitchbook.com

- https://www.aitimes.kr

- https://news.samsung.com/kr/

- https://news.skhynix.co.kr

- https://www.hyundai.co.kr/main/newsMain

- https://www.lg.co.kr/media/release

- https://www.youtube.com/lexfridman

- https://www.instagram.com/zuck/

- https://twitter.com/elonmusk
- https://www.statista.com
- https://stats.oecd.org

리더의 각성
STRONG LEADERSHIP

1판 1쇄 발행 2024년 4월 1일

지은이 김용섭
펴낸이 박선영

편집 이효선
마케팅 김서연
표지디자인 [★]규 **본문디자인** 마인드윙
발행처 퍼블리온
출판등록 2020년 2월 26일 제2022-000096호
주소 서울시 금천구 가산디지털2로 101 한라원앤원타워 B동 1610호
전화 02-3144-1191
팩스 02-2101-2054
전자우편 info@publion.co.kr

ISBN 979-11-91587-62-3 (03320)

※ 책값은 뒤표지에 있습니다.